"十四五"普通高等教育本科部委级规划教材

大学生创新创业训练

主　编　刘银妹

副主编　庞　丽

参　编　（以姓氏笔画排序）王铭柳　韦　丹

　　　　方　坤　叶恬如　史言涛　李青蓓

　　　　张　佳　周　婷　庞正武　宛风庆

　　　　高彦春　黄凯林　蒙银菊

中国纺织出版社有限公司

图书在版编目（CIP）数据

大学生创新创业训练 / 刘银妹主编 . -- 北京 : 中
国纺织出版社有限公司 , 2023.8（2025.5 重印）

ISBN 978-7-5229-0862-5

Ⅰ.①大… Ⅱ.①刘… Ⅲ.①大学生－创业 Ⅳ.
①G647.38

中国国家版本馆 CIP 数据核字（2023）第 155678 号

责任编辑：顾文卓　向连英　　特约编辑：崔琳欣
责任校对：高　涵　　　　　　责任印制：储志伟

中国纺织出版社有限公司出版发行
地址：北京市朝阳区百子湾东里 A407 号楼　邮政编码：100124
销售电话：010—67004422　传真：010—87155801
http://www.c-textilep.com
中国纺织出版社天猫旗舰店
官方微博 http://weibo.com/2119887771
三河市海新印务有限公司印刷　各地新华书店经销
2023 年 8 月第 1 版　2025 年 5 月第 2 次印刷
开本：787×1092　1/16　印张：15.25
字数：370 千字　定价：60.00 元

凡购本书，如有缺页、倒页、脱页，由本社图书营销中心调换

前言

　　党的二十大从"实施科教兴国战略，强化现代化建设人才支撑"的高度，首次提出教育、科技、人才"三位一体"统筹推进，从实施科教兴国战略、人才强国战略、创新驱动发展战略的部署安排上看，充分地体现了我们党对教育服务发展功能升级的新期盼。国务院办公厅《关于进一步支持大学生创新创业的指导意见》指出：要将创新创业教育贯穿人才培养全过程。可见，不断深化高校创新创业教育改革，探索符合学校自身发展和地方需要的创新创业教育人才培养模式，培养有创新创业意识和能力的时代新人，是高校的责任和使命。

　　本书围绕项目驱动式教学，将传统的课程教学内容体系重组，把原来课堂"灌输式"的教学活动转化为以项目为载体，以培养学生面向不确定性未来创造价值的能力这"一条主线"（Value），结合教学过程中的"两个资源通道"（Resource），从创新思维、创业思维、设计思维这"三项思维"（Mindset）来设计教材内容，致力于将专业知识、技能和素养在双创教育中"同步同行、同频共振"，实现专创、思创、科创、产创、赛创融通融合发展。

　　本书有以下三个创新点：

　　第一，基于实践的视角，以项目驱动贯穿教学全过程。从实践视角总结和提炼创新创业方法，以实际项目为载体组织教学，把原来课堂"灌输式"的教学活动转化为一个个具体的项目，让学生把握项目中单环节和全过程的基本要求，加强团队协作能力，挖掘自身的创造潜能，加深对相关理论知识的理解运用，从而提高解决实际问题的综合能力，让学生既愿意学，也能够学。

　　第二，基于过程的视角。本书内容包括创新创业的全过程，既包含从 0 到 1，也包含从 1 到 10，让学生在过程中能够完整地体验创新创业。

　　第三，基于工具的视角。学习创新创业的方法，需要在实践中完成，而实践就需要工具。基于此，本书一方面整理和创造了大量可以在课堂上进行练习的行动工具包，有利于学生使用并进入刻意练习的状态；另一方面，在课程授课及项目培育孵化过程中，配合大学生创新创业训练计划项目系统、"火种节"和"加速营"三个数字化工具，实现创业项目持续化发展，并形成属于各项目团队的创业数字资产。

编者希望通过以上的创新，来实现传统课堂教学的六个转变：从"理论—实践"的认知逻辑向"实践—理论"的认知逻辑转变；从单向知识传授向"做中学""研中学"转变；从"以教为中心"的教学理念向"以学为中心"的教学理念转变；从"大一统"的授课方式向"个性化"的教学模式转变；从"绝对信奉教师"向"师生学习共同体"转变；从"单一化"的评价向"多元化"的评价转变。

本书是团队共创的成果，由刘银妹主编并主笔，同时参与全书的内容撰写，具体撰写分工如下：刘银妹参与第一章编写；庞丽参与第二章编写；韦丹参与第三章编写；黄凯林、宛凤庆参与第四章编写；方坤、高彦春参与第五章编写；王铭柳、史言涛参与第六章编写；李青蓓、周婷参与第七章编写；庞正武、蒙银菊参与第八章编写；叶恬如、张佳参与第九章编写。本书由刘银妹、庞丽、韦丹统稿、定稿。

创新创业永远在路上，教材本身也是不断迭代的成果。期待全国高校创新创业教育工作者能够不吝赐教，对本书进行批评指正，让我们有机会不断改进和提升。

编　者

2023.6

目录

第一章

创新创业概述

 **学习目标**

★ **知识习得**

掌握创新创业的概念，理解创业精神的本质、结构和作用。

★ **情意形成**

形成时代新人必备的创新创业精神和创新创业意识。

★ **能力提升**

能够运用创新创业思维进行人生方向设计。

★ **价值引领**

培养正确的人生态度和价值观，形成坚定的理想信念和责任意识。

思政小课堂

 **案例导入**

袁隆平的创新创业人生

袁隆平（1930—2021），中国工程院院士，中国发明协会发起人、顾问、会士、专家咨询工作委员会首任专家，一生致力于杂交水稻技术的研究、应用与推广，他的发明创造，养活了世界近五分之一的人口，被誉为"杂交水稻之父"。他举世瞩目的成就，曾获得国家特等发明奖、首届国家最高科学技术奖、共和国勋章、联合国教科文组织科学奖、联合国世界知识产权组织发明和创造金奖、世界粮食奖等67项国内国际大奖。1999年，经国际小天体命名委员会批准，中国科学院北京天文台施密特CCD小行星项目组发现的一颗小行星被命名为"袁隆平星"。创新是袁隆平一生的写照，无论在种植技术和研发上，还是在商业化进程上。

创新思维习惯

水稻杂交是一项世界性的重大课题。当时学术界流行的经典遗传学观点认为，水稻是自花授粉作物，经过长期的自然选择和人工选择，许多不良的因子已经被淘汰，积累下来的多是优良的因子，所以自交不会退化，杂交也不会产生优势，从而断言搞杂交水稻没有前途，一些权威学者甚至说，"搞杂交水稻是对遗传学的无知"。但是，袁隆平敢于质疑权威，他认为，经典理论没有实验根据，因为他在1960年就曾经意外发现过一株天然的杂交水稻。1966年2月28日，袁隆平的论文《水稻的雄性不孕性》刊登在中国科学院主编的《科学通报》上，他的研究彻底推翻了传统经典理论米丘林、李森科的"无性杂交"遗传学说，并推论水稻亦有杂交优势，希望大面积培育出杂交水稻。他的想法与当时学术界流行的观点大相径庭。学术界权威的质疑与反对，使袁隆平承受着巨大的舆论压力。然而无论是科学道路上的挫折、失败，还是人为的干扰、破坏，所有的磨难都无法动摇袁隆平执着的梦想。他坚信实践才是真正的权威，他要走自己的路，用事实来回答人们的疑问。最终，他成功了！

创立互联网品牌：袁米

袁米是依托袁隆平院士领衔的海水稻研发中心技术团队种植出来的大米品牌。2017年3月28日，袁米在选育阶段性成功后正式亮相，开启了互联网商业化之路，成为互联网农业品牌网红。袁米参加"开始吧"的众筹数据惊人，18秒破百万元，2小时破千万元，最终，袁米认筹额为2140万元，成为当时"中国农业第一筹"。2018年，袁米公司已与济南新旧动能转换先行区管委会达成投资协议，整体投资11亿元在黄河北建设袁米创新产业园，专注于盐碱地种植和产业赋能。

携手阿里：共建"亩产一千美金计划"

2018年6月13日，中国工程院院士袁隆平领衔的青岛"海水稻"研发团队，与阿里巴巴农村淘宝达成合作。袁隆平"海水稻"团队加入农村淘宝发起的亩产一千美金计划（每亩地的产值超过1000美元），而农村淘宝也将加入袁隆平"海水稻"团队袁米农业科技领衔的中国稻米食味与品质研究院，双方将在电商脱贫领域展开全面合作。"袁米"的种植和推广成为首个落地项目。后续，双方将共同创办"亩产一千美金"研究院、"中国稻米食味与品质研究院"，并启动多个维度的项目协作。

改良盐碱地：发展智慧农业

众所周知，盐碱地不具备种植水稻的条件，但通过改良后，就满足水稻生长的条件。袁隆平的海水稻就是要实现1亿亩盐碱地的水稻生产与种植，其中就需要智慧农业和物联网技术。因此，袁隆平团队推出"四维改良法"，由要素物联网系统、土壤定向调节剂、植物生长调节素及抗逆性作物（即"海水稻"等耐盐碱作物）四大要素系统组合而成的一套技术方法。袁隆平团队还与华为深度合作，共建智慧农业全球联合创新中心，通过信息技术、物联网技术、智能装备等实现农业生产的自动化、智能化，降低生产的人工成本和农业投入成本。袁隆平指出，从产业角度而言，盐碱地稻作改良以每亩地1万元成本计算，可拉动万亿级产业链，连同产业配套和基础设施建设，可以创造3万亿至4万亿元内需。

（作者根据相关资料改写）

思考题：

（1）袁隆平的人生故事给你哪些启示？

（2）如何理解创新与创业的关系？

第一节 时代呼唤"大众创业，万众创新"

2015 年 6 月，国务院发布了《国务院关于大力推进大众创业万众创新若干政策措施的意见》，从 9 大领域、30 个方面明确了 96 条政策措施，要求全方位有针对性地推进"大众创业、万众创新"。2018 年 9 月，国务院下发《关于推动创新创业高质量发展打造"双创"升级版的意见》。同年，"双创"当选为 2018 年度经济类十大流行语。2022 年 5 月，国家税务总局更新发布了《"大众创业　万众创新"税费优惠政策指引》，该指引紧紧围绕创新创业的主要环节和关键领域，进一步梳理归并成 120 项税费优惠政策措施，覆盖企业初创、成长、成熟整个生命周期。

一、如何理解"大众创业"

提起创业，许多人首先想到的是创办企业，自己当老板，这其实是对创业概念的狭义理解。而"大众创业，万众创新"中的创业，则是广义的创业。教育部颁布的"创业基础"教学大纲对它的界定是：不拘泥于当前的资源约束，寻求机会，进行价值创造的行为过程。该定义包括以下四个方面的内容。

（1）创业是一个创造新事物的过程。创业创造出某种有价值的新事物。这种新事物必须是有价值的，不仅对创业者本身而且对其开发的目标对象也是有价值的。

（2）创业需要消耗大量时间和付出极大的努力。创造新的、有价值的事物是一个艰巨复杂的过程，不付出大量的时间和极大的努力是不可能成功的。

（3）创业必须承担一定的风险。创业是一个充满不确定性的过程，在这个过程中，创业者可能会遇到各种各样的风险。因此，要想取得创业成功，就必须具备承担风险的勇气和能力。

（4）创业是一个实现价值增值的过程。创业成功会丰富社会的产品或服务，推动社会进步；同时，也会使创业者获得一定的物质方面和精神方面的回报。

广义的创业概念突破了传统的狭义创业概念束缚，其外延覆盖了所有整合资源进行价值创造的活动。按照这种广义的创业概念界定，企业创办者、企业内创业者、个体劳动者、自由职业者、项目合作者等以各种身份从事价值创造的人，都可以称为创业者。我们也主要探讨广义的创业。

创业是一项艰苦的事业，也是一个复杂的系统。创业需要很多前提、条件、资源和要素。创业管理教育领域专家杰弗里·蒂蒙斯（Jeffry A. Timmons）在长期研究的基础上，提出了创业要素模型——蒂蒙斯模型。该模型提炼出创业的关键要素：机会、创业者及其创业团队、资源。这三个要素是任何创业活动都不可缺少的。没有机会，创业活动就成了盲目的行动，根本谈不上创造价值；机会普遍存在，没有创业者识别和开发机会，创业活动也不可能发生；合适的创业者把握住合适的机会，还需要有资源，没有资源，机会就无法被开发和利用。

蒂蒙斯认为，在创业活动中，不论是机会，还是团队，抑或是资源，都没有好差之分，重要的是匹配和平衡。这里说的匹配，既包括机会与创业者之间的匹配，也包括机会与资源之间的匹配。机会、创业者、资源之间的平衡和协调，是创业成功的基本保证。创业的三要素很重要，但不是静止不变的。随着创业过程的展开，其重点也会相应地发生变化。创业过程实际上是创业的三个因素相互作用，由不平衡向平衡方向发展的过程。成功的创业活动，不但要将机会、创业者及其创业团队、资源三者做出最适当的搭配，而且要使其在事业发展过程中始终处于动态的平衡状态。

创业是具有重大社会意义的行为，对一个国家和地区的经济发展具有巨大的推动作用。创业一方面能够迅速催生大批新企业，另一方面能够造就快速发展的新行业。企业家的创新、创业活动，既是对原有产业结构均衡的创造性破坏，又预示着产业结构演进发展的趋势。改革开放40多年，中国人的创业激情得到了充分的释放。2022年，我们国家平均每天新设企业2.38万户，中小微企业数量已经超过了5200万户，规模以上工业中小企业经营收入超过了80万亿元。此外，全国已经培育了7万多家专精特新中小企业，其中专精特新"小巨人"企业8997家。中小企业联系千家万户，其中大部分还是民营企业，对改善民生、促进国民经济发展具有重要力量。中小企业在繁荣经济、推动创新、扩大出口、增加就业等方面发挥了重要的作用。而在我国的中小企业中，创业者的学历层次也在逐年提高，越来越多的大学生加入了创业的洪流，成为创办中小企业的主力军。

二、如何理解"万众创新"

创新是一个民族进步的灵魂和国家兴旺发达的不竭动力。中国人的"创新"意识和观念很早就有，从语词方面来说，除使用"创新"一词外，还多用"日新""维新""革新"等词表达"创新"的含义。《大学》载："汤之《盘铭》曰：'苟日新，日日新，又日新。'《康诰》曰：'作新民。'《诗》云：'周虽旧邦，其命惟新。'是故君子无所不用其极。"早在3000多年前商汤就在沐浴之盘上刻"日新"铭文，警示自己要永不满足、与日俱新，每天都有新的进步。"创新"一词随时代变迁显现出使用范围不断扩大、指代含义日渐丰富的规律，从指既有体制的变革、设施的更新，扩充到文化礼乐的发展、艺术的创造，趋势是领域更加宽泛，含义日益丰富。随着时代变迁，我们现在使用"创新"一词时，指向的领域涵盖人类活动的方方面面，包括自然科学领域的创新，如科技创新、科学发明、技术创造等；也包括社会科学领域的创新，如理论创新、制度创新、体制机制创新、方法创新、管理创新、服务创新、组织创新等；还包括人文科学领域的创新，如观念创新、理念创新等。

西方有关创新的学术研究，始于美籍奥地利政治经济学家，哈佛大学教授熊彼特，他在其1912年出版的学术著作《经济发展理论》中，首次提出了"创新理论"和"创造性破坏"的概念，进而得出了"经济发展是创新的结果"的著名论断。

在《经济发展理论》这部著作中，熊彼特将创新的概念界定为：所谓创新（Innovation）就是建立一种新的生产函数，即把一种生产要素和生产条件的"新组合"引入生产体系，它包括五种形式：开发新产品；引进新技术；开辟新市场；发掘新的原材料来源；实现新的组织形式和管理模式。熊彼特把"新组合"的实现称之为"企业"，那么以实现这种"新组合"为职业的人们便是"企业家"。在他看来，企业家是促进经济发展最宝贵的资源，企业家的核心职能不是经营或管理，而是引入和执行这种"新组合"，即创新。

20世纪60年代以来，特别是最近20年，有关创新的研究日益丰富。人们不仅从经济学角度提出了技术推动模型、需求拉动模型、相互作用模型、整合模型、系统整合网络模型，而且从哲学、心理学和社会学等不同学科，对创新进行了更为广泛、深入的研究，从而使创新概念的外延得到了较大的拓展。

例如，社会学视角的研究者对创新概念的界定是：创新是指人们为了发展需要，运用已知的信息和条件，突破常规，发现或产生某种新颖、独特的有价值的新事物、新思想的活动。该研究认为创新的本质是"突破"，即突破旧的思维定式和常规戒律。创新活动的核心是"新"，它或是产品的结构、性能和外部特征的变革，或者是造型设计、内容的表现形式和手段的创造，或者是内容的丰富和完善。

再如，企业视角的创新概念界定是：企业家抓住市场的潜在盈利机会，以获取商业利益为目标，重新组织生产条件和要素，建立起效能更强、效率更高和费用更低的生产经营方法，从而推出新的产品、新的生产方法、开辟新的市场，获得新的原材料或半成品供给来源或建立企业新的组织，它包括科技、组织、商业和金融等一系列活动的综合过程。

关于如何界定创新的概念，我国学者陈劲和郑刚认为，创新是从新思想（创意）产生、研究、开发、试制、制造，到首次商业化的全过程，是将远见、知识和冒险精神转化为财富的能力，特别是将科技知识和商业知识有效结合并转化为价值。广义上说，一切创造新的商业价值或社会价值的活动都可以被称为创新。

具体而言，在创新启动时既要有问题导向，又要有战略性前瞻思考，以明确创新的战略方向；在创新的过程中，要与组织的成员及用户、合作企业、大学、投资者等利益相关者保持密切的互动；在创新的心态方面，要有极大的勇气和自由探索精神，勇于承担风险，以积极的态度正确看待失败；在创新绩效方面，要高度关注商业价值的实现，但也注重创新成果对社会发展和环境保护的贡献。

三、为什么要倡导"大众创业，万众创新"

2015年，国务院发布《关于大力推进大众创业万众创新若干政策措施的意见》，意见指出："推进大众创业、万众创新，是发展的动力之源，也是富民之道、公平之计、强国之策，对于推动经济结构调整、打造发展新引擎、增强发展新动力、走创新驱动发展道路具有重要意义，是稳增长、扩就业、激发亿万群众智慧和创造力，促进社会纵向流动、公平正义的重大举措。"

党的十九大报告中指出："经过长期努力，中国特色社会主义进入了新时代，这是我国发展新的历史方位。"

新时代的中国正处在经济转型升级的关键时期，经济结构的调整和产业的转型升级，都需要大量的创新创业人才。我国政府提出的"大众创业，万众创新"战略，正是对经济转型升级所提出的各种客观要求的及时回应。

首先，推进大众创业、万众创新，是培育和催生经济社会发展新动力的必然选择。随着我国资源环境约束日益强化，要素的规模驱动力逐步减弱，传统的高投入、高消耗、粗放式发展方式难以为继，经济发展进入新常态，需要从要素驱动、投资驱动转向创新驱动。推进大众创业、万众创新，就是要通过结构性改革、体制机制创新，消除不利于创业创新发展的各种制度束缚和桎梏，支持各类市场主体不断开办新企业、开发新产品、开拓新市场，培育新兴产业，形成小企业"铺天盖地"、大企业"顶天立地"的发展格局，实现创新驱动发展，打造新引擎、形成新动力。

其次，推进大众创业、万众创新，是扩大就业、实现富民之道的根本举措。我国每年高校毕业生、农村转移劳动力、城镇困难人员、退役军人数量较大，人力资源转化为人力资本的潜力巨大，但就业总量压力较大，结构性矛盾凸显。推进大众创业、万众创新，就是要通过转变政府职能、建设服务型政府，营造公平竞争的创业环境，使有梦想、有意愿、有能力的科技人员、高校毕业生、农民工、退役军人、失业人员等各类市场创业主体"如鱼得水"，通过创业增加收入，让更多的人富起来，促进收入分配结构调整，实现创新支持创业、创业带动就业的良性互动发展。

再者，推进大众创业、万众创新，是激发全社会创新潜能和创业活力的有效途径。推进大众创业、万众创新，就是要通过加强全社会以创新为核心的创业教育，弘扬"敢为人先、追求创新、百折不挠"的创业精神，厚植创新文化，不断增强创业创新意识，提升创新创业能力，使创新创业成为全社会共同的价值追求和行为习惯。

2018年9月18日，《国务院关于推动创新创业高质量发展打造"双创"升级版的意见》，提出打造"双创"升级版的八个方面政策措施。一是深化放管服改革，进一步释放创新创业活力，营造公平市场环境，着力促进创新创业环境升级。二是加大财税政策支持力度，完善创新创业产品和服务政府采购政策，加快推进首台（套）重大技术装备示范应用，建立完善知识产权管理服务体系，加快推动创新创业发展动力升级。三是鼓励和支持科研人员积极投身科技创业，强化大学生创新创业教育培训，健全农民工返乡创业服务体系，完善退役军人自主创业支持政策和服务体系，提升归国和外籍人才创新创业便利化水平，推动更多群体投身创新创业，持续推进创业带动就业能力升级。四是增强创新型企业引领带动作用，推动高校科研院所创新创业深度融合，健全科技成果转化的体制机制，深入推动科技创新支撑能力升级。五是提升孵化机构和众创空间服务水平，搭建大中小企业融通发展平台，深入推进工业互联网创新发展，完善"互联网+"创新创业服务体系，打造创新创业重点展示品牌，大力促进创新创业平台服务升级。六是引导金融机构有效服务创新创业融资需求，充分发挥创业投资支持创新创业作用，拓宽创新创业直接融资渠道，完善创新创业差异化金融支持政策，进一步完善创新创业金融服务。七是打造具有全球影响力的科技创新策源地，培育创新创业集聚区，发挥"双创"示范基地引导示范作用，推进创新创业国际合作，加快构筑创新创业发展高地。八是强化创新创业政策统筹，细化关键政策落实措施，做好创新创业经验推广，切实打通政策落实"最后一公里"。

当前，大众创业、万众创新的理念日益深入人心。随着各地各部门认真贯彻落实，业界学界纷纷响应，各种新产业、新模式、新业态不断涌现，有效激发了社会活力，释放了巨大创造力，成为经济发展的一大亮点。

形成性训练

扫一扫 练一练　　扫一扫 查看答案

案例分析

海尔集团的创业生态建设

2019年12月26日，在海尔集团创业35周年暨第六个发展阶段战略主题和企业文化发布仪式上，海尔向18位创业老员工颁发了"风雨同舟奖"，为13位创业元勋颁发了"创业元勋奖"，海尔集团董事局主席、首席执行官张瑞敏，海尔集团前董事局副主席、总裁杨绵绵，海尔集团前董事局副主席武克松作为联合创始人，共同宣布海尔进入第六个战略阶段，随后张瑞敏对海尔全新的战略——"生态品牌战略"进行了详细解读。

创业故事：见证创业创新生生不息

从制造产品的企业到孵化创客的平台，如今35岁的海尔，正让自己的创业生态圈走向"群星闪耀"的状态。在现场的"创客说"环节，来自不同行业、不同领域的创客们分享了自身的创业故事，也从微观角度展现了海尔这片"创业雨林"的生生不息。

作为海尔内部孵化出的创客代表，孙传滨说："海尔创业文化深入肌肤，融入血液，刻入骨髓。"在加入海尔的15年中，他完成了从员工到创客的演化。依托海尔衣联网平台与物联网技术，孙传滨与他的云裳物联实现了智能衣物的数字化管理，并联合衣物全产业链资源搭建了衣联生态联盟，为用户提供了"洗护存搭购"的衣物全生命周期解决方案。

而上海永慈康复医院副院长成鹏，则是被吸引至海尔平台的外部创业者。自2016年进入海尔以来，成鹏和上海永慈康复医院一起进行着物联网转型的探索，并将"人单合一"模式跨行业应用于医疗领域，形成了"医患合一"的以患者为中心的全新管理模式。

来自海尔生物的疫苗网链群主巩燚，见证了生物医疗新物种的诞生。疫苗网不仅凭借物联网技术全面革新了传统疫苗接种流程，同时也通过科学、安全、高效的管理手段重塑着疫苗行业的自信。不仅如此，海尔的创业精神也无边际，从传统领域到物联网领域，不断诞生"新物种"。

新的征程：发布生态品牌战略

张瑞敏在纪念日现场，发布了海尔集团第六个战略阶段——"生态品牌战略"，这标志着海尔正式开启了第六个战略阶段，并向着物联网生态的方向全面迈进。正如张瑞敏所说："产品会被场景替代，行业会被生态覆盖。"海尔开启的生态品牌战略，便是在向传统的商业模式发起的挑战。

一方面，海尔从价格交易转型为价值交互，打造生活场景的物联网生态品牌，持续涌现物联网新物种；另一方面，海尔也期待用"有温度的交流"，拉近与用户间的距离，从而充分挖掘用户需求，持续为用户提供所需的个性化产品和服务，实现从"做产品生命周期"到"做用户体验周期"的深刻转型。

与此同时，全新的战略阶段离不开"人单合一"模式的指导。事实上，自2017年首届"人单合一模式国际论坛"后，"人单合一"跨行业、跨文化的普适价值，便吸引了全球管理学者、商学院、企业家的关注，并被认为是福特制、丰田制之后的全新管理范式。如今，"人单合一"模式已成功运用于美国GEA、新西兰斐雪派克、日本三洋、意大利Candy等全球多家企业，并被能源、传媒、文旅、体育、金融等多个行业所引入。

"陆止于此，海始于斯。"35年风雨兼程是告别一段过往，亦是迎接一段未来。进入生态品牌战略阶段的海尔，同样在进行着一次新的从无到有的过程。未来已至，甚至荆棘更盛，但海尔不会退让，因为生态生生不息，因此探索永不止息。

（作者根据相关资料改写）

思考题：

（1）你对海尔将员工转变为创客的改革举措有什么认识？

（2）海尔的"生态品牌战略"对你有哪些启示？

第二节 创新创业与个人发展

开展创新创业教育，培养创新创业精神，对当代大学生个人发展具有非常重要的意义。世界目前的经济已由"管理型经济"转变为"创业型经济"，企业唯有重视创新与创业精神，才能再创企业生机。创业精神是从事任何职业的人都需要具备的精神，创业精神中思想观念的开放性、开创性，容易让人接受新思想、新事物，形成开放的态度，敢于开风气之先河，从而想他人未曾想，做他人不敢做，成为事业上的领跑者。

一、创业精神与人生发展

"创业精神"的含义一直在随着时代发展而不断变化。综合已有的概念定义，本书将"创业精神"界定为：创业精神是创业者在创业过程中的重要行为特征的高度凝结，主要表现为勇于创新、敢当风险、团结合作、坚持不懈等。

创业精神的内涵，可以从哲学、心理学和行为学三个层面加以理解。从哲学层面看，创业精神是人们对创业行为在思想上、观念上的理性认识；从心理学层面看，创业精神是人们在创业过程中体现的创业个性和创业意志的心理基础；从行为学层面看，创业精神是人们在创业行为中所表现的创业作风、创业品质的行为模式。

创业精神不但是一种抽象的品质，而且是推动创业者创业实践的重要力量。这具体表现在以下三个方面：第一，创业精神能让创业者发现别人注意不到的趋势和变化，看到别人看不到的市场前景；第二，创业精神能让创业者在新事物、新环境、新技术、新需求、新动向面前具有较强的吸纳力和转化力；第三，创业精神能让创业者不断地寻找机会，不断地创新，不断地推出新产品和新的经营方式。

创业精神不是与生俱来的，而是在后天的学习、思考和实践中逐渐形成的。而创业精神一经形成，就会对人的发展产生重要影响。从某种意义上说，创业精神不仅决定个人发展所采取的态度，而且决定个人发展的高度和速度。

（一）创业精神决定个人生涯发展的态度

作为一个社会人，其生涯发展必然要受到各种社会因素的影响。不同的人由于其态度不同，所以在面临各种各样的发展机遇时所作出的选择也不相同。创业精神作为一种思想观念、个性心理特征和行为模式的综合体，必然会对其生涯发展态度具有重要影响。例如，创业精神中所包含的创新精神、拼搏精神、进取精神、合作精神等，能使人树立积极的生活态度，在顺境中居安思危、不懈奋进，在逆境中不消沉萎靡，从而排除万难、励精图治，重新找到生涯发展的方向。有道是"态度决定一切"，相似的个人禀赋和社会条件，具有创业精神的人会因为有更积极的人生态度，所以更有可能发现和把握机会。创业精神也是一种求真务实的精神，这种精神有助于形成实事求是、讲求实效、实干苦干、反对浮夸和反对空谈的工作态度。拥有这种精神的人，更容易专注于一心一意干实事，从而更有可能取得事业上的成功。

（二）创业精神决定个人生涯发展的高度

创业精神是个人核心素质的重要体现，不仅影响了一个人在机遇面前所作出的选择，而且影响了一个人的生涯目标和事业追求。具有创业精神的人，无论是创办自己的企业，还是在各种各样的企事业单位就业，都会志存高远、目光远大、心胸宽广。这样的人不但在事业上会取得更大的成绩，在个人品德和修养上，也会达到更高的境界。随着国家经济、政治、文化、社会、生态"五位一体"深入改革,社会结构分布更加完善,这既为个人发展提供了更多机会,也带来了更大挑战。在这种背景下,大学生如果需要有意识地培养自己的创业精神,使个人理想与社会发展趋势相吻合。

(三)创业精神决定个人生涯发展的速度

创业精神是一种主动创造精神,这种精神能让人积极高效地做好自己承担的每一份工作,即便在平凡的岗位上也能做出不平凡的贡献。实践证明,具有创业精神的人,不管在什么岗位,不管从事什么职业,其强烈的成就动机,追求增长和效益的欲望,都将转化为追求事业成功的强劲动力。在这种动力驱使下,人们会将眼前的工作作为未来事业发展的起点,把握好生命中的每一个机会,做好自己从事的每一项工作。在人类社会的发展史上,许多企业家正是凭借这种精神,创造了从白手起家到拥有猗顿之富的财富神话;许多业界模范也正是凭借这种精神,从基层逐渐成长为举世瞩目的业界精英。富有创业精神的人,会接受更多的挑战,完成更多的任务,取得更大的业绩,因而会得到更快的发展。

二、创新创业型学习者

"大众创业,万众创新"战略的实施,不但要求我们的人生设计要从过去以计划和预测为主的就业思维转向以行动和创造为主的设计思维,从创新创业的视角重新进行人生设计,而且要求我们从被动学习者,变成创新创业型学习者。

(一)学习的金字塔模型

学习金字塔(Cone of Learning)是在世界各国具有广泛影响的学习方式理论,用数字形式形象显示了:采用不同的学习方式,学习者在两周以后还能记住内容(平均学习保持率)的多少。

该理论表明,不同学习方式的学习成效是不同的,用金字塔模型可以形象地呈现不同学习方式的学习效果,如图 1-1 所示。

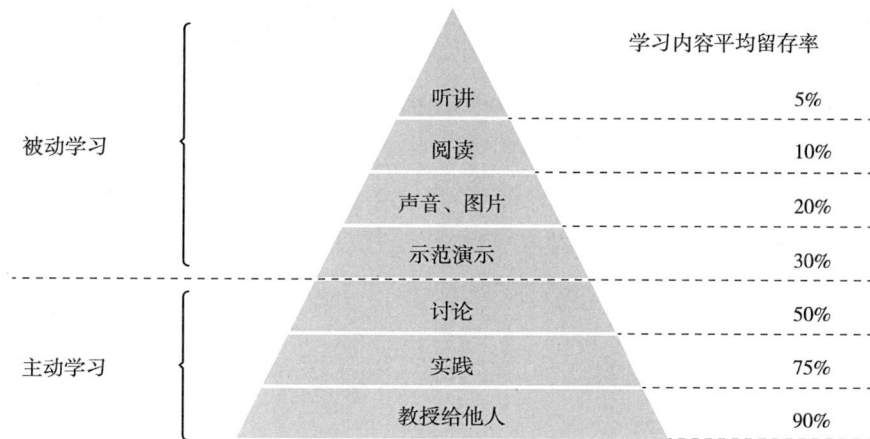

图 1-1　学习金字塔模型

第一种，在金字塔的顶端，通过"听讲"方式学到的内容，也就是老师在上面说，学生在下面听，学习效果是最差的，两周以后学习的内容只能留下 5%。

第二种，通过"阅读"方式学到的内容，可以记住 10%。

第三种，通过"声音、图片"方式学到的内容，可以记住 20%。

第四种，通过"示范"方式学到的内容，可以记住 30%。

第五种，通过"小组讨论"方式学到的内容，可以记住 50%。

第六种，通过"做中学"或"实际演练"学到的内容，可以记住 75%。

最后一种，在金字塔的基座位置，通过"教别人"或"马上应用"方式学到的内容，可以记住 90%。

该理论提出，学习效果在 30% 以下的几种传统方式，都是个人学习或被动学习；而学习效果在 50% 以上的，都是团队学习、主动学习和参与式学习。创新创业型学习者首先是主动型学习者，应当乐于用团队学习和参与式学习的方式进行主动学习。

（二）终身成长

"以人为本"、促进人的全面发展已成为当代社会发展的重要诉求。马克思主义"人的全面发展观"提出："人的全面发展是指人的劳动能力的全面发展，没有劳动，社会和个人都不可能存在，更谈不上发展；人的全面发展是指个人智力和体力的全面发展，全面发展的人将是体力与智力劳动相结合，在体力与智力上得到协调发展的人；人的全面发展是人的先天和后天的各种才能、志趣、道德和审美能力的充分发展，即人的个性的自由发展。"马克思主义的"人的全面发展观"为创新创业提供了科学的世界观和方法论。

创新创业型学习者是主动型学习者，是发展型学习者，具有成长型思维的终身学习者，最终是为了实现人的全面发展。"成长型思维"是由斯坦福大学教授，《终身成长：重新定义成功的思维模式》作者卡罗尔·德韦克（Carol S. Dweck）提出来的。德韦克的研究将人的思维方式分为两种，一种是成长型思维，一种是固定型思维。在她看来，一个人拥有成长型思维的人，将乐于接受挑战，并积极地去扩展自己的能力。而这也是未来发展最需要具备的能力。那么，怎样来判断我们的思维方式呢？德韦克提出了一个简单的标准。

如果你认为自己的智力和能力是一成不变的，而整个世界就是由一个个为了考察你的智商和能力的测试组成的，你拥有的就是"固定型思维模式"。固定思维的人往往害怕失败，担心自己看起来不那么聪明、比较笨，因而拒绝接受挑战和面对困难，其发展潜力会由此而受到限制。

如果你认为所有的事情都离不开个人努力，这个世界上充满了那些帮助你学习、成长的有趣挑战，你拥有的就是"成长型思维模式"。那些成功者的思维模式就属于成长型的。他们相信通过自己的努力可以改变智商和能力，相信困难和失败只是帮助自己进步的挑战，他们对学习充满热情。

为了帮助大家更好地识别自己的思维方式，表 1-1 列举"固定型思维"与"成长型思维"的八点不同供大家参照。

表1-1 "固定型思维"与"成长型思维"的不同

固定型思维	成长型思维
规避挑战	欢迎挑战
痛恨变化	拥抱变化
关注限制	寻找机会
现状难改变	凡事皆有可能
不接受批评	珍视反馈、主动学习
喜欢待在舒适区中	喜欢探索新事物
觉得努力是无用功	每次失败都是一堂课
毕业后不需要学习	学习是终身的事业

我们该如何培养"成长型思维"呢？首先，我们要清楚纯粹的成长型思维是不存在的，每个人都同时具有固定型思维和成长型思维，而且这种情况会随着经历的变化而变化。其次，"成长型思维"虽然对个人和企业的发展都具有非常重要的作用，但这并不意味着只要信奉"成长型思维"，就能获得健康成长，就会有好的结果。换言之，"成长型思维"不能仅仅挂在口头上，必须要有实际的行动。只有付诸行动，才能有结果发生。最后，培养"成长型思维"，不可能一蹴而就，它需要在打破"固定型思维"的基础上，循序渐进地对其进行培养。

（三）在实践中学习

马克思主义实践观认为："实践是认识的来源，是认识发展的根本动力，是检验认识正确与否的唯一标准。"马克思主义实践观不只是停留在理论层面，而且它更能指导人们的实践活动。将马克思主义实践观运用于创新创业实践中既满足了创新创业实践的需要，又符合马克思主义实践观的本质要求。

创新创业着重强调的是实践，在实践中不断学习进步，不断提升自我，不断创造价值。事实表明，那些热衷于制订计划的人，往往因为思虑过多而停滞不前。生活幸福的成功人士，大多数是行动派，他们很少将时间用在计划上，而是直接付诸实践。尽管他们在尝试各种新鲜事物的过程中，会不断地遭遇失败，但却在失败中获得了意想不到的经验和机遇。

形成性训练

扫一扫 练一练　　扫一扫 查看答案

王志纲的人生选择思考

王志纲是中国顶尖的战略策划师，从入职社科院和新华社，到策划开创碧桂园、星河湾地产，再到成为成都、丽江、烟台等城市区域规划的战略推动者，他始终站在中国变革发展的风口浪尖，用知识和智慧充分去冒险和探索，创建了著名的"智纲智库"，而他的《谋事在人》《第三种生存》《找魂》等著作，更是深入影响了无数人。

王志纲认为，谁也不能选择时代，但谁都有追求幸福的权利。在他看来，我们所处的时代尽管还有种种不足，但它仍无愧于一个伟大的时代，因为人们终于有了过去不曾有过的，自由选择人生道路的权利。身处这个时代，如何在有限的生命中最大限度地释放自我，过得幸福而充实，不走或少走弯路？面对诸多选择，如何把握大势、顺应规律，能够主动规划人生之路，而不是被动地让命运牵着走，则成了当今人们绕不开的人生话题。

王志纲常说，人生是一场博弈，你不去规划人生，人生就要来规划你。如果说过去人们面对的是一种因匮乏和限制而无法选择的痛苦，那么今天人们遭遇的则是因为丰富和诱惑而难以抉择的茫然。一个人的迷茫是一个人的痛苦，而一个群体乃至一代人的迷茫则是一种社会危机。

小到一个人，大到一个企业、一个城市乃至一个区域、一个国家，获得成功无不是因为能知己知彼，顺势而为。所谓"世界潮流，浩浩荡荡，顺之者昌，逆之者亡"说的也是这个道理。因此，面临未来人生道路的选择时，把握社会发展的大趋势，找准方向殊为关键。

每个人对于自己的人生必然会有自己的设想和规划，世界上没有也不可能有放之四海而皆准的生涯规划，但是有一些规律和方法，被无数人实践证明过，也应该会对更多人有所帮助。

作为资深的策划大师，王志纲坦言："经过这些年的折腾，策划于我来说已不单纯是一个找饭吃的借口、一个职业，而且还成了一个极具成长性的行业。在很多认识和不认识我的人眼里，我不仅是一个地地道道的策划人，而且还是一个代表性的人物。"

"记得当初我试图去把握、界定和概括自己的职业和所要探索的领域的时候，作为一个中国人，自然首先会从祖先留给我们的知识和智慧的宝库里去寻找一种最贴切的语言和语汇，来界定这个全新的领域和职业。我就像一个赶海的小孩，看到了一个非常漂亮的贝壳，把它抱回来。这个贝壳当时不叫策划，可是我发现现有的词汇都很难概括我所正在从事的工作，CI、广告、创意、市场调查、咨询、点子、营销……都不是，正好中国博大精深的文化给了我一个很大的启发，于是，我找到了'策划'这两个字来概括和体现我们所从事的职业。策，策动、政策、谋略、计策；划，谋划、规划、计划。这两个字组合起来非常神奇，可以说海阔凭鱼跃，天高任鸟飞。"

"当今天的很多人急不可待地跟'策划'划清界限的时候，当很多人觉得'策划'这两个字眼已经'人老珠黄'的时候，我反而要说：'我还是一个策划人。我们所从事的，还是策划.'倒不是存心做一个逆潮流而居的'遗老',促使我不愿意改个说法的原因也很简单:至今我仍认为,只有这个概念最能够概括中国文化和智慧的神韵,只有这个概念才能够有效地从外延到内涵把握和概括我们所从事的几乎一切已知、未知的领域和行为。"

(作者根据相关资料改写)

思考题:
(1)怎样理解"你不去规划人生,人生就要来规划你"?
(2)怎样从"策划"的角度进行人生设计?

第三节 创新创业与社会进步

一、创新创业是社会发展的推动力量

创新创业是推动社会发展的重要力量。纵观全球创业发展的历史,大体经历过三次创业热潮。第一次创业热潮产生于资本主义的工业革命时期;第二次是第二次世界大战后复苏的商业经济使大量的创业活动不断出现;第三次是 20 世纪 80 年代以来的新经济创业革命风暴,是以经济全球化扩张、信息技术高速发展及知识时代的出现为背景的创业热潮。上述三次创业热潮不但都是由科技创新和生产方式革命引发的,而且都对社会发展起到了巨大的推动作用。

(一)创新创业有助于产业升级与生产方式转变

当前我国正处于全面建成小康社会的关键时期和深化改革开放、加快转变经济发展方式的攻坚时期,创新创业对于促进产业升级和生产方式转变具有重要的战略意义。众所周知科学技术是第一生产力,但要发挥出这一生产力的作用,一是要促进科技成果的产生,二是要促进科技成果快速、顺利地转化为现实的生产能力。而鼓励更多的人去创新创业,则是实现上述两个促进的根本性措施。

(二)创新创业有助于保持经济稳定增长和促进就业

今天大多数经济学家都认为,创新创业是刺激经济增长和创造就业机会的必要因素,倡导创新创业精神,营造有利于创新创业的环境和氛围,是解决就业问题最有效的措施。据统计,2022 年全国大学生毕业人数为 1076 万人,还有大量农村剩余劳动力需要转移,大量的国有企业下岗工人和机关分流人员需要安置。在这种情况下,完全依靠政府和现有

的企业，根本无法解决就业问题。因此，借鉴国内外的成功经验，弘扬创新创业精神，鼓励和扶持大学生创新创业，已经成为解决我国就业问题的根本性措施。

（三）创新创业有助于提升国家实力和维持社会和谐稳定

创新创业是一个国家经济活力的象征，一个国家的经济越繁荣，它的创新创业活动就越频繁。我国创新创业事业蓬勃发展，创新创业高质量发展态势已经形成。2021年全国大众创业万众创新活动周上，"全国双创数据大屏"展示了七年来全国双创工作的亮点与成就：一是带动就业持续增长。"双创"催生的各类企业主体的持续增长提供了空间广阔的就业岗位。不仅如此，各种创新型业态的产生，还催生了一些新的就业形态和灵活就业方式，比如直播、区块链工程师、新型家政人员等。二是创新创业引领科技自立自强。2020年国家对研究与试验发展经费的投入达到24426亿元，科技进步贡献率达到60%。三是改革激发创新创业创造活力。国家持续深化"放管服"改革，不断推进优化营商环境改革举措，充分释放市场主体的创新创业动能。四是创新创业助力构建新发展格局。2020年传统经济加速转型，实体经济数字化转型步伐加快，工业互联网发展进入快车道，工业互联网平台呈现百花齐放的发展态势。五是双创平台支撑创新创业高质量发展。2020年区域示范基地带动作用进一步加强，各类双创平台对创新创业形成合力支撑。六是创新创业提升中国国际影响力。自2017年以来，超过100场海外双创周活动已在五大洲29个国家50多个城市成功举办，受到当地创业者和产业界的热烈响应。

二、知识经济时代的创新创业特征

知识经济时代是以知识运营为经济增长方式、知识产业为龙头产业、知识经济为新的经济形态的时代。知识经济的基本特征是知识型企业的大量出现，并在经济活动中起着越来越重要的作用。知识经济使人类的社会生活、产业组织形式、企业组织与运行方式都发生了巨大变化，同时也使创新创业活动出现了一些前所未有的特征。

（一）团队创业比例逐渐增加

在知识经济时代，以团队方式创业的想法不但被普遍接受，而且已经出现了团队创业比例日益增加的现实。一个根据市场需求分析形成创业构思的创业者，不管是作为管理者还是技术掌握者，都可以去寻求相关合作伙伴形成创业团队。高新技术产业的创业活动更多地采用团队创业的模式，有技术的创业者希望寻求有管理经验和市场经验的合伙人组成创业团队，共同寻求资金创办企业；同样，有管理经验、了解市场、有创业构思的创业者希望寻求能支撑创新构思的核心技术人员加盟创业团队共同发展；有资金的个人投资者、风险投资家同样希望寻找到拥有核心产品或服务、有管理经验、有技术能力的创业团队作为投资对象。利益共享、风险共担的经营理念不仅体现在企业内部，更体现在企业外部，即与供应商、经销商的战略伙伴关系上。

（二）母体脱离型创业渐成风气

母体脱离型创业，指的是企业内部的管理者从母公司中脱离出来，新成立一个独立公司、子公司或业务部门的现象。例如，母体发展规模扩大，为追求生产专业化而分出新的业务部门或子公司；共同创业的团体在企业做大后出现意见不统一，因而把母体分割成若干部分各自经营；母体资本积累充足，为扩大经营规模而投资建立新企业。相比之下，母体脱离型创业的成功率更高。因为分出来的新企业，创业者具备一定的经营管理经验，能够吸取母体的经验教训，少走弯路；分出来的新企业，在产品和服务上都不会脱离母体企业太远，多数都在一个行业，甚至只是一个产品的不同部分，因而在产品技术、管理团队的经验和客户资源上都具备一定的基础；母体脱离型企业多数在资金上要比独立创业型企业充足，而且有过去稳定的客户资源，还可以节省创业资金。

（三）企业内创业日益普遍

企业内创业是企业的管理者及员工在企业内部进行的创业，是一种更广义的创业。这种创业的动机来源于市场经济条件下企业谋求生存和发展的渴望。在激烈的市场竞争条件下，一方面，企业承受着"优胜劣汰"法则的市场压力；另一方面，这些企业又充满了创造财富、壮大力量、实现价值的强大动力。因此，企业会不断通过管理机制和生产技术创新、开拓新市场、采用新战略等手段来改善和发展自己。这种创业方式与个人独立创业相比，显然会更安全、更普遍。企业内创业，既包括通常意义上所理解的当企业面临困境时革命性的战略改变，如我们常说"民营企业的第二次创业、第三次创业"等，也包括企业在正常甚至良好经营状态下，为维持现状及进一步改进所进行的创造性努力。企业一旦成立，企业内创业就不会停止，否则要么停滞不前，要么就要面临亏损倒闭的危险。

三、社会责任与个体人生价值的实现

我们已经处于一个全新的时代。在新时代中，每个人都面临变化的环境，以及由此带来的机会；每个人都可以充分释放自己的创造力，利用现有的技术和平台，把想法变为现实，为他人和社会创造更多价值。

蒂姆·克拉克（Tim Cark）和亚历山大·奥斯特瓦德（Alexander Osterwalder）及伊夫·皮尼厄（Yves Pigneur）在他们合著的《商业模式新生代（个人篇）：一张画布重塑你的职业生涯》一书中推出了个人版的商业模式画布，如图1-2所示。通过这张画布，我们不但可以了解个人与他人、个人与社会的关系，而且可以洞悉个体获取财富和实现人生价值的商业逻辑。

在商业模式画布（个人版）中，包含了创业人生方向设计的四个视角：一是客户，即企业服务的对象；二是产品，即满足用户需求的解决方案；三是资源，即价值得以实现的基础；四是价值，即成就感（收获大于付出）——因为你的存在，让别人和社会变得更好，因而得到他人和社会的认可。

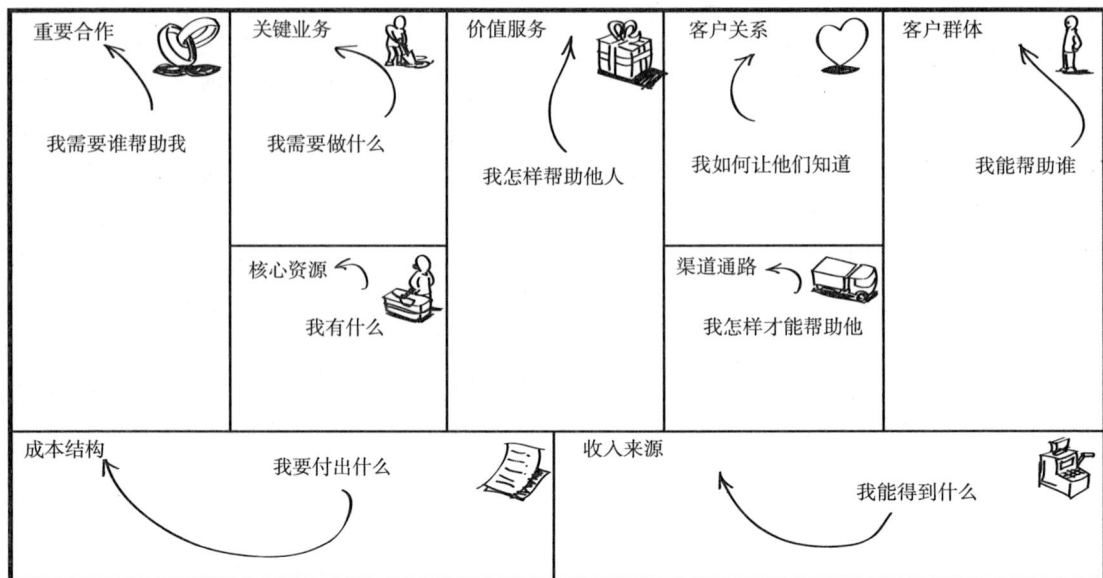

图 1-2　个人版商业模式画布

形成性训练

扫一扫　练一练　　扫一扫　查看答案

案例分析

公益创业从校园出发

"绿手指"是北京林业大学校园里的一个学生公益社团，负责人刘美辰是个典型的"90后"，与同在学校公益社团的不少同学一样，她参加公益社团的动机很单纯——因为这个事情"好玩"。

新学年伊始，"绿手指"社团里几个环境工程专业的社员提议能否利用学校食堂的残餐废油做手工皂。在北京环保协会的一次培训会议上，刘美辰认识了中国人民大学环保协会的同学，并且获知了"联想青年公益创业计划"。"绿手指"社团参与了这个计划，而"地沟油变肥皂"项目也从众多竞赛项目中脱颖而出，成功入围全国27强。

"地沟油"是近几年冒出的社会问题，一度令人闻之色变。就在各界为怎样解决问题争论不休时，"绿手指"社团成员先将学校食堂当作试点，获得肥皂制作的基本原料，同时与北京一家专门从事社区公益事业的企业——北京爱思创新进行合作，在皂化反应等专业知识方面得到了不小的帮助。刘美辰等人设想，社团活动或许能在北京高校中引起关注，继而以浪卷之势层层推进。

联想青年公益创业大赛的启动，给了他们更大的信心。"联想的介入能帮助我们解决不少困难，提高组织管理能力。"加上媒体的宣传报道、公益训练营及可能获得资金支持等潜在优势的支持，刘美辰和她的"绿手指"团队对项目的前景颇为乐观，"绿手指"公益创业的想法由此成型。

随着联想等大型企业的进入，公益创业活动正在社会上产生越来越大的影响，很多大学生也对此极为关注。与普通的商业创业不同，公益创业在启动之初并不需要那么多资源，关键是要有合适的创意与行动力。大学生从设计一个公益项目开始，通过组织化运作，可以学习和掌握公益项目的操作技能，成为具备专业知识技能和实践经验的专门人才。同时，公益创业行动能帮助大学生提前完成职业选择和职业准备，解决大学生社会化不足和就业难的难题。

"绿手指"目前基本采用"内循环"和"外支援"互补的生存方式。"内循环"是指从餐饮企业获得地沟油，制成的肥皂再返还回去，这样可以解决原料成本问题；"外支援"则是寻求可长期合作的肥皂厂商，通过他们的包装广告费用获取一定利润。刘美辰称，与肥皂厂商合作，还相当于得到了可靠的质量"背书"。制成的肥皂，除了返还餐饮企业的那部分，其他的则用于举办环保低碳宣传活动时的派发。

（作者根据相关资料改写）

思考题：
（1）"绿手指"团队要解决的问题是什么？
（2）联想青年公益创业大赛对"绿手指"项目产生了哪些影响？
（3）公益创业活动有什么意义？
（4）大学生参加公益创业活动可能收获什么？

本章小结

本章作为全书的开篇，主要任务是让学习者了解什么是创新创业，为什么人人都将成为创业者，以及为什么要用创业思维进行人生设计。本章包括三个相对独立的模块：一是时代呼唤"大众创业，万众创新"，基本内容是创新创业概念的界定，以及为什么要倡导"大众创业，万众创新"；二是创新创业与个人发展，基本内容是创业精神与人生发展，设计思维与人生，以及如何成为创新创业型学习者；三是创新创业与社会进步，基本内容是创新创业是社会发展推动力量，知识经济时代的创新创业特

征，以及社会责任与个体的人生价值实现。本章的重点是创新创业的概念和创业精神，难点是社会责任和基于设计思维的人生规划选择。

学习与思考

1. 观看与思考

搜索并观看李开复的演讲视频《我与梦工厂（上、下）》，思考如下问题并与同学交流：

（1）在知识经济时代，创业呈现出哪些新变化？

（2）结合视频谈谈创业精神对创业的意义。

（3）你是否认同"创业的最高境界是能引导社会发展趋势"这一观点？

2. 阅读与思考

阅读《斯坦福大学人生设计课》一书，思考如下问题并与同学交流：

（1）如何借助设计思维进行人生设计？

（2）如何面对人生路上的重力问题和锚问题？

（3）借助书中提供的方法设计三种完全不同的人生计划。

3. 案例学习与思考

了解并学习海尔集团的相关资料，思考相关问题并与同学交流：

（1）海尔为什么要让每一个员工都成为创业者？

（2）如何理解海尔的企业文化？

（3）海尔实施"生态品牌战略"的主要目的是什么？

实践训练

如今，每个人都是自己的产品经理，每个人都要有意识地规划自己的职业生涯。那么，怎样进行职业生涯规划呢？请阅读蒂姆·克拉克等人合著的《商业模式新生代（个人篇）：一张画布重塑你的职业生涯》，然后借助商业模式画布进行个人的职业生涯规划。

商业模式画布由九个方格组成，这九个方格既能揭示一个完整的商业活动所包含的全部关键要素，也能反映个人职业生涯规划中涉及的全部关键问题。请同学们在认真思考如下问题的基础上，参照图 1-2，画出属于自己的商业模式画布。

（1）你能为谁提供服务？（客户群体）

（2）你能为他做什么，即提供什么服务或带来什么价值？（价值服务）

（3）你通过什么渠道为他提供服务？（渠道通路）

（4）你怎样才能让他知道你？（客户关系）

（5）你需要做什么？（关键业务）

（6）你有什么？（核心资源）

（7）你需要谁帮助你？（重要合作）

（8）你能得到什么？（收入来源）

（9）你需要付出什么？（成本结构）

第二章

创业者与创业团队

★ 知识习得

理解什么样的人能成为创业者，以及如何组建和管理创业团队。

★ 情意形成

形成良好的团队意识，能以尊重友好的态度与人相处。

★ 能力提升

能够灵活运用所学原理和方法组建与管理创业团队。

★ 价值引领

培养正确的理想信念和良好的与人合作的能力。

思政小课堂

美团创始人王兴的"九败一胜"

提到王兴，很多人脑海里面第一想到的一个词语就是"连环创业者"，因为他是校内网、饭否网、美团网这三个网站的联合创始人。1997年，从老家的高中直接保送至清华大学，后又到美国特拉华大学留学。2003年，他中断了在美国的博士学业，选择回国和大学室友王慧文一起创业，第二年又找来了高中同学赖斌强，组建了这个"不老实读书、不好好工作、整天瞎折腾"的团队。他们创业的第一个项目叫"多多友"，第二个项目叫"游子图"，但这两个项目的发展情况都不尽如人意。2005年，王兴决定要专注于一块细分市场：大学校园SNS。他们研究学习了Facebook的运营方式，综合之前在SNS领域的经验和教训，不久便开发出了校内网。校内网发布仅仅3个月就吸引了3万用户，而且增长势头迅猛。2006年校内网用户量暴增，他们没有足够的钱增加服务器和带宽，只能被千橡集团以200万美元收购，改名为人人网。拿着收购的资金，王慧文和赖斌强去环游世界，而王兴则投入了下一个创业项目。他照着Twitter做出了饭否网。2009年7月，饭否网的用户量已经有几百万了，虽然后来被关闭了，但他还是没有放弃。饭否网的问题促使他开始思考新的产品和商业模式，萌生了创建类似Groupon（团购）网站的念头。

2010年3月，美团网上线，受到了很多用户的关注。与此同时，国内出现了很多同类型的团购网站，竞争异常激烈。幸好，美团在9月份及时拿到了红杉资本的投资，跨过了第一个生死劫。千团大战期间，很多团购网站砸钱投放广告，很多同事以及投资人都建议王兴也大力宣传，但他顶住压力，没有投放广告。这一决策帮助美团牢牢地抓住了现金流，在之后的竞争中优势逐渐显现。美团网的运营团队在竞争对手遇到资金问题衰退的时候，一直保持着精细化运营，稳健地占领市场。最终，美团网不仅在千团大战中活了下来，还占领了行业过半的市场份额。2013年年底，美团网首度宣布全年盈利。之后的几年，美团开始进军多个领域，王兴这个连环创业者的事业也逐渐走上正轨——经历了9次失败，王兴终于迎来了属于自己的成功，个人价值也得以实现。

王兴的每次创业过程，都可以看成他观照自我和外界希望发生的某种变化："创业对我来说是改变世界的方式，我希望活在一个更希望生活的世界里，但我等不及让别人去打造这个世界。"美团之所以能成功，不仅仅是因为王兴改变了商业，更在于他也被商业所改变。

（作者根据相关资料改写）

思考题：

（1）简单谈一谈王兴的创业案例对你的启发。

（2）创业者需要什么样的能力和素质？

第一节 创业者

哈佛大学拉克（Rucker）教授说过："创业对大多数人而言是一件极具诱惑的事情，同时也是一件极具挑战的事情。不是人人都能成功，也并非想象中那么困难。但任何一个梦想成功的人，倘若他知道创业需要策划、技术及创意的观念，那么成功已离他不远了。"创业没有想象的那么难，创业者不是完人也不是神人。在古今中外的创业史上，大多数创业者都是普通人。

一、创业者的概念与人格特征

早期的创业学者将创业狭义地理解为"创办企业等经济实体"，与此相联系，也将创业者狭义地定义为企业的创办者，即组织、管理一个公司或企业并承担其风险的人。创业者有两种基本含义：一是指企业家，即在现有企业中负责经营和决策的领导人；二是指企业创始人，通常理解为即将创办新企业或是刚刚创办新企业的领导人。但是随着对创业学研究的不断深入，开始有越来越多的学者从更广泛的意义来理解创业和创业者，于是就出现了广义的创业和创业者的概念。

（一）狭义的创业者

关于狭义的创业者概念，目前有两个已被广泛接受的观点。一是创业者并不等于企业家，因为大多数创业者尚不具备企业家的眼界和格局。从创业者转变为企业家，需要一个逐渐成长和完善的过程。 二是狭义的创业者指参与创业活动的核心人员，不仅限于企业的法人代表或领导者、组织者。因为在当今的创业活动中，高新技术企业、合伙制企业所占的比例越来越大，离开了核心技术专家和主要合伙人，很多创业活动根本无法进行，所以核心技术专家与主要合伙人也应被视为创业者。

那么，在狭义的概念上，什么样的人能成为创业者呢？在充分研究的基础上，我们从创业者所承担的责任、义务的角度，将基本条件概括为：愿意承担创业过程中的所有不确定性和风险，并有激情和勇气克服创业中的各种困难，持之以恒地为实现自己的创业目标努力奋斗的人。当然，在科学技术飞速发展、产品和技术老化周期日益缩短、社会分工日益细化的今天，创业者还应熟悉自己所从事的创业领域，并具有较强的创新意识、创新精神和创新能力。

（二）广义的创业者

关于广义的创业者概念，目前主要有两种界定方式。其一是从人们在工作中所扮演的角色的角度，将创业者界定为参与创业活动的全部人员。在这种界定方式下，创业活动的发起者、领导者与创业活动的跟随者，都被视为创业者。其二是根据人们所从事的工作性质，将创业者定义为主动寻求变化，对变化做出反应，并将变化视为机会的人。这种界定方式打破了传统的创业概念，将其外延扩大为所有主动寻求变化并对变化做出反应的活动，在这种界定方式下，企业创办者、企业内创业者、个体劳动者、自由职业者、项目合作者等以各种身份从事具有创新性活动的人，都可以称为创业者。

在我国普通高等学校的"创业基础"课教学中，虽然会对狭义创业活动、创业要素、创业过程，以及创业者将要面对的问题、应该具备的素质和能力等进行探讨，但在大多数情况下，我们说的创业者是广义的，而且这个概念的外延包含了参与创业活动的全部人员，以及以各种身份从事具有创新性活动的所有人员。在这一概念下，普通高校的所有学生都可以成为创业者，都可以在"创业基础"课中找到课程内容与自己未来发展的结合点，都可以从课程学习中获益。

（三）创业者的人格特征

所谓人格特征，是指一个人在先天遗传因素和后天环境影响下形成的个性心理特点的总和。因为每个人的先天遗传因素和后天环境影响都是不一样的，所以人格特征也各不相同。创业是一项具有高风险和不确定性的活动，虽然创业成功者的人格特征各不相同，但相关统计研究表明，大多数创业者都喜欢冒险，都有较高的抗风险能力，其人格特征通常具有如下特点：积极、开放，独立、果断，友善、宽容，务实、坚韧，灵活、机警。

按照熊彼特对创业的理解，创业者应为创新者。在科学技术高度发达、商业竞争异常激烈的今天，创业者要想生存和发展，就必须具备一定的创新意识、创新精神和创新能力。研究表明，大多数创新者都具有如下人格特征：远见卓识、冒险精神、奇思异想、批判精神、独辟蹊径、追求完美、关注细节。

当然，我们在这里归纳的创业成功者的人格特征，并不是说只有具备上述特征的人，才能在创业中取得成功，更不是告诫大家只有具备上述特征的人，才能去创业。我们只是强调：第一，对于想创业的人来说，上述人格特征比较重要，它们有助于创业者成功；第二，上述人格特征大多数是后天形成的，而且只能在创新、创业的实践中才能逐渐形成；第三，创业过程也是一个自我完善的过程，要想成为一个成功的创业者，就要做一个终身学习者，就要不断地进行自我提升和自我改造。

二、创业者的知识与能力结构

创业虽然没有想象得那么难，但也绝非易事，创业者不可能随随便便取得成功。有关研究表明，要想取得创业成功，创业者除了要拥有勇气、担当外，还必须拥有一定的知识储备和业务能力。

（一）创业者的知识结构

创业者的知识结构对创业起着举足轻重的作用。在商业竞争日益激烈的今天，单凭热情、勇气、经验或单一领域的专业知识，要想取得创业成功是很困难的。根据中国青年创业就业基金会联合任泽平团队发布的《中国青年创业发展报告（2021）》可以发现，创业者数量随着学历上升呈现倒 U 型分布，其中初中及以下占比仅 3.6%，高中/中专 10.3%、大专 27.7%、本科 56.1%、硕士及以上 2.3%，大专及以上学历的创业者总占比达到 86.1%。这一调查结果虽然不一定具有普遍性，却至少说明两个问题：创业需要一定的文化基础；并非学历越高，创业成功的概率就越大。创业不是搞学术研究，需要的是能解决实际问题知识，从结构上说包括常识性知识、来自实践的经验性知识和创业活动所涉及的专业性知识。

1. 常识性知识

常识性知识主要涉及商业常识、社会常识和管理常识。具体地说，商业常识有助于创业者了解经济发展的基本规律，遵守商业活动的基本规则，维护企业自身正常运行。社会常识有助于创业者理解自身的社会角色，了解和满足消费者的个性化需求，理解国家政策，以及维护好自己的合法权益。管理常识有助于创业者理解人类的特性和行为方式，了解科学的经营管理知识和方法，提高管理水平。

2. 经验性知识

经验性知识主要涉及商业经验、社会经验和管理经验。这里说的经验是指通过亲身实践所获得的经验，因为创业活动所需要的上述经验，只有通过自己亲身实践、亲身体验才能真正领会。有些同学说，我看过很多创业成功者的故事，他们已经有很"丰富"的经验了。但是不经过亲身实践，这些经验是没办法直接变成个人经验的，书读得再多也没有用，因为创业的成功是不可直接复制的。

3. 专业性知识

专业性知识主要涉及与创业活动密切相关的、具有较强专业性的知识。创业是开创一番事业。这个事业不管规模如何，都需要从事它的人比其他人做得更好、更专业，而要做到这一点，创业者必须具备从事这个事业所需要的专业性知识。在创业界有个不成文的戒律——"不熟不做"。为什么"不熟不做"？因为各行各业都有其特殊性，如果不具备从事这个行业所必需的专业知识，创业就会变得很艰难。

（二）创业者的能力结构

对从事创业活动而言，能力比知识、素质更重要。因为知识和素质都是潜在的，只有转化为能力，才能变成从事创业活动和实现创业目标必备的本领，才能在创业实践中真正发挥作用。创业者所需要的能力是多种多样的，从总体上说，主要包括五个方面的能力：机会捕捉能力、决策能力、执行能力、经营管理能力和交往协调能力。

1. 机会捕捉能力

创业机会是创业的切入点和出发点，能否发现一个好的创业机会，是创业成功的关键要素。纵观古今中外的创业成功案例可以发现，绝大多数创业成功者都具有很强的机会捕捉能力。他们能够看到日常生活中被人忽略的细节，并在看似平常的现象中抓住问题的关键；他们有爱问问题和重新界定问题的习惯，能够从不同角度看问题，并善于挖掘隐藏在偶然事件中的必然规律。

2. 决策能力

决策能力是创业者根据主客观条件，正确地确定创业的发展方向、目标、战略及具体选择实施方案的能力。创业者的决策能力，具体包括分析能力和判断能力，即创业者要能够在错综复杂的现象中厘清事物之间的联系，把握事物的发展方向。从某种意义上说，创业者的决策能力就是良好的分析能力加上判断能力。

3. 执行能力

好的决策必须有好的执行才能变成现实。创业者与梦想者的最大区别，就在于创业者不但有发现商业机会的眼光，而且能够果断地决策和坚定不移地执行。好的执行能力首先是一种行动能力，不能光想、光说，不去做，而是有了想法就马上去做，正所谓心动不如行动。好的执行能力还是一种能够克服重重困难执行到位的能力，遇到困难就放弃、执行不到位都是不行的。

4. 经营管理能力

成功的创业者不仅要眼光锐利、决策果断、执行到位，而且必须善于经营管理。经营管理能力是一种较高层次的综合能力，是运筹性的能力，涉及人员的选择、使用、组合和优化，也涉及资金聚集、核算、分配和使用等。经营管理也是生产力，它不仅会影响创业活动的效率，甚至会决定创业的成败。

5. 交往协调能力

在社会分工日益细化的今天，创业者很难靠个人的单打独斗取得成功，好的创业者必须具备交往协调能力。交往协调能力既包括妥善处理与政府部门、新闻媒体和客户之间关系的能力，也包括平等地与下属交往和善于协调下属部门各成员之间关系的能力。企业与外界的接触越多，企业的规模越大，就要求创业者拥有越高的交往协调能力。

三、创业动机与创业者分类

创业动机是指引起和维持个体从事创业活动的内在原因和内部驱动因素，是鼓励和引导个体为实现创业成功而行动的内在力量。通过对创业者的传记和相关访谈研究发现，不同的创业者有不同的创业动机。有的希望获得丰厚的物质报酬，有的希望拥有一份属于自己的事业，有的希望满足自己的兴趣，有的希望获得个人的独立自主。根据创业动机的不同，可以将创业者分为以下四种类型。

（一）物质追求型

物质资料是人类赖以生存的基础，而生存是人类的第一需要。在物质资料短缺、劳动就业竞争十分激烈的情况下，许多人为了谋生，不得不自己创业。另外，人们对物质追求的程度是有差异的，许多人在满足了基本的生存需要后，还会有对更好物质生活的追求。

（二）事业追求型

在马斯洛看来，开创一番事业，实现人生价值，是人类最高层次的需要。任何社会都有一些具有崇高理想和远大抱负的人，这种人以事业追求、改造社会、造福人类为己任，把对社会的贡献作为实现自我价值的目标。当自己有了基本的生存保障之后，这类人就会谋求满足自我价值实现的需要。改革开放以来，不少已有或将有稳定工作的人放弃眼前的安稳，带着自己的专利和梦想创业，他们都属于事业追求型创业者。

（三）尊重满足型

赢得尊重也是人类的基本需要。在物质需要获得满足后，人们就会转向追求精神方面的需要，赢得尊重就属于这种需要。赢得尊重的方式虽然多种多样，但最常见的还是获得令人羡慕的社会地位和做出令人佩服的事情。有关大学生的创业动机调查表明，有近30%的同学想创业是因为在他们看来，通过创业致富是最有面子的事，不但钱来得光明正大，自己花着潇洒，还有能力去帮助亲友和社会，从而获得亲友和社会的尊重。

（四）独立自主型

每个人由于遗传和环境影响的不同，人格特征也不同。例如，在MBTI性格测试中，具有P型（知觉型）倾向的人，便特别向往独立和自由，不愿意过受人控制的生活，喜欢自己当家做主。大学生创业动机调查表明，有近21%的同学说自己之所以选择走自主创业的路，就是想获得更大的独立和自由。他们不愿意到机关和其他企业就业，过朝九晚五的日子。他们喜欢自行决定自己的工作时间和工作内容。

当然，上述创业者的类型划分，仅仅是从创业动机角度所进行的粗略分类，不可能涵盖所有的创业者。另外，人们的创业动机是十分复杂的，有些人之所以选择创业，既考虑了物质方面的因素，也考虑了精神方面的因素。我们在这里之所以从创业动机这个角度对创业者进行分类，就是要提醒同学们想清楚自己为什么要创业，想清楚自己到底想过一种什么样的生活。因为从某种意义上说，选择了某种工作方式也意味着选择了某种生活方式。

形成性训练

扫一扫 练一练　扫一扫 查看答案

案例分析

陈志列的创业准备

"CCTV 2007中国经济年度人物"给一个不为公众熟知的企业家戴上了"年度创新奖"的光环，也将他和他苦心经营的年轻企业——研祥智能科技股份有限公司一同推进了公众视野。用陈志列的话说，以前的英特尔在业内无人不知，在业外却无人可晓，现在不少计算机产品上都会标注"Intel Inside"。他们也在推进一个计划，争取在一些产品上打上"EVOC Inside"的标志。

陈志列，1987年考入西北工业大学计算机系攻读研究生，师从我国著名计算机专家康继昌教授，研究方向是并行超级计算机系统，1990年以优异成绩获得工学硕士学位。1989年陈志列从西北工业大学毕业后，被分配到了一家国有科研机构下属的合资公司，这家公司不仅承接国家委派的相关计算机控制系统开发工作，而且代理了我国一个台湾品牌的嵌入式产品销售。

1991年，陈志列来到深圳工作。与以往不同的是，这一次他是被"借调"到与公司合作的台湾企业，巩固其刚刚设立在深圳的分公司。台湾企业要求公司提供最优秀的业务、技术人员前往，而符合这一要求的最佳人选就是陈志列。

独自来到深圳的陈志列，自己租了一个简陋的房屋住了下来，重新开始了艰难的打拼。一年多下来，这个一米八几的大汉被工作折磨得不足130斤。面对前去看望他的老领导，陈志列坚持说是自己锻炼"减肥"的结果，当领导提出要去他的"宿舍"参观一下时，陈志列坚决拒绝了。

不给自己留后路

经过几年与用户的接触，陈志列已经熟悉了中国工控市场的状况。国内的工业自动化行业起步于20世纪90年代初，缺乏有竞争力的产品，市场基本上被海外品牌占据。而当时的海外产品，不但价格很高，而且适用领域并不算宽，品种也比较有限，市场上还有很多没被覆盖的空白点。

面对难得的创业机会，经过多年市场打拼，已经积累了丰富的营销经验和技术实力的陈志列，开始有了通过自主创业摆脱中国工控产业落后现状的冲动。而地处改革开放前沿的深圳，有着非常浓郁的创业氛围，这使陈志列的创业冲动很快变成了创业行动。

但是，陈志列自主创业的想法却受到了来自父母和亲友的强烈反对。陈志列的父亲、母亲、岳父、岳母四位老人一起恳求领导劝阻。爱才心切的老领导带着四位老人的厚望与陈志列展开了一次彻夜长谈。在了解了陈志列创业的决心后，老领导最后提出了一个折中的建议："你如果愿意创业也可以，单位可以考虑在深圳成立一个分公司，创业收益你与公司分摊，风险算在公司的账上。即便你创业失败，也还可以继续做公司的业务骨干。"

老领导让陈志列回去再慎重考虑一下，如果真的下定决心，单位也不会强人所难。第二天一早，满眼血丝的陈志列敲开了老领导的房门："我已经决定自己单独创业，不能给自己留下任何后路，没有破釜沉舟的勇气，就不可能取得成功！"就这样，陈志列于1993年在深圳注册成立了研祥机电实业有限公司，专营嵌入式产品的代理销售和技术开发。

从代工到开发自己的产品

"研祥"的创业是从做代工开始的，但陈志列并不满足于此。"当时很多企业都是从做代工开始的，因为没有很高的技术要求，仅仅满足生产条件就可以了。在刚'下海'的时候，我也曾计划着赚钱之后和兄弟们一起开着越野车到西藏玩玩，但在创业过程中这个想法逐渐转变了。"陈志列说，一方面，代工始终是在为别人"打工"，没有形成自己的品牌；另一方面，代工产品的利润率非常低，不适合企业的长期发展需求。

经过深思熟虑，陈志列把投资自主研发的想法在公司集体会议上公布出来，没想到的是，"研祥"领导团队全部举手通过，这可以说是"研祥"的第一次转变。1995年，"研祥"成立了产品研发部，开始挖掘新产品开发能力。这个阶段，"研祥"是一边卖自己开发的产品，一边继续做代工。此后，"研祥"相继成立了成都、北京、上海分公司，初步形成了全国销售网络布局。

陈志列是个天生的演说家，他用富有感染力的话语，激发公司年轻人身上的冲劲儿。"中国制造应该成为过去，中国创造时代正在来临！""我们立志要做最好的产品，不久的将来，让每一个中国人可以对世界说，您要买最好的产品，还是用我们中国产的！"陈志列的这些话，如同一个准备出征的将军对士兵们的战前宣言一般掷地有声，在他的感染下，一股为民族品牌争光的社会责任感在研发人员心中油然而生。

（作者根据相关资料改写）

思考题：

（1）为什么陈志列创业会成功？

（2）作为创业者，陈志列在知识和能力方面有哪些独特的优势？

（3）在陈志列身上，有哪些创业者必备的典型人格特征？

第二节 创业团队组建

创业团队是指由两个或两个以上具有一定利益关系的，共同承担创建新企业责任的人组成的工作团队。创业团队按成员构成不同，可以分为狭义的创业团队和广义的创业团队。狭义的创业团队是指有共同的奋斗目标，共同承担责任与风险，并共同分享创业收益的新创企业合伙人团队。广义的创业团队不仅包括合伙人，还包括创业过程中的各种利益相关者，如风险投资机构、董事会成员和专家顾问等。本书所说的创业团队，指的是狭义的创业团队。

一、创业团队的构成要素

组建创业团队是一件涉及诸多因素的复杂活动，不同的创业者在选择创业伙伴或创业合伙人过程中，都会自觉或不自觉地带有自己的标准或偏好，比如有的人偏向理性，强调严格从公司的实际需要出发进行选择，有的人偏向情感，强调实际接触中的感觉。为了帮助大家更好地组建创业团队，在这里向大家分享组建创业团队的 5 个关键要素。

（一）目标

创业团队应该有一个既定的共同目标，为团队成员导航，知道要向何处去。如果没有这个共同的目标，创业团队就没有存在的价值。在创业企业管理中，创业团队的目标通常体现为创业企业的远景和发展战略。

（二）人员

人是构成创业团队最核心的力量。三个及三个以上的人就形成一个群体，当群体有了共同奋斗的目标就形成了团队。在创业团队中，人力资源是所有创业资源中最活跃、最重要的资源。应该充分调动创业者的各种资源和能力，将人力资源进一步转化为人力资本。

（三）定位

创业团队的定位包含两层意思：一是创业团队在企业中处于什么位置，由谁选择和决定团队的成员，创业团队最终应对谁负责，创业团队采取什么方式激励下属。二是创业者的定位，即作为成员在创业团队中扮演什么角色，是发起人、合伙人，还是仅仅为出资人。

（四）权限

创业团队中领导人的权力大小与其团队的发展阶段以及创业实体所在行业相关。一般来说，创业团队越成熟，领导者所拥有的权力相应会越小，在创业团队发展的初期，领导权相对比较集中。高科技实体多数实行民主的管理方式。

（五）计划

计划有两层含义：一是目标的最终实现，需要一系列具体的行动方案，可以把计划理解为达到目标的具体行动方案。二是只有按照计划行动才能保证创业团队目标的达成，即强调创业团队工作的计划性，将计划作为最终实现创业团队目标的手段。

二、创业团队的组建程序

在高成长企业中，约有80%是由团队创业形式创建的。为什么团队创业的比例越来越大？这是因为相比个体创业来说，团队创业具有整合资源能力强、抵抗风险能力强和发展后劲大等优势，而这些优势能在创业过程中发挥关键作用。那么，怎样组建创业团队呢？许多创业前辈都建议采用如下程序。

（一）评估人才需求

创业者选择好创业方向，并下决心要创业之后，就需要根据创业方向和创业者个人的情况，来确定创业团队的人才选择标准。对任何新创企业而言，资源都是稀缺的，未来都是不确定的。在这种情况下，创业者必须在对个人的优势和劣势进行分析的基础上，根据创业项目运营的实际需要，缺少什么资源和能力，就选择拥有这种资源和能力的人。比如，运作创业项目缺少市场营销方面的资源和能力，而创业者又缺少这方面能力，那就需要寻找拥有市场营销方面资源和能力的人共同创业。

（二）寻找合作伙伴

在评估完人才需求之后，创业者就可以通过多种形式寻找创业合作伙伴。为了使创业合作伙伴了解创业项目和新创企业的未来发展，创业者应该认真准备一份创业计划书。创业计划书不但有助于吸引创业合作伙伴，而且能够帮助创业者更好地厘清创业思路。另外，在寻找创业合作伙伴过程中，创业者既需要考虑创业团队成员间的资源和能力互补，更需要考虑创业合作伙伴的人品，因为人品是创业团队成员相互信任的基础。

（三）落实合作方式

在寻找到有创业意愿的合伙人后，双方还需就具体的创业计划、股份分配等合作事项进行全面深入地沟通，以确定创业团队成员之间的正式合作方式。具体来说，首先要妥善处理创业团队各成员之间的利益分配关系，注重使用与长期绩效有关的利益分配方式，激励创业团队成员为了团队的共同目标而持续努力。其次要制订创业团队的决策机制和冲突处理机制，该机制需具有可操作性和前瞻性，不仅考虑到创业初期团队管理的实际需要，也要兼顾未来企业壮大后的情况。

三、创业团队的组建原则

对创业者而言，组建团队是个极具挑战性的任务，因为创业过程是个充满不确定性的过程，要想在创业之初找到志同道合的人，而且能让找来的人愉快地为了一个共同的目标而努力工作，确实是件非常不容易的事情。从过来人的经验看，如何组建创业团队虽然存在明显的个体差异，但从总体上看都应遵循以下三项基本原则。

（一）适配性原则

这里的适配性是指新建企业的目标要与创业项目和创业者的现实情况相匹配，创业团队的人才选择标准要与新建企业的目标相匹配。对初创企业的团队建设而言，适合的才是最好的，盲目追求豪华的团队阵容，对人对己都不是好事。当然，如果创业者的胸怀足够宽广，创业项目的前景足够好，即使起步时的条件不够好，也可以考虑同高手合作。

（二）互补性原则

这里的互补性是指创业团队成员之间在资源、能力、知识、经验和个性等方面具有互补性。创业者之所以寻求团队合作，最为重要的原因就在于弥补创业目标与自身资源和能力间的差距。只有当创业团队成员之间在知识、技能、经验等方面具有互补性时，才有可能通过相互协作发挥出"1+1>2"的协同效应。另外，由于创业是个十分复杂和充满风险的活动，一着不慎就会满盘皆输，具有互补性的异质结构团队，可以从不同的角度观察和思考问题，能在一定程度上少犯方向性错误。

（三）高效性原则

这里的高效性是指新创企业运营的高效性。创业团队不同于一般团队，它的每一个成员都对公司的大政方针和重大事情的处理拥有表决权。为了减少创业初期的运营成本，为了使初创企业在面对变化多端的市场时，始终保持快速反应的能力，创业团队成员在数量够用的前提下应尽量精简，且各创业团队成员应具有相同的价值观。另外，在创业团队组建时，应该从公司治理的角度，让企业创始人或公认的带头人有充分决策权。这样，当企业遇到紧急情况或在大家意见不一致时，创始人或带头人可以行使一票决定权。

形成性训练

扫一扫 练一练　　扫一扫 查看答案

案例分析

Keep的渐进式创业团队建设

从 0 到 1000 万用户，Keep 用了 289 天；从 1000 万到 2000 万，Keep 用了 110 天；从 2000 万到 3000 万，Keep 用了 68 天。467 天获取 3000 万用户，月活跃用户超过 1100 万，Keep 这款具有社交属性的健身工具类产品，2016 年 5 月完成 3200 万美元 C 轮融资；2018 年 7 月完成 1.27 亿美元 D 轮融资，由高盛领投，腾讯、GGV 纪源资本、晨兴资本、贝塔斯曼亚洲投资基金老股东跟投。

从自己身上找到的创业机会

1990 年出生的 Keep 创始人兼 CEO 王宁，是个长着张娃娃脸，戴着黑框眼镜的阳光大男孩。他平时爱穿叶绿色冲锋衣、卡其裤，还挽着个裤脚，许多新员工都把他当作实习生。可就是这么一个其貌不扬的 90 后大男孩，硬是把 Keep 做得风生水起。

2013 年 10 月，身高 1.76 米，体重 180 斤的王宁，意识到超胖的体型不但不利于找女朋友，甚至连走路也喘得厉害。于是就开始减肥，他没钱去健身房请专业教练，就在知乎、贴吧等地方搜集健身干货，摸索着练习，10 个月减肥 50 斤。他发现，有关减肥的视频、文章更新很慢，而且要找到优质内容如大海捞针，也缺乏系统性。知乎、豆瓣、贴吧里各种减肥组里的人也有这种困惑，如果有 App 能聚合各种减肥信息就好了。

王宁觉得这件事值得试一试，于是开启了做健身内容平台——Keep1.0 的创业之旅。

"埋雷计划"＋"内测"积累第一批用户

2015 年 1 月，Keep 团队进入正常工作状态。当时他们的目标用户比较集中，就是运动或减肥爱好者。这些目标用户分散在知乎专区、豆瓣小组、减肥吧、健身吧、微信群和 QQ 群里。这些渠道里的用户，对健身方面的话题关注热度很高，王宁就带着两三个运营人员深挖这些渠道，写一些健身、减肥的帖子。做了两三周，王宁团队拥有了一定话语权和影响力。此时，Keep 也上线了，Keep 运营团队再在帖子里提到 Keep，推荐这款"新上线的、挺不错的、几乎解决了所有事情"的 App。在 Keep 上线初期，所有目标论坛和群里都在讨论它，使得 Keep 在核心用户群体里一下子火了。从 2015 年 1 月 Keep 运营团队开始"埋雷计划"（用户种草），2 月上线点燃之前"埋的雷"，几乎每天新增上万用户。这样，Keep 就获得了第一批用户。

除了"埋雷"，他们还做了另一手准备，组织内测活动。他们在新媒体上招募了一些内测用户，原计划是想邀请 400 人参加内测活动。出乎意料的是，内测包发出去之后，这近 400 人迅速把它推广给了好几千人。产品还未上线前，Keep 就有了 4000 多个注册用户。"这 4000 多个注册用户，像核武器一样，迅速爆发推广。这 4000 内测核心用户加上我们在新媒体里面'埋的雷'，两股力量一起往前推进就走到了今天。"王宁说。

产品本身的力量

除了运营，还要产品本身的力量。积累 20 万用户后，Keep 在商店分类榜 5~10 名的位置上下波动。苹果的编辑注意到了 Keep，在商店首页做了推荐，用户量一下子就上来了。Keep 是 2015 年苹果 App 商店年度精选，在大中华区苹果零售店的 iPhone 里全部预装了 Keep。在产品设计上，Keep 鼓励分享，训练完的人也愿意在朋友圈、微博、QQ 空间这样的社交媒体里面秀一下，这个时候又会回流很多用户进来，这是滚雪球效应，用户基数越来越大，滚的速度就会越来越快，辐射到的用户也越来越多。

王宁认为 Keep 能走到今天，是因为：第一，产品足够简单，Keep 1.0 就只做一个功能，简单的运动视频，让用户动起来。第二，产品保持了足够好的调性，不管是 UI 的调性，还是运营调性，王宁希望 Keep 应当是年轻人的时尚标签。

渐进式团队建设

2012 年，王宁加入猿题库实习，见证了猿题库从 0 到 1 的过程，他带着 150 个实习生团队做新项目——猿题库高考，从找房子、装修、招聘到管理这 150 个人的衣食住行，王宁积累了管理经验："你可以理解为在运营一家迷你公司，除了技术部门没有接触，其他都做了。"

猿题库的实习经历也让王宁收获了他的合伙人彭唯。彭唯是猿题库产品经理，王宁觉得他和彭唯价值观相似，性格、做事风格又能互补。除了彭唯，还有王宁的两位朋友加入技术团队，4 个人的草台班子就开始做 Keep1.0，花了两三个月时间、二三十万元开发出来，靠着朋友推荐获得了泽厚资本天使轮 300 万元投资。

2015 年 2 月 4 日，Keep 正式上线。在前期，王宁花费了更多时间在发掘团队人才上。他阅读了大量创业相关的书，意识到团队的重要性，需要他信任团队，团队也信任他。他不断筛选身边的人，与他们深度接触，像沙漏一样，一层层筛选，确定一两个人，合作一段时间。王宁是充分放权的人，他信任自己选择的人会做好事情。

（作者根据网上资料和报刊文章改写）

思考题：

（1）Keep 的创业团队是怎样形成的？

（2）在平台上线之前，Keep 团队做了哪些重要工作？

（3）王宁为什么要花大把时间创建团队？

第三节　创业团队管理

依据不同逻辑组建的团队各有优劣，在日后的团队管理方面的侧重点也不一样。依据理性偏好组建的创业团队，团队管理的重点在于经常沟通和协调，整合团队成员的技能，强化相互之间的信任感。依据情感偏好组建的创业团队，团队管理的重点在于信任感的维持和外部资源的整合，尽量避免决策中的一致性倾向。但是，无论哪种类型的创业团队，都有必要借鉴以下方式加强对创业团队的管理。

一、打造共同愿景

真正有效的管理能够激发人的内在动机，靠人的主观能动性进行自我管理。创业者要带领创业团队取得成功，最有效的办法是打造共同愿景，即共同的愿望和追求，并通过共同愿景的力量，激发创业团队成员发挥自身潜能去实现创业目标。共同愿景不是空洞的口号，而是能够唤醒人心底热情的壮美蓝图。因此，打造共同愿景不是由创始人闭门造车，而是由团队成员共同去编织企业的未来之梦。

谈共同愿景有一个最基本的前提条件，那就是首先要搞清楚三个问题：你们的企业是什么？你们的企业将是什么？你们的企业应该是什么？如果仅仅是做一家抓住某个机会挣点儿钱的公司，根本不需要共同愿景，只要能"挣到钱，分好钱"就行。但是，要做成一番事业，就必须有长远打算，必须有共同愿景。而打造共同愿景的基础，不是团队成员的物质欲望，而是共同的理想信念和价值追求。换句话说是团队成员必须要有相同的价值观和人生追求，因为任何团队都不可能适合所有人。

打造创业团队共同愿景，需要建立合理的企业所有权分配机制。在创业团队组建之后，建立合理的企业所有权分配机制，是创业团队必须解决的关键问题。合理的企业所有权分配机制，能增强创业团队的凝聚力，激励创业团队成员更好地为实现企业目标而奋斗，从而有利于企业的长远发展。在确定企业所有权分配机制过程中，需要注意以下几个原则。

（一）树立共享财富的理念

在企业所有权分配问题中，要做到兼顾公平和激励并不容易，但创业者拥有宽广的心胸和"与帮助你创造价值和财富的人一起分享财富"的理念，这将使之能不再纠结于持股的百分比问题，而是关注如何把企业做大。毕竟，0 的 51% 还是 0。只有把企业做大，创业者才能分得更多。蒙牛的创始人牛根生曾在多个场合提到的"财聚人散，财散人聚"，说的也是这个道理。

（二）重视契约精神

契约精神强调自由、平等、守信。在创业之初，应重视契约精神，提前把确定的所有权分配方案以公司章程形式写入法律文件，以契约形式明确创业团队成员之间的利益分配机制，这样有助于创业团队的长期稳定，避免创业后续纠纷。

（三）按照贡献分配所有权

所有权应按照团队成员对企业的长期贡献来分配。在现实中，按照出资额的多少来分配是常见的做法，但不应该忽略没有出资却有关键技术的成员对企业的贡献，应该在分配中予以考虑。

（四）控制权与决策权统一

初创时期，应实现控制权与决策权的统一。股份大的成员在不拥有公司控制权的条件下，内心可能比其他成员更看重企业发展，更容易去挑战其他成员的决策错误，甚至决策者的权威，从而引起团队冲突和矛盾。

二、建立团队管理原则

绝大多数新创企业创业团队的核心成员都很少，一般是三四个人，多的也不过十几个人。如此少的团队成员从企业管理角度来看，实在是"小儿科"，几乎每个从事管理工作的人都觉得能够轻易驾驭。但实际上，创业团队成员虽少，但若是都有强烈的个人想法，管理难度会大大超过一般团队。因此，对创业团队的管理，比较有效的策略是靠规则和制度管理，而不是靠人管理。

建立创业团队的管理规则，要有前瞻性和可操作性，要遵循先粗后细、由近及远、逐步细化、逐次到位的原则。这样有利于维持管理规则的相对稳定，而规则的稳定有利于团队的稳定。创业团队的管理规则大致可以分为3个方面。

（一）治理层面的规则

治理层面的规则，主要解决剩余索取权和剩余控制权问题。治理层面的规则大致可以分为合伙关系与雇佣关系。在合伙关系下，大家都是老板，大家说了算；而在雇佣关系下，只有一个老板，一个人说了算。

（二）文化层面的管理规则

文化层面的管理规则，主要解决企业的价值认同问题，可以用"公理"和"天条"这两个词简要地概括。所谓"公理"，就是团队成员共同的终极行为依据。所谓"天条"，就是团队内部任何人都碰不得的东西，对所有团队成员都构成一种约束。

（三）管理层面的规则

管理层面的规则，主要解决指挥管理权问题。管理层面的规则主要有三条：一是平等原则，制度面前人人平等，不能有例外现象；二是服从原则，下级服从上级，行动要听指挥；三是等级原则，不能随意越级指挥，也不能随意越级请示。这三条原则是秩序的源泉，而秩序是效率的源泉。当然，仅有这三条原则是不够的，但它们是最基本的，是建立其他管理制度的基础。

管理规则是以简约的形式来规范团队成员行为的"天条"，虽然能够明确告诉团队成员什么该做什么不该做，但对这些行为发生后会产生什么后果，却需要有更为详细的制度体系加以规定。创业团队制度体系体现了创业团队对成员的激励和控制能力，主要包括团队的各种激励制度、约束制度和沟通制度。

首先，创业团队要通过利益分配方案、考核标准和奖励制度等激励制度，使团队成员看到随着创业目标的实现，其自身利益将会得到怎样的改变，从而达到充分调动创业团队成员积极性、最大限度发挥团队成员作用的目的。

其次，创业团队要通过组织条例、财务条例、纪律条例、保密条例等各种约束制度指导成员，避免做出不利于团队发展的行为，对成员行为进行有效约束，保证团队的稳定秩序。

最后，创业团队要通过各种积极、高效的沟通制度，来维护创业团队成员间的互信与合作关系。创业团队成员朝夕相处，出现矛盾和摩擦是难免的。但是，如果对这些矛盾和摩擦不及时处理，就很有可能导致创业团队成员之间的冲突，甚至是创业团队的解体。因此，必须建立有利于创业团队成员之间自由沟通的制度，使团队成员间保持相互理解、相互信任的合作关系。

三、健全运行机制

随着团队效益的日益显现，各行各业纷纷引入团队方式进行组织管理。然而团队并非总是问题的答案，因为它比个体工作需要更多的时间和资源。例如，团队增加了相互沟通的要求，需要管理更多的冲突，进行更多的交流。在实施团队方式之前，创业者应该仔细评估工作的要求，看其是否可以从共同协作的努力中受益。

创业团队能否有效发挥作用，还取决于其能否形成团队凝聚力。凝聚力用于管理时，突出表现为团队对其成员的吸引程度，既包括团队对每一个成员的吸引程度，又包括团队成员相互之间的吸引程度。当这些吸引程度达到一定强度，而且团队成员资格具有一定价值，这个团队就是凝聚力强的团队。凝聚力可用团队成员的下列态度来说明：对团队忠诚；对团队的工作有责任感；对外来攻击积极防御和反抗；与其他成员志趣相投并有友谊关系。

在凝聚力强的团队中，成员的意见比较一致，相互关系融洽友好，对团队感到自豪并有强烈的责任感，较好地完成团队的工作任务。团队凝聚力的强弱，受到以下因素的影响。

第一，团队的领导方式。在专制的、民主的、自由放任的三种领导方式中，以民主为领导方式的团队凝聚力最强。

第二，团队与外界的关系。同外界处于隔离状态的团队，凝聚力较强。

第三，团队的规模。规模较小者，凝聚力较强。大规模的团队往往会分化出一些小的基本团队。

第四，成员稳定性。团队成员较为稳定者，凝聚力较强。团队凝聚力的形成需要团队成员有相当的稳定性。

第五，团队内部的奖励方式和目标结构。不同的奖励方式能影响团队成员的情感和期望。如果采取个人同团队相结合的奖励方式，有利于增强团队的凝聚力。

同样，把个人同团队的目标有机地结合起来，也有助于增强集体观念和凝聚力。如果团队成员的任务目标互不关联，就难以形成凝聚力。此外，不同的信息交流方式、团队成员的个性特征、兴趣和思想水平等，都会影响团队的凝聚力。

创业团队作用的有效发挥，还需要健全的运行机制。创业团队的运行由内部团队过程和边界管理两部分构成。其中内部团队过程主要包括思想交流、相互影响、团队任务及维持功能、决策制定、冲突管理、气氛营造和情感流露；边界管理主要包括缓解团队的权力斗争、说服管理层支持团队工作，以及在工作期限上与其他团队协调和磋商等。

在创业团队运行过程中，团队要确定谁适合从事何种关键任务和谁对关键任务承担什么责任，以使能力和责任的重复最小化。为了保证团队成员执行创业计划、顺利开展各项工作，必须预先在团队内部进行职权划分。创业团队的职权划分就是根据执行创业计划的需要，具体确定每个团队成员所要担负的职责及相应所享有的权限。

创业团队成员间职权的划分必须明确，既要避免职权的重叠和交叉，也要避免无人承担造成工作上的疏漏。此外，由于还处于创业过程中，面临的创业环境又是动态复杂的，会不断出现新问题，创业团队成员可能不断更换。因此创业团队成员的职权，也应根据需要不断进行调整。

创业团队的运行机制建设，主要包括组织文化、工作流程和报酬系统，这些条件如果得到满足，团队工作就会高效。这种效果反过来又会鼓舞团队的士气并提高团队完成恰当进程的能力。接下来团队就会进入良性循环，工作流程和产出效果会持续改进。但由于很多团队或是工作流程上有缺陷，或是不容于组织文化，团队就会进入恶性循环，不能实现充分运作，从而效果欠佳，而这又会反过来增加团队中的冲突和混乱，进一步降低团队效果。因此，创业团队的运行机制建设，一定要特别注意以下问题。

第一，在激励机制上，优秀团队会在设计员工的各种奖励机制时，将奖励与个人在一段时期内的贡献和工作成绩挂钩，并随时根据实际情况做出调整。

第二，创业团队要通过组织条例、财务条例、纪律条例、保密条例等各种约束制度，指导其成员避免做出不利于团队发展的行为，保证团队的稳定秩序。

第三，创业团队要通过各种积极、高效的沟通制度，维护创业团队成员间的互信与合作关系，同时也要采取必要措施，来有效预防和管理组织与组织、组织与个人、个人与个人之间的矛盾冲突，从而真正实现团队整体效益大于个体效益之和。

形成性训练

扫一扫　练一练　　扫一扫　查看答案

案例分析

复星创业团队的成长与迭代

复星这两个字，有人解读为"复旦之星"，还有人解读为"复旦牛"。无论怎么解读，这个名字与复旦大学都有着紧密的联系。郭广昌曾提到过"复星"这个名字的由来："我们几个都毕业于复旦，有一份浓浓的母校情怀……"其中"我们"，指的就是复星初创时的"创业五人组"：郭广昌、梁信军、汪群斌、范伟、谈剑。复星崛起之后，外界又将他们称为"复星五虎将"或"复星五剑客"。

当年创办广信科技时，郭广昌是复旦大学团委干部，梁信军是校团委调研部部长，汪群斌是生命学院团总支书记，范伟是学校誊印社的经理，谈剑还在读书。如今，在复星多元化的产业链条中，郭广昌成了整个企业集团的灵魂；梁信军是副董事长兼副总裁，成为复星投资和信息产业的主要负责人；汪群斌是复星实业总经理，专攻生物医药；范伟掌管房地产；谈剑负责体育及文化产业。

在梁信军眼中，郭广昌是个极有魄力的领导者。1992年，郭广昌带着一帮刚走出校门的年轻人靠38000元开始创业，如今已经坐拥200多亿元的资产，复星集团也成为中国民营企业前三名，并在医药、房地产、钢铁、商业四个领域都有出色表现。虽然涉及的行业不少，但郭广昌有原则：能买的不租，能租的不建。

当年推举郭广昌做领头人时，梁信军这样表述他的理由：郭广昌情商高，能很好地整合与协调团队。另外，在战略思考上，每次当一件事达到一个水准，我们觉得可以歇一口气的时候，他都能提出一个新的像大山一样的目标。他善思辨，新奇的想法从来不断。2004年，在王均瑶去世后，浙江东阳人郭广昌接任上海浙江商会会长。"在我和郭广昌身上表现出来的更多是浙商的共性"，梁信军说。

梁信军的口才好、反应快、精力充沛、善于沟通交流，这些特点几乎是复星创业团队公认的，所以他做了集团的党委书记和新闻发言人。梁信军称，自己其实也是性情中人，坦言今天很多人都看到了复星成功的一面。"其实是'一将功成万骨枯'"，梁信军慨叹，"复星走过的13年中，民营企业面临的难题，我们都经历过，只是在大的成功面前，外界都习惯于把小的失败淡化。"

当年"五虎将"里的另外3个，如今都在复星多元化产业里独当一面，"当年分工时就考虑到汪群斌、范伟和谈剑可能更适合做产业，做具体事情。"梁信军说，"如果没有汪群斌、范伟和谈剑他们兢兢业业地去操劳，再好的战略也等于零。"在复星的五人团队中，范伟略显沉默，也极少在媒体露面，不过他麾下的复地集团在房地产业界倒是让人刮目相看。"他做的比说的要多。"梁信军评价道。

在五人之中，梁信军、汪群斌、范伟均毕业于复旦遗传学专业，这样的一个团队注定会与医药行业结下不解之缘。汪群斌和研究部门的技术人员成功开发了复星第一个核酸试剂——乙肝DNA核酸试剂盒，为复星进军医药行业打下了坚实基础，后来他提出的"生物医药新经济"概念也引起了业界的广泛关注。1995年，PCR乙型肝炎诊断试剂的成功为复星的"五剑客"赚到了第一个1亿元。

而五人中唯一的女性谈剑的特殊优势则在政府公关等事务上，同时她还是上海星之健身俱乐部总经理。从2000年复地房产在开发楼盘时，为了制造卖点，在小区内建设了一个足球场的"无心插柳"开始，"星之"至今已有12家门店，身影出现在很多住宅小区的会所中。这样的选址，既避开了市中心商务楼昂贵的租金，也让健身与普通市民走得更近，这个一举多得的策略是谈剑成功的秘籍之一。

对此，梁信军称，他们五个人就像五根手指，哪根也少不得。五根手指攥紧，就是一只拳头。复星强调的是团队管理。梁信军认为，创业团队要经得起成功、失败的考验，仅靠友谊是不够的。除了他们几个人在学校就建立起来的良好关系之外，浙商的精神也在他们身上有所体现，由这种共同文化演绎而成的企业文化，是五人同心的最大基础。

（作者根据网上资料和报纸文章改写）

思考题：

（1）复星创业团队具有哪些特点？其结构有哪些优势？

（2）复星创业团队带头人郭广昌有哪些性格特点？

（3）复星创业团队是如何成长和迭代的？

（4）本案例给予你哪些启示？

本章小结

本章内容包括创业者和创业团队两个部分。在创业者部分，主要介绍了广义与狭义的创业者概念的区别，创业者的人格特征，创业者的知识结构和能力结构，以及基于创业动机的创业者分类。在创业团队部分，主要探讨了创业团队的概念，创业团队的构成要素，创业团队的组建程序和组建原则，以及创业团队管理应该注意的主要问题：打造共同愿景、建立游戏规则和健全运行机制。本章的基本观点是：虽然人人都将成为创业者，但要真正成为创业者却需要一定的知识和能力储备。创业者可以分成不同类型，人们可以根据自己的创业动机和人格特征来选择不同的创业类型。本章的重点是创业

者的知识和能力结构，以及组建创业团队的程序和原则，本章的难点是什么样的人能成为创业者。

学习与思考

1. 观看与思考

观看电影《中国合伙人》，思考如下问题并与同学交流：

（1）本片中的创业团队有什么特点？

（2）团队创业有哪些优势？

（3）你从这部电影中得到哪些启示？

2. 阅读与思考

阅读《这才是最牛团队：从携程到如家、汉庭》，思考如下问题并与同学交流：

（1）携程团队有哪些优势？

（2）携程团队的组织架构对你有哪些启示？

（3）携程团队为什么会拆分？

3. 案例学习与思考

了解韩都衣舍的相关资料，思考相关问题并与同学交流：

（1）韩都衣舍是一个什么样的企业？

（2）韩都衣舍的组织结构与阿米巴经营模式有哪些相同点？

（3）你是否认同韩都衣舍的经营方式？

实践训练

结合本章所学知识，以团队的方式组建研究性学习小组，在组建团队时除考虑彼此的合作是否有助于完成学习任务外，还要考虑是否参加下面的比赛、实践和项目申请。

（1）参加中国"互联网＋"大学生创新创业大赛。

（2）参加"挑战杯"中国大学生创业计划竞赛。

（3）在校内外开展创业实践。

（4）申请"大学生创新训练项目"和"大学生创业训练项目"。

注意在保证团队成员拥有共同的创业目标的前提下，注意团队成员的专业背景与创业项目之间的关联性，并尽量选择在教育背景、社会关系网络、个人经历之间存在差异的成员。

第三章

创新原理与创新方法

 学习目标

★ 知识习得

了解创新的过程、类型，以及创新能力，掌握创新的原理和方法。

★ 情意形成

形成包容、开放的生活态度和敢为人先、求真务实的工作作风。

★ 能力提升

能够借助所学原理和方法创新性地解决工作和生活中的问题。

★ 价值引领

培养实事求是的工作态度，坚定道路自信和文化自信。

思政小课堂

 案例导入

马斯克的第一性原理

2018 年，猎鹰重型火箭在佛罗里达肯尼迪航天中心发射成功，火箭上搭载着一辆特斯拉跑车，一个身穿宇航服的人体模型"Starman"坐在车内，逐渐升空进入遥远的火星轨道。这枚火箭是由埃隆·马斯克的私人公司——Space X 建造的，而跑车是由他的另一家公司——特斯拉提供。

马斯克是继史蒂夫·乔布斯之后最受瞩目的硅谷创业家和企业家，同时也是一名发明家和工程师，或者像他自己所描述的那样是名"技术专家"。他涉足许多创业项目，从 PayPal 到特斯拉、超级高铁，虽然遭遇了无数次失败，但每一次的创新突破都能惊艳全世界。马斯克将如今取得的颠覆式创新成就主要归结于"第一性原理"。

第一性原理最早是由亚里士多德提出来的，指每个系统探索中都存在一个最基本的命题或假设，思考问题应直接从最根本的原理出发进行推理，寻求问题的真正解答。第一性原理也是解决复杂问题和产生独特创新解决方案的最有效方法，例如德国发明家约翰·古腾堡曾采用第一性原理进行创新，并取得了举世瞩目的成绩。

（作者根据相关资料改写）

思考题：

（1）马斯克创办了哪些企业？

（2）马斯克的思维方式有哪些特点？

（3）如何理解第一性原理？

第一节 真实世界的创新

从前面的学习中我们了解到，创新并不是什么高不可攀的事情，任何有意义、有价值的更新、改变，都可以称为创新。而在真实世界中，创新也并非少数天才的专利，人类历史上大多数具有重大意义的创新，其实都是由普通人在普通工作岗位上取得的。

一、创新过程透视

从心理学的角度看，创新就是一个发现问题和创造性解决问题的过程。1945年心理学家约瑟夫·沃拉斯所著的《思考的艺术》，被学界称为创新思维研究的开端。沃拉斯认为，无论是科学还是艺术，或者其他创新性活动，大体上都包括以下四个阶段：准备阶段、酝酿阶段、顿悟阶段、检验阶段。

（一）准备阶段

准备阶段是创新过程的基础阶段。这一阶段的主要任务是确定创新的方向和目标，从主观和客观上做好必要的创新准备。在创新活动中，人虽然能够创造出前所未有的组合形式，但创造不出本人没有的知识和经验的组合形式。因此，要想顺利地完成创新活动，从各个方面和不同角度准备尽可能多的材料是十分重要的。

另外，虽然每个正常人都具有创新潜力，但是由于人们先天素质和所处环境的不同，所能从事的创新活动的类型也不相同。人们在进行创新活动时，只有根据自己的专长、爱好和条件选择创新项目，才能取得事半功倍的效果。而要做到这一点，通过前期探索和准备，了解自己的能力倾向和优势领域，是必不可少的。

（二）酝酿阶段

酝酿阶段是创新过程的运作阶段。经过长期系统的准备之后，在某一方面的知识和经验已经有了相当的积累后，便会深入思考如何解决问题。人在这时往往精神高度兴奋，情绪激动，茶饭不香，心情不定。有时答案好像就在眼前，仿佛抓住了解决问题的钥匙；有时又百思不得其解，好像走进了死胡同，注定失败无疑。

在酝酿阶段，人们的创新活动通常会遇到以下几方面问题：一是各种因素之间的联系难以明确；二是假设误入歧途而又积重难返；三是对假设犹豫不决；四是形成顽固的思维定式难以突破；五是个人的知识能力储备不足。而一旦遇到此类问题，人们必须冷静下来，客观、理性地分析遇到的问题。如果遇到的是方向性问题，就要赶快进行调整；如果不是方向性问题，则应暂时把问题搁置起来以便提出新的思路。

（三）顿悟阶段

顿悟阶段是创新过程的收获阶段。经过长期酝酿之后，随着创新活动的深入开展，一次次探索和逼近，终于使创新过程临近了成功的大门。"顿悟"原为佛教用语，大意是指顿然破除妄念，觉悟到真理。这里借指在创新过程中，人们对曾经百思不得其解的问题借助直觉突然领悟的思维现象。

顿悟的到来常常富有戏剧性，有时是以某个点的突破导致的，有时是以某种关系的联结导致的，有时是以某个灵感闪电般突如其来的光临导致的。人在顿悟的瞬间常常伴有灵感体验，王国维在《人间词话》中所绘的："众里寻他千百度，蓦然回首，那人却在灯火阑珊处。"便是这种体验的形象表达。

（四）检验阶段

检验是创新过程的验证阶段。实践是检验真理的唯一标准，只有通过验证才有可能证实创新成果的价值。在这一阶段，人们为了精确阐述创新的关键所在，检验创新成果的可行性、合理性和有效性，仍要通过推理或实际操作继续探索和思考，精力依然需要高度集中，不允许有丝毫的分散和懈怠。

在这一阶段，人们要把研究的东西与预期的结果进行系统对比，要用事实来检验自己的假设，如果假设与事实不一致，就应果断地否定原来的假设，代之以新的假设。验证创新成果的价值，需要具有较高的观察力和分析力，要善于发现和判断有时看来微不足道，但对创新却是非常重要的问题和事实。

二、创新类型划分

有关创新类型的划分，最常见的方式有两种：一是按照创新程度划分，如原创型创新、改进型创新、调整型创新、组合型创新等；二是按照创新领域划分，如科技创新、艺术创新、产品创新、商业模式创新、营销方式创新等。而下面介绍的则是目前在社会上影响较大，对深入理解创新较有帮助的几种划分方式。

（一）维持性创新与破坏性创新

1997年著名经济学家克莱顿·克里斯坦森在《创新者的窘境：当新技术使大公司破产》一书中系统地提出并分析了维持性创新与破坏性创新的概念和作用，并使之成为对企业发展具有战略指导意义的理论。

所谓维持性创新（Sustaining Innovation）是指通过向最好的顾客销售更好的产品，从而帮助在位企业获取高额利润的创新。维持性创新不仅包含微小的、渐进的工艺改进，而且包括在原有性能轨迹上的跳跃性改进。

所谓破坏性创新（Disruptive Innovation）是打破原有的平衡，建立新秩序的创新。它是市场上现有产品更为便宜、更为方便的替代品，直接锁定低端消费者或产生全然一新的消费群体，并最终把老的、旧的公司从行业中挤出去。

破坏性创新普遍存在，因为早在克里斯坦森发现并系统地提出可重复的创新流程之前，一些聪明的企业家已经学会挖掘破坏性机会。如小型机、微型机、掌上电脑、数码相机、微型涡轮和燃料电池等。事实上，很多亚洲的知名品牌企业，如丰田、夏普、索尼、佳能、宏碁，都是因为有了破坏性创新的支持，才成长为大企业的。

克里斯坦森提出的破坏性创新，既包括破坏性商业模式创新，也包括破坏性技术创新。美国西南航空的廉价模式，戴尔电脑的直销模式，沃尔玛的天天平价等，都是破坏性商业模式创新。事实上，商业模式创新并没有为消费者提供新的或改进的产品，而是采用与市场上主导企业不同的、全新的方式为消费者提供产品或服务。

与维持性创新相比，破坏性创新往往只是对已知技术的简单改进和调整，它所针对的目标顾客，对在位企业而言毫无吸引力。反复的事实让我们看到，那些由于新的消费供给范式出现而"亡"的公司，基本上都是本应该对"破坏性技术"有所预见，但却无动于衷，直至为时已晚。

破坏性创新有两种类型。一种是通过锁定现有产品没有服务到的顾客群体而产生新的市场，一种是竞争现有产品市场上的低端消费者。但是无论哪种类型，一项创新要具有颠覆性必须具备以下五个特征：一是其成功往往发端于满足新出现的或利基市场上过去所无法满足的需求；二是其绩效特征极大地取决于利基市场的顾客，但开始并未被主流市场所接受；三是利基市场使得在产品、服务和商业模式的投资绩效不断提高，并创造出或进入新的利基市场，扩大顾客的数量；四是随着产品、服务和商业模式知名度的增加，迫使并影响主流市场对颠覆性创新价值的理解发生变化；五是主流市场对颠覆性创新价值理解的变化会成为催化剂，使颠覆性创新破坏并取代现有的主流产品、服务或商业模式。

（二）从 0 到 1 的创新与从 1 到 N 的创新

《从 0 到 1：开启商业与未来的秘密》，称得上是近年来对世界商界影响非常大的一部作品。该书作者彼得·蒂尔被誉为硅谷创投教父，投资界的思想家。该书合作者布莱克·马斯特斯 2012 年在斯坦福大学法学院就读，期间选修了蒂尔的"初创企业"课，并将细心整理的课堂笔记发布到网络，引起了 240 万次的点击率。随后，应出版社之邀蒂尔将这份神奇的笔记精编成书。

蒂尔是一位成功的创业者，1998 年他创办 PayPal，并担任CEO。 2002 年他将PayPal以 15 亿美元出售给了 eBay，从而将电子商务带向了新纪元。2004 年他做了首笔在Facebook的外部投资，并担任董事。同年，蒂尔成立软件公司 Palantir，服务于国防安全与全球金融领域的数据分析。

2005 年蒂尔联合创办了 Founders Fund 基金，为 LinkedIn、SpaceX、Yelp 等十几家出色的科技新创企业提供早期资金，其中多家公司由 PayPal 的同事负责营运，这些人在硅谷有"PayPal黑帮"之称。此外，他还成立了蒂尔奖学金（Thiel Fellowship）鼓励年轻人在校园之外学习和创业，成立了蒂尔基金（Thiel Foundation）推动科技进步和对未来的长远思考。

在《从 0 到 1：开启商业与未来的秘密》一书中，蒂尔详细阐述了自己的创业历程与心得，包括如何避免竞争、如何进行垄断、如何发现新的市场。同时，他还带着读者穿越哲学、历史、经济等多元领域，解读世界运行的脉络，分享商业与未来发展的逻辑，帮助读者思考从 0 到 1 的秘密，并在意想不到之处发现价值与机会。

《从 0 到 1：开启商业与未来的秘密》也是一部为世界创造价值的商业哲学著作，他将带领读者揭开创新的秘密，进入彼得·蒂尔颠覆式的商业世界。正如 Facebook CEO 马克·扎克伯格（Mark Zuckerberg）所言，《从 0 到 1：开启商业与未来的秘密》传达了前所未见、让人为之一振的新观念，教导人们如何在世界上创造价值。

蒂尔认为，在传统时代，成功企业的商业模式是一个从 1 到 N 的过程，也就是在现有基础上复制之前的经验，通过竞争不断扩大自己的市场影响力。而在互联网时代，想要成功必须在一切发生之前研究结局，必须找到创新的独特方式让未来不仅仅与众不同，而且更加美好。创新不是从 1 到 N，而是从 0 到 1。

（三）封闭式创新与积木式创新

《全球风口：积木式创新与中国新机遇》是由海银资本创始合伙人王煜全和北京大学国家发展研究院薛兆丰合著的一本书，该书从数据和学理出发，条分缕析地与大家分享了积木式创新给中国带来的种种机会。这里的积木式创新，是指在创新的过程中，不同要素之间如"积木"般的组合方式。

20 世纪 80 年代之前，人类的创新活动基本上都是封闭的。无论是产品创新、工艺创新，还是服务创新、商业模式创新，都是以某个组织或企业为单位进行的。但自 20 世纪 80 年代开始，以发达国家为代表，掀起了一波全球性的创新浪潮。这一浪潮冲破了以往的封闭式创新的藩篱，让创新成了一张需要众多组织和个人共同去编织的大网。换言之，在新的历史时期，人类的创新活动需要更多的组织和个人协同完成。在这样的创新活动中，任何组织和个人只需要完成其中的某一个点就可以了，其他的事情可以通过社会化分工合作来完成。

王煜全和薛兆丰说的积木式创新，反映的就是这种情况。以积木式创新来形容这一创新浪潮，包含了横纵两方面的含义：既指创新活动中所需要素的横向组合，也指各个发展阶段的决策权的纵向组合。积木式创新带来的以企业家为核心的创业系统，不仅颠覆了传统跨国公司的封闭式创新模式，也在很大程度上改变了传统资本主义社会的很多弊端，激发了整个社会的创新活力。

三、创新能力解析

创新能力主要包括发现问题的洞察能力、产生新想法的想象能力、判断新想法可行性的分析能力、把新想法落到实处的实施能力。任何人都拥有创新的潜能，只要不自我否定，每个人都可以通过有意识的训练形成自己的创新能力。

（一）发现问题的洞察能力

所谓洞察能力，就是透过事物的表面现象，洞悉事物本质的能力。在现实生活中，经常会发生这样的事情：某些事物的现象和变化，虽然许多人都看到了，但却熟视无睹；而一些拥有超强洞察能力的有心人，却在同样的现象和变化中，发现了大自然的奥秘，进而取得了创新性成果。

例如，20世纪初期，德国气象工作者阿尔弗雷德·魏格纳在观看地图时发现，几个大陆弯弯曲曲的边缘，拼接在一起就形成了完整的一体，大西洋西岸东部凸出部分，正好能装进非洲西海岸那凹进去的几内亚海湾。随后他多方面收集资料，提出了"大陆漂移说"。

在这个案例中，尽管魏格纳的发现可能受益于偶然启发，但这恰恰说明，在一般人熟视无睹的现象中，蕴藏着极大的奥秘。而能否发现奥秘的关键，恰恰在于是否具备洞察能力。事实证明，没有洞察能力的人，即使身边到处是机会和宝藏，也与创新和财富无缘；而拥有"洞察能力"的人，则总是能够出人预料地发现机会和获得财富。

（二）产生新想法的想象能力

所谓想象能力就是人们在过去经验和知识的基础上，通过思维产生新形象或新设想的能力。想象是一种特殊的认识过程，是指在已有形象的基础上，经过改造、重组、联合而创造出新形象的活动。

从某种意义上说，创新者要进行创新活动，必须借助于想象构建新的形象。例如，我们今天使用的飞机，就是始于美国莱特兄弟童年时的想象，他们经过坚持不懈的反复实验，终于在1903年冬日的一天，让世界上第一架载人动力飞机飞向蓝天。

正如爱因斯坦所言："想象力比知识更重要，因为知识是有限的，而想象力概括着世界上的一切，推动着进步，并且是知识进化的源泉。严格地说，想象力是科学研究中的实在因素。"

（三）判断新想法可行性的分析能力

分析能力就是人们通过思维认识事物各个方面特性，特别是认识事物本质的能力。只有通过对事物的认真分析研究，人们才可以认识那些没有直接作用于人感觉器官的种种事物，事物的属性及事物之间本质的联系，从而才有可能改造它或利用它。

人在分析问题时的思维活动是相当复杂的，犹如一部复杂的机器在转动，凡经历过重大事物分析的人都会有深刻的体会，在分析问题的过程中，往往要调用大脑中储存的大量知识，才会取得满意的分析结果。

人的分析能力既与知识经验有关，也与思维方式和思维方法有关。经常主动、积极地分析各种事物，从中不断汲取经验和教训，有意识地通过思维训练，培养自己科学的思维方式和思维方法，分析能力就会逐步得到提高。

（四）把新想法落到实处的实施能力

人人都有可能产生一些创新的想法，甚至形成以创新的方式解决问题的方案，但是这些想法和方案，绝大多数都由于这些人缺乏实施能力，最终难以变为现实。有价值的创新从设想到完成，绝不是轻而易举的事情，靠一时的热情或运气是无法实现的，有时需要几年、几十年，甚至一生坚持不懈的努力才能完成。

著名数学家克雷洛夫曾指出："在任何实际事业中，思想只占2.5%，其余都是实践。"而人的实施能力既包括知识、经验和技能因素，也包括情感、态度和意志因素，而这些因素，都是可以通过后天的学习和工作，逐渐积累和培养的。

形成性训练

扫一扫 练一练　　扫一扫 查看答案

案例分析

创新，是一场永无止境的攀登
——记 HUAWEI Mate50 的诞生

2023年1月30日，《品牌强国之路》专题纪录片第一季第五期节目《创新，是一场永无止境的攀登——记HUAWEI Mate50的诞生》在总台CCTV-2播出，讲述华为Mate 50系列研发背后的故事，华为昆仑玻璃、华为北斗卫星消息、超光变XMAGE影像、鸿蒙OS等硬核技术亮相。

相关数据显示，在手机售后维修中，屏幕损坏订单接近半数，可见碎屏已成为用机最大风险。耐摔性提升10倍的昆仑玻璃，让手机易碎屏成为过去式。昆仑玻璃从"钢筋混凝土"的初期灵感，到实际的商用落地整整历时4年，期间一度面临"夭折"。华为工程师秉承着迎难而上的"昆仑精神"，在一次次推倒重来之后，最终带来摔不坏的革新体验。

除了"不怕摔"的昆仑玻璃，华为Mate50系列还是业内首款支持北斗消息的大众智能手机，这项"向上捅破天"的新技术背后，是由平均年龄还不到30岁的华为卫星消息研发团队完成的。在华为Mate50系列上，华为通过北斗卫星消息硬件能力，首次将卫星消息功能带到大众智能手机上，让用户即使身处无网之地也能与外界进行联系。

华为常务董事、终端BG CEO余承东在片中接受采访时表示，华为很多技术走在整个产业的前列。十年前的困难是没人认可、没人知道华为的品牌，但十年后的今天，华为自己积累了很多核心技术、核心能力。创新技术来之不易，但华为将不惧挑战，坚持投入研发，不断攀登向上，继续引领行业向前。

（作者根据网上资料和期刊文章编写）

思考题：

（1）请同学们自行观看《品牌强国之路》专题纪录片《创新，是一场永无止境的攀登——记HUAWEI Mate50的诞生》，谈谈该片对你的启示。

（2）谈谈你身边有哪些创新的机会。

第二节 创新的基本原理

在真实世界中创新并不像人们想象的那样神奇和高不可攀，这不是科学家和艺术家的专利。人类历史上的许多重大发明发现，都是由普通人在普通的工作岗位上做出来的。因此，我们有必要了解创新的基本原理，并有意识地创造条件促进创新发生。

一、创新的运行机制

创新是人脑的机能，从客观世界中的问题进入人的视野，到引起人的注意并产生探究的意愿，到整合各方面知识经验形成解决问题的办法，再到付诸实施解决问题，全部都是在人脑的指挥下完成的。那么，人脑是怎样工作的？在什么情况下人能产生创新想法，并把想法付诸实施创造性解决问题呢？

（一）思维系统

人脑像是一个信息加工系统，这个系统有时是在直觉状态下运行的，有时是在分析状态下运行的。著名心理学家卡尼曼为了对大脑的这两种状态进行更为深入的研究，采用"系统1"和"系统2"，来代表大脑中的直觉系统和分析系统，同时借助对"系统1"和"系统2"的运行研究，揭示了创新活动中思维的运行规律。

"系统1"代表直觉系统，它的运行是无意识且快速的，不怎么费脑力，完全处于自主控制状态。对于日常生活中的简单问题，如确定突然出现的声源，读大型广告牌上的字，在空旷的道路上驾车行驶，察觉语气中的不友善等，"系统1"凭借记忆和经验就能在无意识状态下迅速进行判断和处理。"系统1"的使用非常广泛，效率也比较高。但该系统的问题是很容易上当，由于固守"眼见即为事实"的原则，很容易使我们在厌恶、乐观、偏见之类的错觉引导下，做出错误的选择。

"系统2"代表分析系统，其运行是有意识的，要求将注意力转移到需要费力的复杂大脑活动上来，并始终在受控状态下工作。现在请看下面的问题：$17 \times 24 =$？显然如果不花点时间来计算的话，你就无法得出正确答案。这种计算过程需要刻意努力并且有序地进行。我们把这个过程叫作"慢思考"，是由"系统 2"即分析系统完成的。"系统 2"的运作是高度多样化的，但所有这些运作方式都有一个共同特征：需要集中注意力，如若注意力分散，运作就会随之中断。

人在觉醒的时候，"系统 1"和"系统 2"都处于活跃状态，只是各有侧重、各司其职。通常情况下"系统 1"处于主导地位，而"系统 2"则处于不费力的放松状态。但是，当人们碰到"$17 \times 24 =$？"这样无法凭直觉自动做出判断的复杂问题，或是遇到有别于常识和以往经验令人吃惊的事情时，"系统 1"的运行就会受到阻碍，"系统 2"的功能就会被激活。通常情况下，"系统 1"和"系统 2"这种分工都很有效，但是这种分工能否创新性解决问题，却取决于人的思维水平和大脑当时的状态。

（二）思维定式

所谓思维定式（Thinking Set）是指由先前的活动造成的，是一种对活动的特殊的心理准备状态，或活动的倾向性，使人们按照习惯的、比较固定的路线、方式、程序和模式去考虑问题、分析问题和处理问题。

思维定式是由主体头脑当中一些起基础性作用的要素，如知识、经验、观念和方法等产生，所以它的作用实效比较长、范围广，而且不容易摆脱，一些思维定式甚至会伴随我们学习和成长的始终，甚至会深入到潜意识，成为不自觉的、类似于本能的反应。在环境不变的条件下，借助思维定式去解决问题，能够大大提高工作效率。

思维定式是一种按常规处理问题的思维方式，可以省去许多摸索、试探的步骤，缩短思考的时间，提高解决问题的效率。在日常生活中每天碰到的 90% 以上的问题，都可以借助思维定式得到解决。但是，当问题的条件发生质的变化时，思维定式会使人墨守成规，不去寻找解决问题的新办法，造成知识和经验的负迁移。

有这样一个著名的试验：把 6 只蜜蜂和同样多的苍蝇装进一个玻璃瓶中，然后将瓶子平放，让瓶底朝着窗户。结果发生了什么情况？蜜蜂不停地想在瓶底上找到出口，一直到它们力竭而亡；而苍蝇则会在不到两分钟之内，穿过另一端的瓶颈逃逸一空。

由于蜜蜂基于出口就在光亮处的思维定式，想当然地设定了出口的方位，并且不停地重复着这种合乎逻辑的行为。可以说，正是由于这种思维定式，它们才没有能走出囚室。其实人类也是这样，当新旧问题形似而质异时，思维定式往往会引人步入误区，用旧的经验解决新的问题，使本来能够完成的任务完成不了。

（三）心智模式

心智模式（Mental Model）这个概念是由苏格兰心理学家肯尼思·克雷克（Kenneth Craik）在 1943 年首次提出的。美国麻省理工学院教授彼得·圣吉（Peter M. Senge）将其定义为：根深蒂固于心中，影响我们如何了解这个世界，如何采取行动的许多假设、成见、逻辑、规则，甚至图像和印象等。

心智模式是人们在成长过程中，经过反复的"强化"和"修正"逐渐形成的。而心智模式在人的大脑中构建起来之后，便会成为人们认知外部现实世界的"模型"。只是由于心智模式不是存在于理性思维的层面，而是隐藏于思维的背后，所以大多数人在日常生活中并不会感觉到它的存在。

从总体上看，心智模式是从观察、思考及行动这 3 个方面对人产生影响的。心智模式影响个体的具体方式是以下三种。

1. 认知框架

心智模式为人们提供了观察世界的认知框架，如同一个"滤镜"，会影响人们所"看见"的事物。具有不同心智模式的人在观察同一事物时，往往会有不同的感受或得出迥然不同的结论。

2. 思想路线

人的认识并不是一个简单地反映客观事实的被动过程，而是一个由经验世界创造的主动过程。不同的人会因其心智模式的不同，具有不同的接收信息和处理信息的路线，并会按照特定规则或逻辑进行推论，从而做出判断和决策。

3. 行动导向

心智模式不仅决定我们如何理解世界，而且决定我们如何采取行动。因为人们在成长和发展心智模式的过程中，会逐渐总结规律、发现模式，形成一些对世界的概括性的看法，即价值观和世界观，这会影响人们的判断和行为。

心智模式是人们在特定的环境中形成的，如果环境没有太大的变化，在现有条件下形成的相对成熟的心智模式能使人得心应手地应对现实生活。但是，如果环境发生了变化，用原有的心智模式去观察、思考和行动，就会出现偏差，甚至处处碰壁。因此，人们需要定期检视自己的心智模式是否与环境相匹配，并在必要的时候改善自己的心智模式。

二、阻碍创新的枷锁

在现实生活中，为什么取得创新性成就的人只是少数，而大多数人却与创新无缘呢？究其原因，主要是由于在人们头脑中，有许多阻碍创新的枷锁，如惯性思维、点状思维和从众思维等，这些枷锁让人在做事过程中因思维的守旧、片面而无法创新。

（一）惯性思维

所谓惯性思维（Inertial Thinking）是指人习惯性地按照以前的思路思考问题，并暂时封闭了其他思考方向的思维现象。惯性思维是人们在长期的工作、生活中，通过总结平时经验而产生的一些固定的思维模式。由于这些经验和常识在解决问题时非常有用，于是潜移默化地形成了思维的定式。

有了这些定式的存在，在处理同类问题时就能少走许多弯路，节省了大量的宝贵时间，而且随着人的阅历、经验的丰富，惯性思维也会随着增加。惯性思维虽然有很多正向作用，但当人们遇到新的情况时，惯性思维的弊端和危害就显露出来了。正如英国科学家约翰·德斯莱德·贝尔纳（John Desmond Bernal）所言："妨碍人们创新的最大障碍，并不是未知的东西，而是已知的东西"。

（二）点状思维

点状思维（Dot Thinking）是一种只见树木，不见森林的思维方式，它容易让人自以为是、主观片面、以己蔽人、经验主义和目光短浅。在思维的框架中点是零维，具有点状思维的人就像井底之蛙，既看不到头顶之外的天，也不知道任何事物都有多个角度、多个方面，做事情往往主观片面、僵化刻板和以偏概全。

点状思维的形成与一个人的成长环境，以及他所受学校和家庭教育有很大关系。在一些狭小、封闭和长期不变的环境中，点状思维不但可以应付生活中的大多数事情，而且有省时省力的好处，这种正向的反馈作用，很容易使人们形成了不同程度的点状思维。

（三）从众思维

所谓从众思维（Conformity Thinking）是指个体在受到外界人群行为的影响时，在自己的知觉、判断和认识上，或不知不觉、不由自主，或迫于各种压力，表现出符合公众舆论或多数人行为的心理现象。

从众思维是大多数人都很难避免的事情，在生活中人们通常会在考虑他人态度的基础上去决定自己什么事应该做，什么事不应该做。即使是在一些微不足道的小事上，也很容易受他人观点、态度的影响。

从表面上看，从众思维作为一个大多数人都有的心理现象，对个人和社会并没有什么不好的影响。但是，如果站在个人和国家发展的角度来认真思考这个问题，就会发现从众思维有许多危害，其主要体现在：淹没少数人的个人观点，让不良行为获得匿名感，以及扼杀创新的动力和勇气。

三、实现创新的策略

阻碍创新的思维枷锁虽然形态各异，但却有一个共同的特征，那就是思维的局限性。这种思维的局限性，会使人只满足于自己知道的事情，甚至会成为不知道自己不知道的人。要想从根本上破除阻碍创新的枷锁，就必须先冲破这些思维的局限，以更开阔的视野，运用不同的思维方式，去反复思考和克服各种困难解决问题。

（一）拓展认知边界

认知（Cognition）是一套大脑内置的算法，是由感觉、知觉、记忆、想象、思维等活动，按照一定关系组成的功能系统。每个人的大脑都有一套算法，这是人自从出生到现在的环境投射和自主意识共同进化而成的。认知是人所有行为的内在逻辑，而行为是认知能力的外在表现。由于主客观条件的制约，每个人都有自己的认知边界，这种边界不仅决定了其认知水平，而且决定了其人生格局和事业发展。

心理学研究表明，人们由于受时间、空间、社会环境、个人兴趣、努力程度等因素的影响，会形成明显的个人认知边界。从某种意义上说，那些我们不懂、不擅长、不喜欢的东西，都是我们的认知边界。

人们对一件事物的认识，永远不可能超过自己的认知边界。在日常生活、学习和工作中，我们最不屑和最易陷入愤怒或是抓狂的人或事，往往都踩在我们认知的边界上。因为我们之所以愤怒，是由于外界出现了否定性信号，证明了我们认知的不足。

有关研究表明，许多事情的本质，都需要站在更高的层次上才能看清楚。因此，不能指望在导致问题发生的层次上找到解决问题的办法，只有"升维思考、降维攻击"，才能有效解决问题。那么，在今天这个充满不确定性的时代，怎样才能打破个人认知的边界，实现认知升级呢？

它通常需要三个基本条件：一是陌生且变换的环境——这是你的多棱镜；二是全新且多样的观念——这是你的锤子；三是系统的思维方式训练——这是你的指南针。多棱镜，让你折射出真实的自我；锤子，帮助你拓展认知的边界；指南针，带你进行认知升级。

而要达成上述三个条件，又要特别注意两件事情。一是开启绿灯进行观察和思考，即当我们接触新的环境和观念时，要带着开放和接纳的态度去学习其长处，而不是带着排斥和挑剔的态度去寻找其不足。二是根据不同的情境，选择不同的思维方式去分析和解决问题。

（二）变换思维方式

在工作、生活和学习中，由于点状思维和惯性思维，大多数人都喜欢从自己的视角，用自己熟悉的思维方式看待和思考问题，由于各种思维方式都有局限性，所以很难全面系统地思考问题，更谈不上创新性地解决问题。而要克服这一局限，就需要变换思维方式，学会从不同的视角、用不同的方式思考问题。

1. 正向思维与逆向思维

所谓正向思维（Positive Thinking）是指沿常规路径分析问题，按事物发展进程思考问题的一种思维方式。所谓逆向思维（Reverse Thinking）是指从事物的反面或反方向去思考问题的思维方式。正向思维与逆向思维是相对而言的，正向思维是指按着人们习惯的常规思考路线去思考，而逆向思维则是指悖逆人们习惯的常规路线去思考。在大多数情况下，人们采用正向思维能找到解决问题的方法，收到令人满意的效果；但在一些特殊情况下，人们采用正向思维却无法找到解决问题的方法，而此时采用逆向思维，却很有可能轻松找到解决问题的方法，甚至取得意想不到的功效。

2. 发散思维与收敛思维

所谓发散思维（Divergent Thinking）是指从一个目标出发，沿着各种不同的途径去思考，以探求多种答案的思维方式。所谓收敛思维（Convergent Thinking）是指在解决问题的过程中，尽可能利用已有的知识和经验，把众多的信息和解题的可能性，逐步引导到条理化的逻辑序列中去，最终得出一个合理结论的思维方式。发散思维与收敛思维既有区别又有联系，但在解决问题的过程中缺一不可，且都以其独特的方式发挥作用。发散思维的作用是拓展，没有发散思维的广泛收集、多方搜索，收敛思维就没有加工对象，就无从进行。收敛思维的作用是聚焦，没有收敛思维的认真整理、精心加工，发散思维的结果再多也不能形成有意义的创新成果，也就成了废料。

3. 形象思维与逻辑思维

所谓形象思维（Imaginal Thinking）是人们借助直观形象和表象解决问题的思维方式，它是人们对形象信息传递的客观形象体系进行感受、储存的基础上，结合主观的认识和情感进行识别，并用一定的形式、手段和工具创造和描述形象的一种基本思维形态。所谓逻辑思维（Logical Thinking）是指人们在认识事物的过程中，借助概念、判断、推理等思维形式和比较、分析、综合、抽象、概括等思维方法，能动地反映客观事物本质与规律的认识活动。形象思维与逻辑思维虽然可以各自独立运行和发挥作用，但在现实生活中通常是相辅相成、交叉使用的。形象思维是以直观形象和表象为载体的，如作家塑造人物形象、画家创作图画时、音乐家创作乐曲时，可以以人或物的形象、声音等直观形象为素材进行创作；逻辑思维是以语言、概念和原理等为载体的，如学生进行数学运算和工程师进行工程设计时，可以借助一定的语言、概念、公式和工具完成任务。

（三）塑造创新人格

创新不但曲折复杂，而且充满不确定性。古今中外的创新成功者告诉我们，要想从事这种艰苦的劳动，不但需要具有创新意识、创新思维和创新能力，而且需要具有创新人格。创新人格是创新者特有的个性特征和个性倾向，也是创新者创新成功的有力支撑。

所谓人格（Personality）是指个体由先天获得的遗传素质与后天环境相互作用而形成的心理特征，它由需要、动机、兴趣、态度、价值观、气质、性格和能力等要素构成，能代表一个人整体的心理面貌和精神特征。

关于创新者人格特征的研究很多，其中以亚伯拉罕·马斯洛（Abraham H. Maslow）、吉姆·罗杰斯（Carl Ransom Rogers Jr.）和罗伯特·斯腾伯格（Robert J. Sternberg）的研究最具有代表性。综合上述三位专家的研究，可以发现创新者基本上都具有以下人格特征：强烈的成就动机；能接受一切经验的开阔胸怀；勇于去做别人认为做不到的事情的自信心；积极乐观的生活态度；大胆坚持自己主张、不受现存文化规范的束缚、不随波逐流和不按常理出牌的独立个性；良好的现实知觉和问题意识；百折不挠的意志品质等。

创新过程充满艰难险阻，只有通过不断的自我激励，才能够坚持到底。因此，对人类大多数创新活动而言，创新过程实际上是一个不间断的自我激励过程。在这个过程中，创新者人格特征中的强烈的成就动机、强大的自信心、积极乐观的生活态度和百折不挠的意志品质等，将对创新者不断产生自我激励作用。

在人类历史上，许多伟大的创新成果，都经历了漫长的研究和创作过程。例如，马克思的《资本论》，仅写作就用了 40 年时间；哥白尼的《天体运行论》，从写作到发表也用了 30 年时间；李时珍的《本草纲目》，从考察、采集、验证到撰文、绘图、刻书，更是耗尽了毕生的精力。类似这样的创新成果，没有创新者的自我激励是不可能完成的。

创新人格的作用虽然毋庸置疑，但创新人格的塑造却十分复杂。在创新人格的自我塑造过程中，自信独立的人格特征具有基础性作用。因为拥有这种心理品质的人，对自己的理想信念、目标追求和个人见解充满信心，不会因为他人见解和外界压力轻易动摇，在生活中不受已有知识、经验的限制，不依赖任何权威的思想和方法，也不受各种流行思潮左右，表现出对创新的自信、果断与坚持。自信独立的个性特征，也是创新者取得事业成功的有力保证。

例如，爱因斯坦年轻时坚信自己的发现，勇于挑战权威，才大胆地提出了相对论。而同样发现波粒二相性的法国物理学家普朗克，却因为不够自信独立的个性，屈服权威的压力，不敢与主流学术观点抗争，只好不断调整自己的发现，以避免与牛顿力学体系相矛盾，最终遗憾地与创新失之交臂。因此，塑造创新人格，首先要在认识层面理解自信心和独立性的重要性，并在日常的工作、生活和学习中，逐渐培养自信独立的个性。

形成性训练

扫一扫 练一练　　扫一扫 查看答案

案例分析

王潮歌与她的"长板理论"

留着一头长波浪卷发的王潮歌极具个人特色，任志强对她的评价是"语言有特点"的人民艺术家，而罗辑思维的罗振宇说她是他见过口才最好的人。其实，王潮歌现在的身份是北京印象艺术公司创始人兼CEO。

作为 2008 年北京奥运会开闭幕式核心创意成员之一，王潮歌被誉为中国最具创新精神的导演，中国文化创意产业的领军者。不过，对于这些赞誉，王潮歌并不十分看重，她更愿意用自己的作品说话。她的作品《印象刘三姐》《印象丽江》《又见平遥》《又见敦煌》等不但蜚声海内外，而且开创了中国大型实景演出和室内情景体验剧的先河。

王潮歌是个非常直率的人。在做《开讲啦》的主讲嘉宾时，她一开场就坦言自己特别兴奋，一点都不紧张。她幽默地说："等待这个跟大家见面的机会，等了好长时间，今天终于站在这儿了！挺高兴的！我是谁呢？我叫王潮歌，女，汉族，六十年代生于北京，已婚，育有一女。从大学毕业，一直到现在，唯一做过的职业就是导演。我认为我是谁这个问题，是大多数中国人，现在每天都在问的一个问题。但知道我是谁，特别不容易！"

在谈了自己的成长经历后，她与大家分享了自己的"长板理论"。她认为自己的所有板都短，只有一根长，那就是她的作文写得非常之好。她说："因为我写得好，文学带给我的光荣，带给我的荣誉，足以消解我在物理、数学上的缺陷，所以我现在并不扭曲，因为我有一个长板。因为这个长板，致使我的性格长得是完美的，致使我今天的生活，依然因为这个长板带给我名也好、利也好、生活的饭碗也好。"

接着她又进一步解释说："如果我非常想当一个歌唱家，我天天去练音乐，我可以唱歌吗？我不可以！为什么？因为我的声带没有长成那个样子，就是我苦死累死，我也不能成为一个歌唱家，这是我的短板，我为什么要练？所以，要知道自己是谁。知道自己是谁，才能够把自己的长板做得更长。短板，就暂且短着吧。"

（作者根据网上资料和王潮歌演讲录音编写）

思考题：

（1）如何理解王潮歌的长板理论？

（2）长板理论对你的个人发展有哪些启示？

（3）你的长板是什么？

第三节 创新方法与工具

创新方法也称为创造技法、创新技法或创造创新技法，它指人们在进行具体的创新活动中，为克服各种思维障碍、增加信息刺激、提高思维效率，从而达到创新性解决问题的目的所采用的思维程序和操作机制。从 20 世纪 30 年代奥斯本创立智力激励法以来，全世界已出现的创新方法有 500 多种。日本出版的《创造技法大全》曾总结了 300 多种创造技法，其中常用的有 100 多种，最常用的约 30 种。

一、列举法

列举法是最常用、最基本的一种创新思维技法，是一种将研究对象的某方面属性逐一列举出来，对其进行分析研究，从中探求出各种改进措施的创新思维技法。列举法主要包括特性列举法、缺点列举法、希望点列举法、设想列举法、新用途列举法、可能性列举法、可变因素列举法和试错法等，本书仅介绍前三种方法。

（一）特性列举法

特性列举法是美国布拉斯大学教授R. 克劳福特（R. P. Crowford）提出来的。特性列举法强调使用者在创新的过程中，观察和分析事物或问题的特性或属性，尽量列举该事物的各种不同的特性，然后针对每项特性提出改良或改变的构想。

克劳福特认为，每个事物都是从另外的事物中产生发展而来的，并且"任何事物都有其特性"。纵观人类社会发展，大多数创新都是对旧事物进行改造的结果，而改造的主要方面是事物的特性。特性列举法的优点主要是能保证对问题的所有方面，进行全面的研究。它既可以个人使用，亦可以集体使用。

运用特性列举法解决问题的基本流程是：

（1）将决策系统划分为若干个子系统，即把决策问题分解为局部小问题，并把它们的特性一一列举出来；

（2）将这些特性加以区分，划分为不同类别；

（3）研究这些特性是否可以改变，以及改变后会产生什么结果。

特性列举法既适用于革新或发明具体事物，如轻工业领域的产品改革和老产品的升级换代，也适用于政府部门和企事业单位的工作改进，如体制改革、机构调整、管理创新和工作方法改进。但是，无论用于解决什么问题，对象一定要明确具体。需要解决的问题越小、越简单，特性列举法就越容易获得成功。

采用特性列举法的目的，在于从所列举出来的项目中挖掘出改进或创新的设想。所以，在列举研究对象的属性时，应是越全面越好，尽量不要有遗漏，这样才能不至于因罗列的内容有限，而导致思考不周全，从而有可能与一个有效的创新方法失之交臂。

特性列举法的作用是为解决问题提供方向、思路和方法，其结果是获得创新性的解决问题的方案。但是要想彻底解决问题，还需要借助其他方法与手段，所以特性列举法通常要与其他方法配合使用。

（二）缺点列举法

缺点列举法是美国通用电气公司提出的一种创新思维技法。它是通过尽力发掘事物的缺点，并将其一一列举出来，然后将其归类、分析，以找出改进方案的方法。缺点列举法是一个直接找事物的缺陷的方法，广泛应用于产品的改造和方法的改进。但是，由于此法只是提出和找到问题，并不涉及解决问题的方法，所以它必须与其他方法结合使用，才能真正解决问题。

1.缺点列举法的操作程序

（1）明确对象。缺点列举法的应用对象是有问题的产品或项目，如何发现和明确研究对象，是应用缺点列举法首先要解决的前提性问题。而缺乏问题意识，恰恰是人们普遍存在的问题。因此，在运用缺点列举法时，人们首先必须培养"怀疑意识"和"不满足心理"，要用"怀疑意识"的"显微镜"去寻找缺点，要用"不满足心理"的"放大镜"去分析缺点，这样才能见人所未见、察人所未察。

（2）选择工具。列举事物的缺点，不能仅凭热情，还需要依靠科学的方法。应用缺点列举法解决问题的工具主要有三种，在明确研究对象之后，可以根据研究对象的特点和自身的情况，选择适当的工具开展工作。

①会议法。召开缺点列举会，会议由5~10人参加。会前由主管部门选择一个需要改进的主题，让与会者围绕此主题尽量列举研究对象的各种缺点。会议的时间通常为1~2小时，会议的主题宜小不宜大，会议要求有主持、有记录，会议中要尽可能让所有参会人员都能畅所欲言。

②用户调查法。企业中改进新产品时使用缺点列举法可以与征求用户意见结合起来，通过销售、售后服务、意见卡等渠道广泛征集意见。用户提出的意见有时是产品设计人员所不易想到的。采用用户意见法时，最好使用事先设计好的用户调查表，以便引导用户列举缺点，同时便于分类统计。

③对比分析法。应用对比分析法，首先应确定具有可比性的参照物。我们可以将同类新产品集中在一起，从比较中找缺点，找到可以改进之处。用这种方法开发新产品起点高、步子大，容易一举成名。对别人的新产品、名牌产品采用缺点列举法，然后设法改进，稍胜他人一筹，是企业提高竞争力的重要策略之一。

（3）列举缺点。这一步的主要任务是列举缺点和对列出的缺点加以整理和归类，整理时或按缺点的性质归类，或按缺点的严重程度排出次序，或从产品的标准、性能、功能、质量、安全等影响重大的方面出发，筛选出一些主要缺点，找出有改进价值的缺点即突破口。需要注意的是，在事物存在的缺点中，既有显性缺点，也有隐性缺点，在某些情况下，发现隐性缺点比发现显性缺点更有创新价值。

（4）尝试改进。针对缺点进行分析，寻求改掉缺点的设想，然后通过讨论、评价筛选出最佳方案。在此阶段，除要思考如何将缺点改正外，有时还可利用逆向思维法，考虑如何直接利用某些缺点，做到"变害为利"。例如，很久以前，德国某个造纸厂因为配方出错，造出的纸太涩而没法写字，但有位技师却用肯定的视角去看待这件事，研发出了吸墨纸。

2. 缺点列举法的操作注意事项

缺点列举法的应用面非常广泛，既可用于解决属于"物"一类的硬技术问题，如老产品的改进、新产品的完善等；也可用于解决属于"事"一类的软技术问题，如公共政策问题、企业经营管理问题等。但是无论用于解决哪类问题，在操作中都应注意以下要领。

（1）高标准、严要求。用缺点列举法进行产品开发和产品改进，一定要"高标准、严要求"，防止一般化、走过场。对企业来说产品才是王道，没有好的产品，其他环节做得再好也没有用。所以小米主张"打造让用户尖叫的产品"，什么样的产品和服务才会让人尖叫呢？答案就是极致的产品，超越用户预期的产品。

（2）多角度、多渠道。用缺点列举法进行产品开发和产品改进，一定要从"多角度、多渠道"去找缺点，防止产生"遗忘的角落"。例如，我们既可以从产品性能、质量、外观和包装中去发现缺点，也可以从生产流程、生产工艺中去发现缺点，或从成本、造价、销售、利润等方面发现缺点。总之，凡属缺点均需一一列出，越全面越好。

（3）重细节、重体验。用缺点列举法进行产品开发和产品改进，不但要"重功能、重质量"，还要"重细节、重体验"，防止因小失大。互联网时代的企业竞争异常激烈，往往是赢家通吃，所以一定要有追求卓越和完美的心理，才有可能取得成功。而这就要求我们不断地去改进事物的缺点，让它变得越来越完善，才会受到用户的欢迎。

（4）抓重点、挖根源。用缺点列举法进行产品开发和产品改进，一定要"抓重点、挖根源"，对通过列举摆出的缺点和问题，不能就事论事，更不能"眉毛胡子一把抓"。要学会抓主要矛盾，学会透过现象看本质，深入分析问题产生的原因，然后对症下药、提出改进措施。主要矛盾解决了，其他问题也就迎刃而解了。

特性列举法列出的特性很多，逐个分析需要花很多时间。缺点列举法则直接从客户需要的功能、审美、经济等角度出发，研究对象的缺陷，提出改进方案。所以，它的优点是集中精力、节省时间，容易取得显著效果，有时只要找出原有事物的一个缺点并加以改进，就能产生巨大效益。

（三）希望点列举法

希望点列举法是与缺点列举法相对应的一种创新思维技法。如果说缺点列举法是从寻找事物的缺点开始创新的话，那么希望点列举法就是根据人们对事物的愿望和要求来进行创新的思维方法。

希望点列举法与缺点列举法的一个重要差异在于：缺点列举法一般来说是一种被动型的创新思维方法，因为缺点列举法不可能离开事物的原型来分析；但是希望点列举法却有很大的主动性，它可以不受事物原型的约束，从希望点出发开创新事物。

1.希望点列举法的操作程序

（1）召开希望点列举会议。在召开会议之前，通常由主持者确定会议主题，每次要求5~10人参加。会上围绕既定的目标，尽可能多地列举各种希望。为了激发与会者产生较多的希望，提高列举效率，与会者可以互相讨论，也可以按顺序传阅写好的希望列举建议。会议时间通常为1~2小时，当一个主题提出了50个希望点时，应停止当天的讨论，第二天再继续进行，这样可以对上次的希望点唤起新的联想。

（2）向用户征求意见。可派人直接走访用户或到商店等场所征求客户意见，在征求意见过程中，要特别注意倾听各类希望性的建议与设想。

（3）进行抽样调查。用随机抽样的方式对社会各阶层进行问卷调查，为取得比较客观的调查结果，最好请专业的调查公司协助编制问卷和进行问卷分析。

（4）分类整理各种希望。逐个分析每一个希望所具有的创新性、科学性和可行性，然后把近期可能实现的希望点列举出来，并拟定具体的实施方案，为创造新的成果提供切实可行的前提和条件。

2. 希望点列举法的操作注意事项

（1）注意分清表面希望与内心希望。所有消费者都有表面希望和内心希望，所以在分析消费希望的情报资料时，要注意区分表面希望与内心希望。如果仅从消费者表面希望来设计或改进产品，即使做得再好也无法让消费者满意。

（2）注意分清现实希望与潜在希望。现实希望代表的是现实需求，潜在希望代表的是未来需求。我们在进行产品设计或产品改时，既要考虑消费者的现实希望，更要考虑其潜在希望，因为现实希望基本上是大家都能看到的，满足这些希望的产品也基本上都早已完成了，而潜在希望往往是没被大家看到或被大家忽视了的，这方面的产品/服务往往还没有开发出来。

（3）注意分清一般希望与特殊希望。一般希望是大多数人的希望，特殊希望是少数人的希望。我们在进行产品设计或产品改时，既要重视一般希望，也要重视特殊希望，因为特殊希望也许能创造一个无人或少人竞争的细分市场。在互联网时代，用户拥有越来越多的个性化需求，想用一种产品来满足所有人的需求已不现实，能够提供个性化产品的公司才更具竞争力。

二、组合法

所谓组合法，就是将两种或两种以上的学说、技术、产品的一部分或全部进行适当叠加和组合，用以形成新学说、新技术、新产品的创新思维方法。在这里，组合的含义并不是一种简单的相加，而是依据事物之间所固有的内在联系进行的有目的的综合。创新中的组合应满足两个条件：一是由不同的技术因素构成的具有统一结构与功能的整体；二是组合物应具有新颖性、独特性和价值性。

（一）主体附加法

主体附加法，又称为内插式组合法，是在原有的技术中补充新内容，在原有的产品上增加新附件，从而使新得到的产品性能更好、功能更强的组合方法。它适用于对已有产品进行不断完善和改进。

1. 使用主体附加法的操作步骤

（1）确定主体。根据现实需求确定需要改进的主体。

（2）寻找不足。运用缺点列举法，全面分析主体的缺点，在此基础上确定主体需要改进的不足之处。

（3）提出希望。运用希望点列举法，对主体提出种种希望。

（4）探索改进。考虑能否在不变或略微改变主体的前提下，通过增加附属物以克服或弥补主体的缺陷。

（5）实现希望。考虑能否通过增加附属物，实现对主体寄托的希望。

主体附加是针对主体事物存在的不足之处进行的，通过附加所得的新事物，在功能与性能上要超越主体原有的功能与性能，对主体的每一次附加都会推动主体向前迈进一步。主体附加的过程，就是使事物得以改进、充实和完善的过程。

2. 主体附加法的操作注意事项

主体附加法是使用最多的组合方法，这是因为围绕一个主体可以进行各种各样的添加。在主体附加法中主体可以是任何事物，因为任何事物都不可能完美无缺，加之人们对同一事物又会不断提出新的要求和希望，所以事物都存在着改善空间。应用主体附加法开展创新活动，应特别注意如下问题。

（1）主次分明。主体附加是以原有产品或技术为基础，在不改变主体或略微改变主体的情况下，添加一个新的项目或设施，以克服原有主体存在的不足的创新过程。因此，在运用这种方法时，功能或结构上一定要主次分明。例如，手机有拍照的功能，但手机原有的通信功能仍是其最主要的功能，拍照的功能是附加的，这和在相机上附加通信功能的主次顺序是不一样的。再如鸡尾酒，基酒是主体，其他附加的都是辅助材料。

（2）扩大功能。主体附加法是对主体的结构不做大改变的前提下，通过附加物使主体的功能得到增加和改善的创新技法。例如，邮箱本是一个通用的产品，在QQ邮箱成为国内网民标配以前，已经外有Gmail邮箱、内有163邮箱，它们势头很足，大有局势已定之象，但是QQ邮箱一直都在用一个又一个附加功能来改善用户体验，如"附件提醒""发送状态""邮件中转""邮件撤回""语音邮件"等，这些贴心的功能改进，使QQ邮箱终于成功逆袭，成为国内主流电子邮箱之一。

（3）克服缺点。主体附加有时是针对主体在功能或性能方面的不足展开的，所以，在主体上添加了附加体后，往往克服了主体存在的不足。例如，早先的足球门，仅有两根立柱和一根横梁。比赛时，当球紧贴立柱或横梁入门时，裁判员往往难以判断是否进球，经常引起比赛双方队员的争执。1905年，在英国伦敦举行的一场比赛中，比赛双方为一入球发生了争吵，裁判员左右为难，有一个正在观看比赛的渔具厂老板急中生智，把自己生产的渔网挂在球门上，从而平息了一场争端，足球门网也由此应运而生。

（4）移植附加。在应用主体附加法进行产品设计或产品改进时，许多附加物的选择是通过借鉴以往成功经验实现的。我们把这种做法叫"移植附加"。例如，父母喂婴儿喝奶时，温度要合适，既不能太热也不能太凉。通常情况下父母的做法是用其舌头来感觉奶的温度，这种做法既不卫生也不方便，于是有人想到在奶瓶上附加温度计，随时可以了解牛奶的温度，既卫生又方便。

（二）同类组合法

同类组合法是将两种或两种以上相同或相近事物进行组合，其特点是参与组合的对象与组合前相比，其基本性质和结构没有根本变化，是在保持事物原有功能或意义的前提下，通过数量的变化来弥补功能上的不足或得到新的功能。

1. 同类组合法的操作程序

（1）选取研究对象。观察我们周围的事物，看看哪些作为单独的存在不够方便、不够经济，或者虽然作为单独的存在也很好，但是组合起来会更方便使用和更有价值。

（2）进行多维分析。从不同角度分析所选取的单独存在的事物，通过同类组合可以解决什么问题，组合后是否更好，是否能带来新功能、新意义。

（3）筛选组合对象。通过研讨会、用户调查和对比分析等方法，评价所选取的研究对象是否适合同类组合，在此基础上筛选出哪些对象最需要而且最适合进行同类组合。

（4）设计组合方案。在选取完同类组合目标后，便应着手建立组合关系和设计组合方案，在设计组合方案时，要注意组合的关系和组合的环节越简单越好。

（5）开展市场调查。在设计完组合方案后，可通过访谈和问卷调查等方式，开展市场调查。调查中既要了解潜在用户对设计方案的看法，更要了解他们的需求和购买意愿。

（6）快速制作原型。完成市场调查后，先要根据潜在用户的反馈意见修改设计方案，然后本着最小成本原则，快速制作产品原型。

（7）进行市场测试。带着产品原型进行市场测试，测试的对象为潜在的用户。测试中要仔细观察用户的使用方式和使用中的各种反应，测试后要认真听取用户的意见。

2. 同类组合法的操作注意事项

同类组合法看似简单，但在现实生活中却有广泛应用。例如，日本松下公司总裁松下幸之助早年曾把旧式单联插座，改为双联插座和三联插座，深受用户欢迎，不仅获得了不菲的利润，而且为此后事业的成功奠定了基础。运用组合法需要注意以下问题。

（1）注意了解组合的必要性。采用同类组合法的前提是作为单独存在的产品有组合的必要性。同类组合的目的是在保持事物原有的功能或原有的意义的前提下，通过数量的增加来弥补不足、求得新功能或产生新的意义，而这种新功能或新意义是单个事物不具有的。

（2）注意分析组合的可行性。在采用同类组合法进行产品改进之前，还要注意分析组合的可行性。要知道并不是所有同类产品都适合进行同类组合的。在分析组合的可行性时，可以参考如下因素：使用场景、体积和重量、生产流程、价格因素、消费习惯等。

（3）注意判断组合的市场需求。能否采用同类组合法进行产品改进，最终还是由市场需求决定的。简单、复杂的事物都可以组合，问题的关键是有没有人愿意为此买单。而市场的判断法则是：两个以上相同事物组合后，能否有新的功能和新的意义，能否赋予新的特征。

一般来说，任何事物都可以进行同类组合，但组合后的效果是很不一样的。例如，将两只手表放在一个盒子里，并命名为"对表"；将几支牙刷包装在一起，称之为"全家乐牙刷"，都算是同类组合。但其效果只是改变经营形象，并没有引起手表或牙刷的性能和功能的改变，只能说是一种营销手段，其创新性相对较弱。

（三）异物组合法

异物组合法是将两种或两种以上的思想、技术或产品进行组合，从而产生新的思想、新的技术或新的产品的创新技法。由于不相似或不相同的事物是没有穷尽的，所以相对主体附加法和同类组合法来说，异物组合法的思维广度和深度更大，其创造性也更强。

异物组合实际上是异中求同、异中求新，由于组合元素来自不同领域，所以一般没有主次之分，参与组合的对象能从原理、功能和构造等任何一个方面，或多个方面进行互相渗透，从而产生出新的思想、新的技术或新的产品。

1. 异物组合法的基本形式

（1）功能组合。功能组合是把不同物品的不同功能、不同用途组合到一个新的物品上，使之具有多种功能和用途。在日常生活中，利用功能组合开发的产品很多。例如，走步自行车就是把跑步机的健身功能与自行车的交通工具功能组合在一起的产品，智能手表就是将报时功能与其他各种功能，如心率监测功能组合在一起的产品。

（2）原理组合。原理组合是指将某一事物的原理同其他事物的原理相互渗透、融会贯通，从而得出一种新方法或新理论。原理组合是一种高层次的组合，具有组合对象难找、组合过程复杂的特点，但这种组合的创造性较强，可能会产生突破性的成果。例如，"阿波罗奔月工程"虽然没有一项技术是全新的发明，但它把火箭原理、自动控制原理与遥测技术、计算机技术、生命保护技术等组合在一起，就形成了人类最伟大的创新壮举。

（3）构造组合。构造组合是把两种不同构造的东西组合在一起，便形成了具有新的结构，并能带来新的实用功能的产品。比如，房车就是房屋与汽车的组合，它不仅可以作为交通工具，还可以作为居住的场所。再如，航空母舰就是军舰与军用机场的组合，它不仅可以作为战船在海上航行和进行火力攻击，而且能够运载战斗机和让战斗机在其上自由起飞和降落。

（4）材料组合。材料组合是把两种或两种以上的材料组合起来，用于新产品开发和产品改进，这已经成为现代企业解决产品质量问题的典型做法。因为不同材料组合在一起，不仅可以改善原物品的功能，还能带来新的经济效益。例如，现在电力工业使用的远距离电缆，其芯用铁制造，而外层则用铜制造，由两种材料组合制成的新电缆，不仅保持了原有材料的优点（铜的导电性能好，铁硬不下垂），还大大降低了输电成本。

（5）意义组合。意义组合是把两种或两种以上具有不同意义的事物进行组合，组合后的产品其功能虽然不变，但组合赋予了新产品新的意义。比如，一件普通的T恤衫可能并没有谁会去买，但如果印上所在学校的名称，就会给学生带来一种归属感、自豪感，成为有纪念意义的衣服，不仅会得到学生的欢迎，甚至会得到他们的收藏。

有时两件事物的联系看起来并不紧密，甚至一点联系也没有，但把它们巧妙地组合在一起后，就增加了新的功能，出现了新的事物。例如，黑板和复印机本来是没什么关联的两种东西，但在日本电气工业株式会社发明的"电子黑板"上写字后，只要按一下按钮，黑板上的内容便会全部复印到纸上，省去了听众记笔记的麻烦。

2. 异物组合法的典型方式

（1）联想组合法。联想组合法就是运用联想进行组合的方法，通过联想把两个或两个以上的事物联系起来，然后再具体地组合在一起。在联想组合法中，联想是主要的，组合是次要的，联想决定组合，有什么样的联想，就有什么样的组合。例如，电水壶和椅子看似两个不相关的东西，但由电水壶我们可以联想到，也可以用电能对椅子进行加热，这样的椅子在冬季使用起来将会非常暖和舒适。

（2）因果组合法。从事物的各种起因来发现组合之因，并循着组合之因进行新的组合的创新技法称为因果组合法。例如，当你登录不同网站的网页时，你会发现旁边广告栏里的很多内容，都是你上购物网站时浏览过的物品。这个页面之所以会有这样的广告组合，是因为你的上网浏览记录。在大数据时代，各种产品和服务的提供，都是基于消费者过往的消费习惯，来推断消费者的兴趣而进行开发和推送的。

（3）渗透组合法。两种或两种以上的事物经过组合，在思想上、物质上、技术上互相渗透，达到你中有我、我中有你的地步就是渗透组合法。事物经过渗透组合后，其性能、功能、价值和作用都会发生显著的变化。例如，2015年6月15日，腾讯控股、恒大房地产签订新股认购协议，合伙购入占马斯葛扩大股本后权益75%的股票。通过这次合作，恒大的传统产业能够与腾讯强大的移动互联网、云计算、大数据等优势结合起来，融合发展空间十分广阔。

（4）互补组合法。互补组合法就是把两个或两个以上有互补关系的事物组合起来，以更好地发挥事物原有作用或组合出新的作用的创新方法。例如，很多实体企业都开了网店，而很多网店却又开始争相布局实体店。

三、检核提示法

检核提示法也称为设问探求法，它实际上就是提供了一张提问的单子，针对所需解决的问题逐项对照检查，以期从各个角度较为系统周密地进行思考，探求较好的创新方案。自从检核提示法诞生以来，在实际应用中深受欢迎，并相继创造了不同的设问、检查创造方法，产生了大量的创造性设想。因此，检核提示法被誉为"创造方法之母"。

（一）奥斯本检核表法

奥斯本检核表法是由美国创造学大师亚布克斯·奥斯本（Alex Faickney Osborn）提出的，它是根据需要解决的问题或需要创新的对象，以提问表格的形式，列出9方面有关问题，然后逐一审核讨论，以促进创新活动深入进行的一种创新技法。

1. 奥斯本检核表法的组成

提问能促使人们思考。人们经过大量的思考和有序的检核，就有可能产生新的设想或创意，基于此，奥斯本概括总结出了检核提示表法。奥斯本创造的检核表有75个问题，可归纳为9组提问，见表3-1。

表3-1　奥斯本检核表

序号	检核项目	发生性设想	初选方案
1	能否他用		
2	能否借用		
3	能否改变		
4	能否扩大		

序号	检核项目	发生性设想	初选方案
5	能否缩小		
6	能否替代		
7	能否调整		
8	能否颠倒		
9	能否组合		

（1）能否他用。即现有的事物（包括材料、方法、思路、原理、功能、应用等）还有没有其他的用途，或者稍加改造就可以扩大它们的用途。

（2）能否借用。即现有的事物能否借鉴、移植别的思路与技术，能否模仿别的事物；现有的发明创新能否引入其他方面的创新成果。

（3）能否改变。即现有的事物能否作适当的变化，如改变颜色、味道、声响、重量、形状、结构、型号等。

（4）能否扩大。即现有的事物能否扩大或增加一些东西，如延长时间、长度，增加寿命、价值、功能、强度、速度、数量和情感投入等。

（5）能否缩小。即现有的事物能否缩小、简化、取消某些东西，使之变小、变薄、减轻、压缩、分开、自动化、活力化等，这是与上一条相反的途径。

（6）能否替代。即考虑现有的事物有无代用品，以别的原理、别的能源、别的材料、别的元件、别的工艺、别的动力、别的方法、别的符号、别的声音等来代替。

（7）能否调整。即考虑现有的事物能否做适当调整，如改变布局、改变结构、改变型号、调整计划、调整规格、调整程序等。

（8）能否颠倒。即现有的事物能否从相反的角度重新考虑，能否正反颠倒、上下颠倒、主次颠倒、位置颠倒、作用颠倒等。

（9）能否组合。即考虑现有的事物能否加以适当组合，如原理组合、方案组合、材料组合、部件组合、形状组合、功能组合、目的组合等。

奥斯本检核表法的"魔力"之所以如此巨大，在于它是一种多渠道的思考方法，它通过9个方面的设问，启发人们缜密地、多渠道地思考问题、解决问题。它的关键是一个"变"字，而不是仅把视线凝固于某一点或某一方向上。

2. 奥斯本检核表法的操作注意事项

奥斯本检核表法是人们主动积极地通过多方面、多角度的提问，从中引发思路、形成创造性设想，并变为实际的创造发明或创新的一种创新技法。尽管奥斯本检核表是一种非常实用的创新技法，但使用时仍需注意以下事项。

（1）检核表的内容可作适当改变。在具体应用检核表时，对检核对象的分析是解决问题的基础。要通过分析产品的功能、性能、市场环境、产品的现状和发展趋势、消费者的愿望、同类产品的竞争情况等，做到对所研究的问题心中有数，避免闭门造车式的检核思考。例如，用于管理方面的问题时，要注意明确问题的性质、程度、范围、场所、责任等；用于技术方面的问题时，要注意明确产品的材料、结构、功能、工艺过程等。

（2）要尽可能借助检核表多提问题。疑与问是创新之母，人们提出的问题越多，其创新的机会也就越多。奥斯本检核表法正是依据这样的思路提出来的。它要求人们强制自己按照检核表的9个方面，尽可能多地提出问题和思考问题。它要求人们克服不愿提问或不善于提问的心理障碍，为进一步分析问题和解决问题奠定良好的基础。它要求人们改变原来封闭式、直线式的思维方式，养成善于提出问题和思考问题的习惯，让创新成为一种生活方式。

（3）应与其他创新方法结合使用。尽管奥斯本检核表法从9个方面，比较全面提出了创新需要考虑的问题，但这些问题毕竟是有限的，我们在实际工作中，仍然需要将其与其他创新方法结合使用。如果仅仅拘泥于奥斯本检核表法这一种方法，过分依赖于它，反而会把它变成束缚自己的条条框框，妨碍自由想象，使本来为防止思考漏洞而采用的检核表变成制造漏洞的根源。另外，由于检核表法比较强调创新主体心理素质的改变，强调借助克服心理障碍产生更多的思路，因而较为忽略对技术对象的研究和对客观规律性的认识。另外，由于奥斯本检核表方法的特点，主要是借助制式提问表对某一主题进行研究的，所以为了防止思考角度的疏漏，还要求使用者视野开阔、思维灵活、探究深入。

（二）和田十二法

和田十二法，是我国创造学者许立言、张福奎等在奥斯本检核表法基础上，借用其基本原理，结合我国创造发明的特点，特别是上海和田小学创造教学的实际，加以创造提炼出来的一种创新思维技法。由于和田十二法通俗易懂、简便易行、便于推广，所以又称"聪明十二法"或动词提示检核表法，其基本结构是12组动词。

1. 和田十二法的基本结构

（1）加一加。在进行某种创造活动过程中，可以考虑在这件事物上还可以添加什么？把这件事物加长、加高、加厚、加宽一点行不行？或将原物品在形状上、尺寸上、功能上有所异样、更新，以求实现创新的可能。

（2）减一减。在原来的事物上还可以减去点什么？如将原来的物品减少一点、缩短一点、降低一点、变窄一点、减薄一点、减轻一点等，这个事物能够变成什么新事物，它的功能、用途会发生什么变化？在操作过程中，减少时间、次数可以吗？这样做又有什么效果？

（3）扩一扩。现有物品在功能、结构等方面还可以扩展吗？放大一点，扩大一点，会使物品发生哪些变化？这件物品除了大家熟知的用途外，还可以扩展出哪些用途？例如，在日本有人扩展了吹头发的吹风机的用途，发明了被褥烘干机。

（4）缩一缩。将原有物品的体积缩小一点、长度缩短一点会怎样，可否据此开发出新的物品。比如，苹果公司的大众移动产品中，屏幕最大的是笔记本电脑；缩一缩，就是iPad平板电脑；再缩一缩，就是iPad mini。

（5）变一变。它是指改变原有物品的形状、尺寸、颜色、气味、音响等，从而形成新的物品。也可以从内部的成分、部件、材料、排列顺序等方面去变化；也可以从使用对象、场合、时间等方面变化；也可以从制造工艺、质量和数量等方面去变化。

（6）改一改。是指从现有事物存在的缺点入手，发现该事物的不足之处，如不安全、不方便、不美观的地方，然后针对这些不足寻找有效的改进措施，以进行发明和创新。例如，将拨盘式电话机改为琴键式电话机，手动抽水马桶改为自动感应式抽水马桶。

（7）联一联。某一事物和哪些因素有联系？利用它们之间的联系，可否能产生新的功能，开发新的产品？例如，用手机可以发短信，以前一直都是通过按键输入的；后来，将其与手写信息联系起来，通过联一联开发出了可以手写输入的手机。

（8）代一代。指用其他的事物或方法来代替现有的事物进行创新的一种思路。有些事物尽管应用的领域不一样，但都能完成同一功能。因此，既可以直接寻找现有事物的整个代替品，也可以从材料、零部件、方法、颜色、形状和声音等方面进行局部替代。

（9）搬一搬。即将原事物或原设想、技术移至别处，使之产生新的事物、新的设想和新的技术。这可与移植法结合起来使用。我们可以想一想把一件事物移到别处，还能有什么用途？把某个想法、原理、技术搬到别的场合或地方，能派上别的用处吗？

（10）反一反。就是将某一事物的形态、性质、功能及其正反、里外、横竖、上下、左右、前后等加以颠倒，从而产生新的事物。"反一反"的思维方法又叫逆向思维，一般是从已有事物的相反方向进行思考。

（11）定一定。是指对某些发明或产品定出新的标准、型号、顺序，或者为改进某种东西做出的一些新规定。如8848钛金手机随机标配无线U盾，当手机离此超出一定距离即会发出警报提醒，离开机主就会自动锁机。

（12）学一学。即应用模仿法学习模仿别的物品的原理、形状、结构、颜色、性能、规格、动作、方法等，以求创新。如科学家研究了蝙蝠飞行原理，发明了雷达；研究了鱼在水中的行动方式，发明了潜水艇。

2. 和田十二法的操作注意事项

和田十二法源于检核表法的原理，同样也给发明创造提供了若干考虑的方向，既是对奥斯本检核表法的一种继承，又是一种大胆的创新。但是，应用和田十二法开展创新性活动，需要注意如下问题。

（1）切忌死记硬背。和田十二法提供的是一种解决问题的思路和思维训练方法，它的价值在于如何在实践中应用，如果只将其作为一种知识简单记住毫无意义。

（2）可以综合运用。和田十二法中的每一个方法，都侧重于解决问题的某一个角度，在应用其进行创新活动时，可将多种方法综合运用，或将几种方法连续使用。

（3）与其他方法配合。和田十二法作为一种提供方向、思路和方法的创新技法，要想彻底解决问题，还需要与其他方法与手段配合使用。

（4）需要丰富的知识经验。和田十二法的应用，要以丰富的知识和经验为基础，离开了必要的知识与生活经验，把和田十二法掌握得再好也解决不了问题。

（三）5W2H 法

5W2H 也是一种通用性很强的检核表法，可以广泛用于改进工作、改善管理、技术开发、价值分析等方面。该表提出了 7 个问题，其中 5 个是英语字母 W 打头的，2 个是英语字母 H 打头的，故称 5W2H 法。

5W2H 法是从客体的本质、主体的本质、物质运动的时间、空间、事情发生的原因、方式、程度这几个角度来提问，从而形成创新方案的方法。

5W2H 法虽然实用性强、效果显著，但在运用时每个问题往往还需要分解成许多更小的问题，再逐一回答，才能使我们对问题的分析更加全面和客观。5W2H 法的操作程序如下。

1. 检查方案的合理性

即对某种现行方法或现有产品，从 7 个角度做检查提问。

（1）为什么（Why）？为什么要采用这个方法？为什么不能用其他方法？为什么只需要三个人？为什么不打电视广告？为什么要渠道下沉？为什么不做终端客户延伸管理？为什么要这样设计包装？为什么非做不可？

（2）做什么（What）？开展工作的条件是什么？哪一部分工作要做？这样做目的是什么？与什么有关系？数据库是什么？工作对象是什么？

（3）谁（Who）？谁能胜任？谁是决策人？谁会受益？

（4）何时（When）？何时完成？何时开始？何时是最佳营业时间？何时工作人员容易疲劳？何时更容易深入交流？需要几天才算合理？

（5）何地（Where）？从何处更划算？还有什么地方可以作销售点？招商会在什么地方开最合适？何地有更好的物流体系？

（6）怎样（How）？怎样做效率最高？怎样得到？怎样求发展？怎样增加销路？怎样才能使包装更加美观大方？怎样使产品使用起来更为方便？

（7）多少（How much）？管理指标达到多少？销售多少？成本多少？终端店建立多少？成交率多高？拜访客户量多少？包装重量多少？

2. 评估方案的优缺点

将通过提问发现的疑点、难点逐一列出。通过评估找出关键的问题及目前不可解的问题并做出方案。如果做出的方案经过 7 个问题的审核已无懈可击，便可认为这一方案可取。如果 7 个问题中只要有一个答复不能令人满意，则表示这个方案必须改进。如果哪一方面的答复有独创的优点，则可以作为方案实施的关键事件。

3. 寻找方案改进措施

通过讨论分析有待解决的问题，可解的寻找改进措施，不可解则进入下一个过程——问题的变换过程，再重新对变换的问题进行分析。

4. 确定实施方案

在讨论分析的基础上确定实施方案。5W2H法是一个抓事物主要矛盾的方法，它能帮助我们从事物存在的基本方面和制约条件来分析问题，从而抓住事物的缺陷及背后隐藏的原因，使问题迎刃而解。

形成性训练

扫一扫　练一练　　扫一扫　查看答案

案例分析

一次性水杯与火车时刻表——决策中的组合思维

衡州塑料厂生产的一次性塑料水杯，质量并不差，可是生产已经一年多了，销路却一直平平，急得厂里的推销员背着产品直接上列车向旅客推销，但效果仍然不理想。怎样才能让企业的产品打开销路呢？一个奇妙的点子在偶然的机会中产生了。

在金华开往上海的列车上，衡州塑料厂的一位推销员遇见了有"点子大王"之称的何阳先生。在攀谈中，何先生接过杯子一看，质量不错，但杯子上印着一些杂七杂八的画，就给出了个点子：把那些没用的画去掉，印上铁路线和沿线各站的站名及各站列车到达和开出的时刻。印上哪一条铁路线，杯子就到那条路线的列车上去卖。现在全国有成百上千次列车，你们的市场十分广阔，将来车次越来越多，你们产品的销售势头一定也会越来越旺。衡州塑料厂采纳了这个建议，效果果然出奇的好，产品从滞销品转为抢手货。

这个点子显示了组合思维的神效，一次性水杯与火车时刻表组合，给衡州塑料厂带来了效益。这给我们带来很多的启示。

其一，组合是一种创新。它的思维方式是将两个看似不相干的事物进行组合，使"整体具有单个事物所不具备的新特质"，增加了新的功能。原来只是一次性的水杯，现在变成茶水杯加时刻表了。原来只供喝水用，现在可以边喝茶水边看沿线站名和到站时刻，自己下车的时间就在水杯上，不用担心坐过站了。而且这种水杯外观有趣，使用起来方便实惠，满足旅客理性需求的"利益点"，带来情感需求的"兴奋点"，大大增强了为消费者服务的能量。组合，不是简单的加法，而是一种创新。

其二，组合是思维的积极发散，不是偶然的巧合。它对对象在空间上进行拓展思考，多方位、多角度探索组合的可能性。如水杯的用途除在旅行中方便喝水之外，还能提供点什么其他服务呢？在时间上进行延伸思考，"三维"扫描，既看到它的过去（质量可以，杯上印有杂七杂八的画），又看到它的现在（组合后可到千百次列车上去卖，市场宽广），还预见它未来的销售趋势。可见，组合不是偶然巧合，而是以某一对象为中心，思维向上下左右、四面八方散发中探求新思路、新点子的创造性活动。

其三，组合从突破思维定式开始。我们惯常的看法是水杯就是用来装茶水的，列车时刻表就是记载列车到发时刻的，两者似乎风马牛不相及，没想过它们还有什么联系。只有破除思维定式，才能察人之未察，组合出前所未有的"时刻表茶水杯"。

其四，组合要求有广博的知识、丰富的实践经验、灵通的市场信息；要善于积累，勤于思索，思维触角向四处伸展，引发"共振"。可以说，组合的道路四通八达，组合的方法层出不穷。例如，旅行多用刀，集小刀、启瓶器、开罐头刀等于一身，深受旅游者的欢迎；药枕、保健鞋则通过组合使枕头、鞋子等普通的生活用品增添了保健功能。企业家要张开组合思维的翅膀，努力使产品市场变得美好和宽广。

（作者根据相关资料改写）

思考题：

（1）如何理解组合是一种创新？

（2）组合创新为什么需要广博的知识、丰富的经验和灵通的信息？

（3）在你身边有哪些可以通过组合式创新解决的问题？

本章小结

本章通过梳理创新的过程、类型和能力，分析了在真实世界中创新是怎么发生的，有哪些特点，影响因素有哪些。在此基础上从创新的运行机制、阻碍创新的枷锁和促进创新的策略等方面，揭示了创新的基本原理。同时还对历史上典型的创新方法，以及与之配合的工具进行了介绍和分析。本章的基本观点是：创新不是科学家和艺术家的专利，人类历史上的许多重大发明发现，都是由普通人在普通的工作岗位上做出来的。将潜在的创新能力变成现实的创新能力，需要破除创新枷锁，拓展认知边界和塑造创新人格。

学习与思考

1. 观看与思考

搜索并观看《罗辑思维》之《真实世界的创新》，思考如下问题并与同学交流：

（1）为什么说创新是普通人能做的事？

（2）倡导万众创新为什么要打破智力崇拜？

（3）怎样理解持续改进和系统改进？

（4）如何理解科学思维和技术思维的区别？

2. 阅读与思考

阅读彼得·蒂尔的著作：《从 0 到 1：开启商业与未来的秘密》，思考如下问题并与同学交流：

（1）彼得·蒂尔为什么主张投没有竞争的企业？

（2）如何发现有可能形成垄断的企业？

（3）如何理解从 0 到 1 的创新？

（4）如何理解颠覆式创新？

3. 案例学习与思考

搜索并体验得到 App 与罗辑思维微信公众号，思考相关问题并与同学交流：

（1）罗辑思维微信公众号有什么特点？

（2）罗辑思维为什么能在众多微信公众号中脱颖而出？

（3）得到 App 的定位有哪些创新之处？

（3）罗辑思维的成长对你有哪些启示？

实践训练

请同学们结合本课程的学习，做好参加中国"互联网＋"大学生创新创业大赛的准备。

1. 了解竞赛要求

请同学们通过讲座、宣讲会、网络等各种渠道，了解国内外的各种创新创业竞赛，特别是中国"互联网＋"大学生创新创业大赛和"挑战杯"创新创业大赛的参赛要求和评审规则。

2. 选择参赛方向

在了解国内外各种创新创业竞赛参赛要求和评审规则的基础上，结合社会需求、所学专业、能力倾向、兴趣爱好，以及所在学校和专业的办学定位、学科专业优势、教师队伍、科研与实验条件等因素，选择自己的参赛方向。

3. 组建参赛团队

根据个人的参赛方向和竞赛要求，组建或加盟参赛团队。

第四章

创业思维与创业行动

学习目标

★ 知识习得

理解创业思维的概念、特征、基本原则和理论进展。

★ 情意形成

形成创新意识、成就动机和探索精神。

★ 能力提升

能够运用效果逻辑、设计思维和精益创业理论思考和解决问题。

★ 价值引领

培养学生实事求是的工作态度和敢为天下先的创新精神。

思政小课堂

案例导入

如何实现性能与价格的双重极致

2016 年 3 月 6 日，混沌研习社与小米科技联袂推出创新管理专场讲座"小米生态链的产品极致法则"，小米移动电源负责人张峰，在讲座中分享了他的产品经。他讲的题目是《性能与价格的双重极致，要经历几道坎》。

张峰在讲座中开场便说，小米移动电源一开始，就是极致性能和极致价格突出的矛盾体。他回忆道："当雷总跟刘总找我去谈，说我们要做移动电源的时候，实际上他给了我两个目标：第一个目标是用一流材料，做最高端的 99 块钱的移动电源；第二个目标是用国产电芯，做相对高端的 69 块钱的移动电源。"

他仍有感慨地说："我跟我们的团队做了很多的研究，发现 99 块钱的移动电源相对来讲有机会，但是 69 块钱的移动电源非常困难。所以我们想先做 99 块钱的，只做一款产品，因为这符合我们既要专注，又要极致的一贯追求。"

他们带着这个想法去找雷总和刘总，以为这个"只做一款最高端的产品的想法"，肯定会得到两位领导的认可。因为在他看来，这个想法非常有道理，而且这个想法是他们团队经过讨论，大家都认同的想法。

可让他们没想到的是，虽然雷总和刘总都认同他们只做高端的想法，但是，在临走的时候，雷总却说："99 块钱不是一个用户会感觉说很有竞争力的价格，我觉得这一款产品要 69 块钱。"

张峰一边回忆当时的情境，一边痛苦地说："我听了雷总的话以后，都不知道是怎么离开小米的。我们选了 99 元的性能，最后的价格却要做到 69 元！"

最终，小米的这款69元移动电源上市后，第一年卖出1000万只，目前销量超过1亿只，成为名副其实的爆品。

（作者根据相关资料编写）

思考题：
（1）张峰团队想做99元电池的出发点是什么？
（2）雷军为什么要让张峰把电池的价格定位在69元？
（3）怎样解决性能与价格双重极致的难题？

第一节 创业思维概述

思维是人脑借助语言实现的对客观事物间接、概括的反映。所谓概括的反映，是指所反映的东西不是个别事物或事物的个别特征，而是事物的本质特征和事物之间的本质联系。所谓间接的反映，是指反映的过程不是直接的，而是通过其他事物的媒介作用间接进行的。

一、创业思维的主要特征

创业思维是指创业者有别于常人的具有独特性的思维，是一种以新颖独创的方法解决问题的思维过程，这种思维能突破常规思维的限制，以超常规甚至反常规的方法、视角去思考问题，提出与众不同的解决方案，从而产生新颖、独到的思维成果。创业思维既有一般思维的共同特点，又有不同于一般思维的独特之处。其主要特征有以下四点。

（一）独创性

一般思维通常是复制性的，也就是说以过去遇到的问题为基础，一遇到问题就会这样想："我在生活、学习及工作中学到的知识是怎样帮我解决这个问题的？"然后，选出以经验为基础的最有希望的方法，沿着这个明确界定的方向去解决问题。

而创业者在思考问题时是用自己的头脑，以自己的方式去思考，并遵循自己想法去做自己认定的事情。创业思维在思路的探索上、思维的方式方法上和思维的结论上，都能提出新的创见，做出新的发现，实现新的突破，具有开拓性、延展性、突变性。

（二）灵活性

创业思维具有极大的灵活性。创业者在解决问题时，并无现成的思维方法可循，所以不是按照"例行公事"的方式解决问题，可以不受僵化的条条框框的限制。由于其思维具有灵活性，所以创业者可以在知识的海洋里纵情遨游，在想象的王国里自由驰骋。

创业思维还可以从一个思路跳到另一个思路，从一种意境钻入另一种意境。为了试探解决问题的办法，创业者可以根据情况的变化随时做出相应的调整和修正，因而思维敏捷，机智灵活，尤其善于变通。

（三）发散性

发散性是创业思维的突出特征，它能让创业者打开思维大门，张开思维之网，冲破一切禁锢，尽可能接受更多的信息。人的行动自由可能会受到各种条件的限制，而人的思维活动却有无限广阔的天地，是任何别的外界因素难以限制的。

创业者的思维是一种开放性思维，可以从某一点出发，任意发散，既无一定方向，也无一定范围。这种思维的优势在于，它能够想别人不能想，从而产生众多的可供选择的方案、办法及建议，使一些似乎无法解决的问题迎刃而解。

（四）综合性

创业者能把对事物各个侧面、部分和属性的认识统一为一个整体，从而把握事物本质和规律。综合性思维不是把事物各个部分、侧面和属性的认识，随意地、主观地拼凑在一起，而是按它们内在的、必然的、本质的联系，把整个事物在思维中再现出来。

综合就是创新。20世纪五六十年代，日本主要依靠引进各国先进技术，然后综合各家之长生产出自己的世界一流产品。如松下电器，曾引进300多项新技术，引进零部件，引进线路图，然后加以综合利用，从而生产出了世界一流的电视机。

二、创业思维的基本原则

创业环境具有高度的不确定性，在这种情况下创业者无法准确预测未来，能够把握的只是手中现有资源。因此，创业者只能以现有资源为起点展开创业行动，然后通过已有行动不断拼凑所需资源，寻求商业机会，规划发展路径。创业思维的基本原则是以下五点。

（一）"手中鸟"原则

"手中鸟"原则源于"双鸟在林，不如一鸟在手"这个谚语，它强调清晰地审视已经握在手中的资源，并以此为行动的起点。虽然创业者常常在较高的抽象层面上拥有自己的理想和总体目标，但更为实际的目标是基于现有资源可以逐步实现的目标。"手中鸟"原则要求创业者首先要认清自己和自己拥有的资源，其中包括"我是谁""我知道什么""我认识谁"等。其中"我是谁"包括个体特征和能力，"我知道什么"包括受过的教育、先前经验和专长，"我认识谁"代表人脉即社会网络。在对应的创业活动中，创业者应该首先分析自己的社会身份、储备的知识、社交网络，梳理手中能够利用起来的资源，以及可以开展创业活动的手段，以此来创建新企业。打个形象的比方，在"手中鸟"原则指导下的创业行动，就好似下晚班回家的主妇，打开冰箱看有什么食材，然后根据现有的食材，来做一顿尽量让自己和家人满意的晚饭，而不是像餐厅的大厨，要按餐厅的菜单和预期的客流量提前买好原料。

（二）"可承受损失"原则

"可承受损失"强调的是，创业者在创业初期并不关注对投资回报的预测，而是经常考虑项目出现最坏的情况时，自己可以承受多大的损失。传统上，当我们考虑风险投资时，无论是投资金钱或投入时间在自己的企业上，我们思维的模式是考虑我投资的预期回报。接着，想办法来尽量降低风险，同时获取最大的收益，然后进行投资。但大多数创业者的做法却是与此相反。他们实际上问自己，什么样的损失是我能承受的。基于我能够或愿意承受的损失，我能做什么？基于这样的思维，创业者会在有限的资源和条件下尽可能多地尝试，而且其可承受损失的范围在不断扩大，已经逐渐超出了决策者对财务资源的态度，还包括时间成本、机会成本、知识产权、社会名声、情绪和态度等。此外，可承受损失的限度并非一成不变，而是随着创业过程的进展不断调整。

（三）"疯狂的被子"原则

"疯狂的被子"原则强调，在创业活动中，创业者应该寻找更多愿意为项目投入资源的利益相关者，通过谈判、磋商、缔结创业联盟，并且建立一个自我选定的利益相关者网络，从而与网络上的连接方共同协商合作关系，规划创业目标。同时，随着加入者数量的增加，需要动态地调整创业目标，以促成创业项目的生存和发展。基于这种思维的创业活动，会将合作重心放在关系的构建上，自主选择利益相关者建立战略联盟，而不是进行系统的竞争分析。在这种情况下，创业者可以通过利用战略联盟伙伴和利益相关者的先前承诺，来降低创业过程和创业结果的不确定性，并与合作者共创未来。

（四）"柠檬汁"原则

在美国有句俗语："当生活给你一颗柠檬，就把它做成柠檬水。"这句话反映了对待意外事件的态度。由此引发的"柠檬汁"原则主张，在创业活动中创业者应该以积极的心态，主动接纳和巧妙利用各种意外，因为在不确定的环境中创办企业，各种超出预期的事情都会出现，各样惊奇都会朝你而来，如政策变化、人员变动，意外事件等。这其中有些是好的，有些是坏的，你必须学会把生活扔给你的柠檬变成柠檬水，即充分利用这些意外事件，将其转化为自己的资产和优势。该原则指出，对权变因素和意外应采取创业式响应，认为要直面权变因素和意外而不是试图规避，要将权变因素和意外当作机会加以利用。该原则强调要充分利用未知和权变以创造新鲜事物，并将其转化为有利可图的机会，进而获取期望之外的结果，而不是试图实现既定目标。

（五）"飞机导航员"原则

"飞机导航员"原则是指在面对和应对不确定性时，创业者不要将精力花在预测上，而是要将自己置于事件中与他人互动，从而在行动中掌控未来的发展。该原则把历史看成人类选择去做的事情的结果，其背后的逻辑是历史是可以塑造的，未来也是可以塑造的，我们生活的环境也是可以塑造的。这个原则把创业比作飞行，把创业公司比作飞机。在这架飞机上没有乘客，每个人都是驾驶员和副驾驶员。当飞机起飞后，每个人都要有一种塑造未来的心态，飞行的目的地不是飞行前确定的，飞机飞向何处，由飞行员和副驾驶员们在飞行中共同确定。该原则要求创业者在不确定环境下开展创业活动时，要对变化和目标持开放态度，也就是常说的"随遇而安"，要学会把任何人都看成是未来的共同创造者，要学会以主动的态度和行为，与合作者共创未来。

三、管理思维与创业思维

管理思维与创业思维从逻辑上看是相通的，都是以热爱、对成功的渴望而驱动的，不同的是激情和冒险精神所占的比重差异很大。因为创业者是从无到有地开创事业，会有很大的动力和压力；而单纯的管理者只是守业，其职责是按部就班地制订计划、实行计划。管理思维与创业思维的区别，主要表现在以下四个方面。

（一）目标方向不同

通常情况下，管理者的思维有着明确的目标，并基于目标去制订和实施计划，其职责是组织协调和控制，直到最终实现目标。创业者是探索者，他们是在做的过程中去寻找目标和调整目标，并以这种方式积累财富和开创事业。

（二）资源视角不同

管理者的思维方式是根据目标来组织资源，当有了资源后才能去行动。而创业者的思维不是从目标出发，而是从现有的资源出发，不等不靠，凭借自己拥有的资源去思考可以做什么，并不断思考如何整合资源创造更多的可能性。

（三）行动视角不同

管理者都是按照提前制订好的计划，把大目标分解成多个小目标，然后一步一步地去完成这些分解出来的小目标。创业者面对的环境充满不确定性，他们没有条件制订明确的计划，一般都是想到哪里就做到哪里，在行动中思考，在思考中行动。

（四）思维格局不同

管理者通常是按部就班地做事情，而在做事过程当中，也是按照一定的规章制度去完成。创业者在思考问题时没有管理者那么多条条框框，他们要根据市场信息判断客户需求，其思维更加开阔，眼光更加独特，会有更强的敏感性和更大的包容性。

形成性训练

扫一扫　练一练　　扫一扫　查看答案

案例分析

云海肴的爆品打造之道

云海肴是近年来国内一个异军突起的中式正餐连锁品牌，因其健康、时尚、美味、价格适中等特点，深受都市年轻消费者喜爱。2017年上榜央视财经频道"最受消费者欢迎十大餐厅"，荣获2018年中国食品行业卓越品牌奖、2019年CCFA连锁品牌创新奖，位列中式正餐连锁品牌第一梯队。

云海肴的成长之路

2009年，赵晗与3个志同道合的伙伴，合伙在北京后海边上开了第一家云海肴·云南菜餐厅，结果亏得一塌糊涂。"但我们始终坚信，云南菜这个方向没有错，之所以亏损，应该是我们的选址出了问题。"赵晗的合伙人朱海琴说。她认为，云南食材符合消费升级的发展趋势，云南菜意味着生态、健康，是餐饮业中有待发掘的"蓝海市场"。

于是，在创业第二年，这个团队做了一个重要决定——在中关村开第二家餐馆。他们想办法说服家人支持，并多方寻找投资人。2010年，云海肴·云南菜中关村店开业。这次成功了，开业一个月，他们便开始盈利。按照在繁华商圈购物中心开店的思路，2011年他们新开了第三家店，2012年又新开了2家，2013年新开了5家。到了2014年，随着社会资本的注入，云海肴步入爆发期。截至2022年，云海肴门店已超过100家。

云海肴爆品打造心法一：品控与创新

云海肴有一套严格的品控体系，其采购和品控团队，每年都会花费大量的时间，在云南境内采购筛选食材，很多美味因为达不到品控要求，只能忍痛割爱。为此，云海肴加大了主要食材的自主研发和生产力度。

2016年，云海肴对标北上广深最高的食品标准，在昆明建起了自己的米线工厂，花了大半年时间，使用100多吨大米，终于生产出了只用米和水制作、无任何添加且口感极佳的米线，并于2018年年初，出口3吨米线到美国，开创了云南米线出口的先河。

随着米线工厂投产，赵晗创业团队及时推出了云南风味快餐品牌——"刀小蛮半只鸡过桥米线"。39元一海碗滑爽可口的米线，上面慷慨地盛放了半只卤鸡，着实俘获了不少人的味蕾。

消费者能在28分钟内品尝到云南美食，云海肴的"中央厨房"可谓立下了汗马功劳。在北京市丰台区，云海肴有个超过 1 万平方米的加工物流中心，北京市云海肴餐厅所需食材的初加工和肉类的制熟环节都在这里集中完成，并统一冷链配送至各门店。

在云海肴用餐，惊喜不仅在于可以同时享用到云南多种特色美食，更在于别致的美食创新。将云南野生牛肝菌与北方人最爱的饺子融合推出的牛肝菌饺子，将黑松露、牛肝菌与牛蛙融合推出的黑松露牛肝菌焖牛蛙，让酸角与树莓相遇生成的酸角树莓汁，还有让人念念不忘的饭后甜点黑糖豆花。这一系列的产品创新，让人们感受到云南的美好与神奇。

"打造爆品一定要看品类的基因够不够广，也就是说顾客类别够不够广，比如男性、女性、儿童、老人，全客层如果都可以去享用，那产品成为爆品的概率就高。其次看消费频次够不够高，比如在场景的应用上，是否在约会、聚会、庆生、甚至是生病等场景都能点餐。"朱海琴补充道。

云海肴爆品打造心法二：把"云南根"扎得更深更牢

在云南菜中，汽锅鸡无疑是最具特色的菜品之一。它是将鸡肉置于不加水的特制器皿内长时间蒸制，其间产生的蒸馏水与鸡肉邂逅，慢慢汇成汤汁，成就回味悠长、本真滋养的极致美味。

从第一家门店开业以来，云海肴一直就在售卖汽锅鸡，这些年至少有 1000 万人次通过云海肴·云南菜餐厅享用过这道美食。但赵晗总觉得，他们还没把这道云南菜的代表作做出应有的味道与意蕴。2018 年，云海肴的创业团队做出一个决定：对汽锅鸡进行升级。他们摒弃了之前使用的红陶汽锅，全部改用成本更高的紫陶汽锅，2018 年的夏天，几乎整个建水县的紫陶匠人们都投身到了云海肴的汽锅订单生产中。

在云海肴的餐厅，云南文化元素可谓无处不在：茶壶是尼西黑陶改良而成，茶杯造型的灵感来源是云南腌菜用的大水缸，包烧牛肝菌的盛放器皿是迷你版的虎牛铜案，餐厅门店所用"云海肴"字体为爨体，六一儿童节组织小朋友上自然课，感受云南白族扎染技术的神奇……

（作者根据相关资料改写）

思考题：

（1）云海肴是怎样进行品控的？

（2）云海肴的汽锅鸡开发经历了哪些过程？

第二节 创业思维拓展

人们对创业问题开展了大量研究，做出了多种多样的解释，并形成了不同的观点。这些观点按时间顺序大体可分为个体观、过程观和认知观。创业研究的关注点从创业者特质到创业者决策，再到创业者认知形成及其对决策的影响，从创业者特质转到行为层面再到思维层面，从研究创业者行为理性到认知理性，研究逐步深入，意义日益深远。其中对今天创业理论与实践影响最大的研究成果是效果逻辑、设计思维和精益创业。

一、效果逻辑

效果逻辑（Effectuation）最早是由威廉·詹姆斯（William James）教授提出来的，后由美国弗吉尼亚大学达顿商学院的萨阿斯·萨阿斯瓦斯（Saras Sarasvathy）教授于 2001 年创造性地引入管理学领域，改进了以前的效果逻辑决策模型。萨阿斯选取了年销售额从 2 亿美元到 65 亿美元的一些企业，针对其 27 位创始人展开实验研究，研究发现：一是成功创业者从手段驱动而不是目标导向的行动起步；二是成功创业者在评估机会时，考虑的是"可承受损失"，而不是预期收益；三是成功创业者会设法利用意外，而不是回避意外；四是成功创业者会召集一些愿意加入自己的人。结论表明，创业者在面对不确定性时，有着独特的思维逻辑和行动方式，这种逻辑被称为效果逻辑。

效果逻辑是与因果逻辑（Causation）相对应的是理论。因果逻辑一词最早由哲学家、逻辑学家勃克斯（Burks）于 1977 年提出。因果逻辑也被称为预测逻辑，强调必须依靠精确的预测和清晰的目标。在因果逻辑理论指导下开展创业：首先，需要开展市场研究和竞争分析，找到目标细分市场；其次，制定营销战略、计算边际成本并制定财务规划；最后，撰写商业计划、整合资源、组建团队并搭建新企业。

与此相反，效果逻辑也称非预测逻辑，强调依靠利益相关者，并且是以手段为导向的。在效果逻辑下开展创业：首先，从你是谁、你知道什么及你认识谁起步，尽可能利用少量资源并开始做可以做的事情；其次，与大量潜在利益相关人进行交互和谈判实际投入；最后，根据实际投入重塑创业的具体目标。上述过程在实际创业过程中是不断重复的，直到利益相关人和资源投入链条凝练成一个可行的新创企业。效果逻辑具有以下四个特点。

（一）以手段确定为前提

在效果逻辑决策中，决策者首先要明确自己拥有哪些手段，包括三个方面的内容：决策者的个人特质，即"我是谁"；决策者掌握的知识和资源，即"我有什么"；决策者的社会关系网络，即"我认识谁"。这三个方面之间相互联系，决策者的个人特质和知识水平会影响其社会网络，社会网络反过来也会影响个人特质和知识发挥效用。

（二）强调联盟合作

效果逻辑决策者更倾向与自己社会关系网络里的潜在利益相关者进行沟通合作，从而构建市场而不是发现市场。采取联盟合作的关键是同利益相关者进行谈判，建立战略联盟，提前约定好做出承诺。效果逻辑者不会像因果逻辑一样制订计划而后一步步地实行，而是与潜在利益相关者接触沟通，将其发展成为实际的利益相关者，弱化竞争分析，追求多赢。

（三）选择损失最小战略

同因果逻辑不同，效果逻辑决策方式根据当前的财务和经营状况，来预估当前可以承受的损失或风险，再对目前掌握的手段进行不同组合以创造各种可能结果及新手段。由于效果逻辑不需要对未来的各种不确定进行预估，只需根据现状估测损失承受能力，可以很好地规避决策早期的各种不确定性。

（四）权变应对意外事件

决策过程不可避免地会遇上很多意外事件。在效果逻辑的思维方式里，并非所有意外事件都是坏的，有些意外事件可以被视为机会并加以利用，通过与各种手段结合创造更多的价值。在这个过程中，决策者需要收集各种可能有用的信息，估测各种意外可能带来的收益和不确定因素带来的损失，综合选择获得最大收益的战略。

二、设计思维

设计思维（Design Thinking）是从传统的设计方法论中演变出来的一种思维方式，是可以让所有人都能掌握和运用的一套创新式解决问题的方法和工具。全球知名设计公司艾迪欧（IDEO）首席执行官蒂姆·布朗（Tim Brown）认为，设计思维是"运用设计师的灵感和方法，设计出技术上可行、战略上可取且能满足顾客价值并抓住市场机会的思维方式"。

（一）设计思维的基本理念

设计思维的最大贡献，在于能帮助普通人"像设计师一样思考"。而在设计师眼中，好的设计一定是在满足人的需求（Desirability）、商业可持续性（Viability）和技术可行性（Feasibility）三者交合的地方。

设计思维的基本理念是"以人为中心"。"人"在整个设计思维的实践中，占据最重要的位置。运用设计思维的第一步，不是要思考设计什么，而是要考虑为谁设计，设计的产出不仅要具有商业价值，而且要具有更深层次的社会价值。

以"人"为中心，意味着把人的利益、人的尊严放在首位，把大量的注意力放在人的身上；以人为中心，意味着关注人的需求和渴望，以及不同个体的个性差异；以人为中心，意味着对人类共同命运的关心，尊重不同地域、不同文化背景人的差异。

（二）设计思维的操作程序

传统的产品设计思路主要包括以下四步：第一步发现需求；第二步集体讨论；第三步快速原型；第四步测试。而设计思维强调以人为中心，要求设身处地地去体验用户需求，所以就多了一步——同理心。具体操作程序是以下5步。

1. 同理心（Empathize）

即从"同理心"的高度去了解用户需求。要求尽一切可能站在利益相关者的角度去想问题，并以此为出发点去解决问题。

2. 界定问题（Define）

即用一句话来清晰地表达自己想干什么。要能回答你的用户是谁？你想解决什么问题？你的价值主张和基本方法是什么？

3. 创意激发（Ideate）

即通过群策群力产生尽可能多的好想法。要求运用"头脑风暴"等方法激发群体创意，然后在此基础上形成具体的解决问题方案。

4. 快速原型（Prototype）

即以较快的速度和较低的成本做出产品原型。要求将抽象的想法变成人们可以感知的东西，借由它直接跟用户沟通并寻求反馈。

5. 用户测试（Test）

即找潜在的消费者试用原型。要求在试用过程中认真观察潜在用户的试用过程和反应，并耐心听取其意见。

但是需要指出，设计思维的上述程序并不总是连续的，它们不需要遵循任何特定的顺序，而且可以并行发生和迭代重复。因此，设计思维的各个步骤应该被理解为对项目有贡献的不同模式，而不是固定不变的顺序和步骤。

（三）设计思维的主要特征

设计思维与传统商业思维相比，在很多方面都存在着明显的差异，如果说传统商业思维是数据驱动的结构性思维，那么设计思维则是基于用户需求的实践性思维。设计思维的主要特征是：图像思维、情景思维、关联思考、用手思考。

1. 图像思维

图像思维也称视觉思维，简单地说就是用地图、图解等方式来表达想法、概念、流程及关系等。图像思维的关键的是"视觉化"（Visual）。心理学研究表明，人类大脑50%以上的信息处理能力，都是用来处理视觉信息的。图像表达的好处在于直观、有趣和便于沟通。

2. 情景思维

情景思维也称场景思维，是一种以"场景中的人"为思考对象，以交互关系为思考核心的思维方式。情景思维的本质是从用户的真实需求出发，以人为中心思考。其好处在于：能够更好地理解场景中人的需求，能够转变单一的以物为中心的思维局限，为他人营造更好的体验。

3. 关联思考

关联思考是指将看似不相关的一组事物、问题或想法关联起来思考的思维方式。常见的关联包括概念之间的关联、事件之间的关联和领域之间的关联。关联思维不但可以用于解决复杂问题和在不确定的环境中发现机会，而且能够帮助人看到事物内在的关联性，有助于启发新的视角和创造力。

4. 用手思考

用手思考是一种在做的过程中去探索和发现的思维方式，这种思维方式具有敢于试错、善借原型和重视反馈等特征。用手思考可以让具体的道具成为思考的跳板，同时也能让想法更好地得到检验。另外，把想法具体化的过程可以让人发现更多，不但可以看到某些不可行的地方，更有助于激发更多的灵感。

三、精益创业

精益创业（Lean Startup）是由硅谷创业家、IMUV 联合创始人埃里克·莱斯（Eric Ries）在其 2012 年 8 月出版的《精益创业》一书中首度提出来的。目前，他提出的"精益创业"理念已经被《纽约时报》《华尔街日报》《哈佛商业评论》等多家媒体广泛报道，并成了在世界各国具有广泛影响的创业方法论。

（一）精益创业的实践来源

"精益理念"起源于日本丰田公司的"精益生产"（Lean Production）方式，后经莱斯在创业领域的创新性应用，形成了在世界范围内具有广泛影响的精益创业方法论。精益理念的核心观点是：在高度不确定条件下，以小步试错的方式，在为顾客创造价值的同时，也为企业创造利润。目前，精益思想已由最初的汽车生产领域，拓展到产品开发、设计、销售、服务等企业的其他业务范畴。

精益生产是衍生自丰田生产方式的一种管理理论。20 世纪 60 年代以来，在众多知名制造企业，以及麻省理工学院教授，在全球范围内对丰田生产方式的研究和推广，促使精益生产成为在世界范围内具有广泛影响的管理理论。

20 世纪初，从美国福特汽车公司创立第一条汽车生产流水线以来，大规模的流水线作业一直是现代工业生产的主要特征。大规模生产方式是以标准化、大批量生产来降低生产成本和提高生产效率的，但这种方式在 20 世纪初的日本却并不适用。20 世纪初的日本，虽然经过明治维新的推动，在经济建设方面有了一定的发展。但是在汽车工业领域，依然无法像美国那样进行大规模流水线生产。"资源稀缺"和"多品种、少批量"的市场制约，迫使丰田公司不得不采用精益生产方式。

精益生产方式的基本思想，可以用一句话来概括，即 Just In Time（JIT），翻译为中文是"在需要的时候，按需要的量，生产所需的产品"。因此，有些管理专家也称精益生产方式为 JIT 生产方式、准时制生产方式、适时生产方式或看板生产方式。

精益生产是通过系统结构、人员组织、运行方式和市场供求等方面的变革，使生产系统能适应用户需求不断变化，并能使生产过程中一切无用、多余的东西被精简，最终形成包括市场供销在内的，生产各方面效果最优的一种生产管理方式。

1990 年美国麻省理工学院教授沃麦克（Womack）和鲁斯（Jones）将精益生产定义为"以尽可能少的人力、空间、资金和时间创造出尽可能多的价值"。1996 年他们又对精益生产中所包含的管理理论作了进一步归纳，从而使其由生产操作层面，上升到企业经营的战略层面。同年他们又发表了知名论文《精益思想》，他们在论文中写道："所谓精益思想，就是根据用户需求定义企业生产价值，按照价值流组织全部生产活动，使要保留下来的、创造价值的各个活动流动起来，让用户的需求拉动产品生产。"

（二）精益创业的核心思想

精益创业理论的核心思想可归纳为"构建—测量—认知"反馈循环。创新企业的基本活动是把点子转化成为产品，衡量顾客的反馈，然后根据反馈决定是改弦更张还是坚定不移，所有成功的创新企业的流程步骤都应该以加速这个反馈循环为宗旨。

精益创业的基本逻辑是：从一个想法开始，快速开发具备最小功能的原型（Minimum Viable Product，MVP）产品，然后通过用户测试，获得反馈，进而快速完善想法，通过多次的迭代，最终创造出符合用户需求的产品。精益创业的突出优势有以下 3 点。

1. 快速

精益创业模式下，所有的创新行为和想法都必须在最短的时间呈现出来，抛弃一切暂不重要其他功能，把极简的功能展现给客户，无论成功或失败，都能够以最快的速度知道结果。

2. 低成本

过往"十年磨一剑"式的长期研发，其最终成果推出后，有可能发现花费了大量人力、物力和时间所开发出的产品，并不是客户所需要的。而精益创业所采用的"频繁验证并修改"的策略，确保不会在客户认可之前投入过高的成本。

3. 高成功率

虽然创新充满风险，成功系数低，但也不是没有套路可遵循。按照精益创业的模式，从"最小可用品"出发，通过持续的"测试—调整"及快速迭代，创新的成功率能够大大提升。

（三）精益创业的实战工具

精益画布是阿什·莫瑞亚（Ash Maurya）根据奥斯特瓦德的"商业模式画布"方法改良而来的，如图 4-1 所示。莫瑞亚是《精益创业实战》作者，Spark59 创始人。他创办过多家公司，包括非常成功的 Wired Reach。精益画布可以说是早期创业者的作战图，已经在硅谷被众多创业公司使用。

1 问题	4 解决方案	3 独特卖点	7 竞争壁垒	2 用户细分
客户最需要解决的三个问题	产品最重要的三个功能	用一句简明扼要但引人注目的话阐述为什么你的产品与众不同，值得购买	无法被对手轻易复制或者买去的竞争优势	目标用户、客户
产品的商业目标	6 关键指标 应考虑哪些东西	一句话描述你的产品	5 渠道 如何找到客户，如何推广	
8 成本分析			9 收入分析	
争取客户所需花费，销售花费，网站架设费用，人力资源费用等			盈利模式，收入，毛利	

图 4-1 精益画布

使用精益画布可以使创业者更加聚焦，从而让企业建立在一个扎实的基础之上。当然，精益创业画布的填充，具有一套严格的顺序要求，而按照顺序填充精益创业画布的过程，也是不断完善精益创业商业模式的过程。

1. 问题

分析一款产品，首先要知道它解决了什么问题。为此，请先列出三个客户最需要解决的问题，从而确定该产品的商业目标。无论是规划自己的产品，还是分析竞品，找到痛点都是重中之重。只要能够满足人性深处最原始的初衷，就不怕没有用户使用。

2. 用户细分

只有把握住用户范围，才能有针对地解决痛点。一个项目可能会影响很多人，但用户只是其中一部分，而核心用户更是重中之重。对核心用户进行分析，收集他们的信息，背景及痛点等，就能清楚产品需要解决的问题。

3. 独特卖点

产品不同于其他产品的地方就是独特卖点，分析这个问题可以从两个方面入手。一是在竞品分析的基础上思考，这款产品的优势在哪，用户为什么买它。二是从客户问题入手，这款产品解决了客户什么样的棘手问题。

4. 解决方案

有了痛点，有了卖点，就需要通过创新激发，寻找产品的解决方案。解决方案是决定产品走向的重要环节，具体表现为产品的功能，以及功能的实现方式。在新产品的开发过程中，可以学习借鉴已有产品的成功经验。

5. 渠道

绝大多数产品的成功，都需要后期的推广与运维。渠道分析的作用，在于了解产品的推广方式，解决如何找到用户和如何推广问题。

6. 关键指标

产品上线后的运行情况，需要一定的指标进行衡量，而设置哪些指标却需要斟酌。通常情况下，要根据产品生命周期的不同阶段，设计与之相对应的指标。因为产品不同阶段的指标，能够有效地衡量该阶段产品的进度及用户使用情况。

7. 竞争壁垒

产品想要在一段时间内不被模仿和超越，就要形成自己的壁垒。如产品所需资金成本高，技术难度大，模仿成本高；或是拥有专利，其他企业想要进入需通过专利授权等。

8. 成本分析

降低成本是任何一款产品都需要做的事，除了固定的人员工资外，产品在开发与推广的过程中，应该尽可能地降低成本，例如，在产品开发初期，可先通过成本较低的方法，验证产品是否被用户需要，通过学习借鉴尽量少走弯路等。

9. 收入分析

有了一定的用户基础后，就需要考虑盈利的事情。没有盈利模式的产品，最终会迷失自己。成功的盈利模式很多，好的产品也有很多值得借鉴之处，但要打造高收入的产品，还必须要有自己独特的盈利模式。

形成性训练

扫一扫　练一练　　扫一扫　查看答案

案例分析

设计改变世界：斯坦福大学学生的课堂作业

2007 年，在斯坦福大学设计学院的"极端经济适用型产品的设计"课程上，老师给学生们布置了一个作业——面向贫困人口的设计。该课程是一个多学科的大熔炉，来自斯坦福大学各个专业的学生，在这里运用设计思维为繁杂的现实问题寻找解决方案。一位MBA学生Jane Chen与来自计算机、电子工程和航空工程专业的研究生相遇在这门课上，他们选择的方向是解决降低贫困地区新生儿死亡率的难题。

Jane Chen这个团队的成员，都不是公共医疗专业的，她们对新生儿的死亡原因知之甚少，更别提为解决这个难题提供切实可行的办法。于是，她们经过一番讨论后，决定首先从外部寻找灵感。她们动员一切力量，通过不同渠道四处搜寻信息，然后聚在校内咖啡厅外的大树下交流讨论。

他们通过调查了解到，在欠发达国家和发展中国家的贫困地区，每年约有1500万早产儿和低体重儿出生，其中约有100万这样的新生儿死亡，且多数死于出生24小时之内。是什么原因导致早产宝宝死亡，可以采用什么措施降低早产宝宝的死亡率呢？

他们通过调查发现，最主要的原因是"低体温症"。"这些婴儿太小了，没有足以维持体温的脂肪，室温给他们的感觉就像冰水。""低体重儿约有一半出生在印度，在那里医院的保温箱能在婴儿降生之初提供恒定的维持生命的热度，但这种保温箱的价格在两万美元左右，实在是太贵了！"

经过调查和讨论，这组同学决定设计一种应用于发展中国家的低成本婴儿保温箱。他们的解决方案是：通过剔除某些部件和采用便宜的材料，系统地降低现有保温箱的成本。经过一段时间的探索，他们找到了解决问题的办法。但是，按照设计思维的操作程序，还需要通过用户测试对其想法进行检验。略过这个基本步骤，还不是真正的创新之选。

为了"体会终端用户的感受"，他们需要获得第一手资料。而恰好在这时，团队中计算机专业的研究生莱纳斯得到了前往尼泊尔考察的经费资助。他在那里的所见所闻，挑战了团队原先的设计，并激发了他的创意灵感。

莱纳斯在访问尼泊尔一家现代城市医院时，注意到了一些奇怪的事情：捐赠给医院的保温箱很多都闲置着。他不解地问，既然本地区的早产儿需要保温箱来救命，为什么会有那么多闲置着呢？一位医生的解释简单而悲哀：医院的很多保温箱未被使用，是因为需要保温箱的婴儿，往往出生在30里外的乡村，这种保温箱很难用得上。

生死线上的挣扎都发生在母亲家中，即使新生儿妈妈感觉良好，并且在去医院的路上始终有家人照顾，她们仍然不愿意被送去医院生产。另外，即使孕妇和家人都愿意去医院生产，通常也只是在医院住上五六天就得回家。这意味着早产儿在保温箱只能呆五六天——从安全的角度看，他们应该在保温箱里待足几个星期。

回到斯坦福大学后，莱纳斯与团队的同学们对如何进一步完成项目做了深入讨论。一些同学认为，他们应该根据现实需要，为偏远地区的母亲们设计一款真正能够解决问题的产品；另外一些同学则认为，选择从头做太不容易了，要想按时完成作业，还是应该选择为医院设计低成本的保温箱。

后来，他们咨询了课程助教莎拉，她建议道："说到选择，你知道我会说，去选择艰难的挑战。这才是'极端经济适用型产品的设计'课题中'极端'的含义"。于是，大家决定不去设计用于医院的新一代保温箱，而是把设计挑战重新界定为：我们如何能为边远乡村的父母们设计一种婴儿保温设施，给他们濒临死亡的新生儿一个生存的机会？

形成共识之后，大家进一步明确了解决方案的切入点是父母，而非临床医师。他们把这个观点写在团队工作室的白板上，在20周课程的剩余时间里，它成了设计团队的导航灯，并继续照亮了他们以后的职业道路。

在接下来的几个星期里，团队着手把灵感转化为创新作品，经过四五轮粗略原型的快速制作，他们开发了一种简单而高效的解决方案——形如一个小小的睡袋，内含一个石蜡基育儿袋，在加热器上加热之后，最长可保温4小时。该睡袋可在医院之外的地方使用，让世界上任何地方的婴儿都可以生活在温暖的、温度适宜的环境中。

他们的下一步工作：在乡村父母和利益相关者中测试原型。设计团队把原型育儿袋带到印度，他们研究当地文化的细微差异，了解可能使母亲接受或拒绝这一器械的因素，在此过程中，他们发现了一些在硅谷可能永远无法发现的东西。例如，在马哈拉施特拉邦的一个小镇，队员拉胡尔在给一群妈妈展示原型育儿袋时，一位妈妈对原型育儿袋中内置温度计的使用产生了疑问。

她告诉拉胡尔，在她居住的社区，人们认为西医很有效，但常常用药过猛。所以如果医生给她的宝宝开了一茶匙的药，为安全起见，她会只给孩子喂半勺药。她问拉胡尔："在使用原型育儿袋时，你让我加热到37℃，为了安全起见，我是不是只加热到大约30℃就可以了呢？"拉胡尔听后大为震惊，因为这样的操作会带来致命的问题。

在普通工程师眼中，这种使用不当造成的"用户错误"，可以不加理会。但项目团队发现了这个问题之后，立即重新设计。改进后的"婴儿睡袋"达到正确温度时，指示器只显示"完成"，没有具体数值，这样父母们就不会擅自调整温度了。在这个例子中，根据真正的终端用户的试用体验来调整原型，得到的改进可能关乎生死。

后来，他们成立了一家社会企业性质的公司，到印度将其解决方案投放市场。

苍天不负苦心人，经过反复研究、设计、测试和改进后，他们终于开发出了一款适用于印度等贫困地区的婴儿睡袋——Embrace。这款利用航空材料制成的睡袋售价不到100美元，不及传统婴儿保温箱售价的1%，只需要充电30分钟，Embrace就能为新生低体重儿提供持续6小时的恒温。为了推广产品，他们给母亲们普及低体温症常识，并开展临床研究，以达到欧洲医疗器械的标准。

（作者根据相关资料改写）

思考题：

（1）你是否喜欢斯坦福大学"极端经济适用型产品的设计"课的教学方式？

（2）为什么了解需求对解决问题具有非常重要的作用？

（3）在你身边有哪些特别需要解决的社会问题？

第三节 基于创业思维的创业行动

资源稀缺和不确定性是制约企业成长和发展的重要因素，这就要求创业者不但要形成基于效果逻辑的创业思维，而且要在具体的创业行动中践行这种思维。基于创业思维的创业行动，突出体现为快速原型、MVP 开发和持续迭代。

一、快速原型

从前面的学习中我们了解到，快速原型是设计思维的第四步。它强调的是用尽可能短的时间和尽可能低的成本，来探索想法或设计的可行性。快速原型可以把产品的基本特征直观地呈现给团队成员和早期用户，并以高效率、低成本的方式表达、测试和验证产品。

（一）快速原型的意义

原型这个概念最早出现在工业设计领域，指的是早期用来测试一个概念或流程的样品，内含真实的组件，也具备操作功能。它可以帮助设计师更好地呈现设计理念，验证和打磨产品，以及节约产品开发成本。在此基础上产生的快速原型，在个人和企业发展中都具有非常重要的意义，具体体现在 4 点。

1. 方便产品开发人员对产品的整体把握

原型的意义在于让设计人员直观地了解产品的运行情况，以及对产品的布局、交互和功能有一个整体、全面的把握，进而验证产品方案的合理性，并对产品设计进行修改和完善。

2. 便于产品开发人员快速理解产品的样式和需求

如果没有原型设计，开发人员就会出现很多想当然的情况，致使开发出来的产品很可能并不是自己和用户想要的。其结果是不仅浪费了大量的人力物力，而且很可能会错失产品的市场机会。

3. 便于进行产品的视觉设计和功能开发

只有先有产品原型，前端人员才能开始视觉设计，之后才能开始产品界面和功能的开发。所以产品原型是产品的基础，只有基础足够牢固，才能建造起宏伟的产品大厦。

4. 提高产品需求评审效率

在产品开发过程中，频繁的需求变更不仅会增加开发成本，也会打击团队的创作激情。如果能在需求评审前认真设计产品原型，便可减少后期需求变更的次数，提高需求评审的效率。

（二）原型设计的原则

原型设计是探索产品设计可行性的有效方法，包括生产早期的、廉价的、按比例缩小的产品版本，以揭示当前设计中的任何问题。原型设计的本质是在寻找解决方案，这个阶段需要探索尽可能多的解决方案，同时不要受产品形态、成本、技术等因素的限制，尽可能早的将方案暴露给项目成员、核心用户，以求找到更好的解决方案。要实现原型设计的上述作用，要求原型设计必须遵循 4 个原则。

1. 尽快动手做

设计思维偏向于行动，这意味着如果你对要实现的目标有任何不确定性，那么最好的选择就是做点什么。创建原型将帮助你以一种具体的方式思考你的想法，并潜在地允许你了解如何改进你的想法。

2. 不要花太多时间

原型的价值在于速度，你花在构建原型上的时间越长，你对自己的想法就会产生越多的情感依恋，从而阻碍你客观地判断它的价值。因此，不要试图制作任何不愿意抛弃的原型，不要让自己沉溺在花费数日准备原型的想法中。

3. 记住测试目的

原型的价值还在于它能验证假设，所以请保持它聚焦在目标上。所有原型都应有一个集中的测试问题，不要忽视这个问题，但与此同时，不要过于执着，以至于忽略了你可以从中学到的其他教训。

4. 原型必须真实

客户的本能反应更具价值，为了获得检验结果的准确性，不能要求客户凭想象去完成测试。应该向用户展示贴近真实的原型，因为只有这样客户的反应才是真实的。一旦客户无法完全沉浸在真实场景中，他们就会自动切换到反馈模式。

（三）原型设计的要素

1. 初始

初始就是展示给别人的第一印象。这是用户使用产品时最先看到和体验到的东西。初始分为界面结构、样式和功能，应该使用户第一眼就能看见自己想要的东西，第一次操作就有简单、舒适的体验感。

2. 常态

常态就是产品最不能忽视的地方，如页面的展示、排版、布局等，它既包括产品承载的最基本的功能，也包括产品购买和使用中，用户最在意的事情、最关注的问题和最容易出问题的地方等。

3. 边界

边界通常包括战略边界、操作边界和显示边界。战略边界确定哪些是我们产品要做的，哪些是坚决不能碰的，哪些是目前阶段可以触摸，但是不深入做的等。而操作边界和显示边界，则是产品操作和显示中具体的边界限制。

4. 错误

错误是指产品在不同的人操作，或则不同环境下操作，可能会出现的一些异常情况。比如网络不好，程序出错，无权访问等。这些错误有些是可以预先想到的，但大多数却都需要在原型或实际产品使用中，才有可能被发现。

二、MVP开发

MVP的汉语意思是"最小可行性产品"，作为精益创业理论中的核心概念，指在产品设计和开发当中只具备最基本功能的产品，用于验证创业团队的商业假设，并能够为产品及其后续开发提供足够且有效的研究基础。

（一）概念界定

MVP这个概念，最早是由弗兰克·罗宾逊（Frank Robinson）提出来的，旨在解决产品开发，尤其是产品初次发布中的问题。在很多产业中，减少产品功能会让开发、测试和生产成本大幅降低。因此，将产品功能简化，会让投入和产出的比例更加合理。

目前有关这个概念较为普遍的界定是：MVP是指将创业者或新产品的创意，用最简洁的方式开发出来，可能是产品界面，也可以是能够交互操作的原型。其最大好处是：能够直观地被客户感知到，有助于激发客户的意见。

运用MVP这一概念的目的，在于降低成本和节约资源。这一概念的核心包括两个方面：只需要最基本的功能；针对早期忠实用户。因此，MVP需要鉴别用户痛点，了解用户最基本的需求，以及有针对性地决定开发哪些功能。

MVP的表现形式多种多样，包括静态页面、伪装型按钮、视频、截图、PPT和邮件、原型产品等。莱斯认为开发"最小可行性产品"，是为了可以让企业花最少力气，最短的开发时间，经历一次完整的"开发—测试—认知"循环。

（二）开发过程

MVP可以是制作和销售产品的策略，也可以是在创意产生阶段、产品原型阶段、产品演示阶段或产品展示阶段运用的概念。MVP的显著特点是：体现项目创意、能够测试和演示、功能极简、开发成本最低甚至是零成本。MVP的开发包括以下3个步骤。

1. 挖掘用户痛点

用户痛点是指用户对产品或服务的原始需求/原本期望没有得到满足，由此产生期望落差且有待解决的一个问题。在产品开发过程中，准确挖掘用户痛点是企业把握用户的需求，真正做到以用户为中心的重要基础。挖掘用户痛点的方法主要有：深度访谈、参与式观察和头脑风暴法等。

2. 提出产品创意

产品创意是创业团队根据自身的核心价值观，对未来企业前景和发展方向的一种期望或定位，是由创业核心团队成员经过多次探讨、深入分析，并最终达成一致共识的想法。在创业之初企业都需要将产品创意进行具体细化，并在特定的市场环境下，以最快的速度投入一个能够代表细分市场的最小化实体呈现。

3. 形成初始产品方案

最小可行性产品方案是项目团队在调研、分析、搜集与整理相关信息基础上，根据特定要求形成的用于开发MVP的计划指南。MVP的设计包括两个方面："最小化"，即产品功能最简；"可行性"，指产品紧扣市场需求，经济上可盈利，技术上可实现，资源条件具备，社会制度能够接受。

（三）开发要领

1. 理解MVP的本质

MVP起初虽然只是一个为了测试各种假设的手段，但是发展到今天，根本目的并不是为了测试产品在技术层面是否可行，而是要验证该产品是否解决了实际问题，是否有人愿意花钱购买。即从根本上判断，要不要做这个产品。

2. 理解MVP的多样性

MVP类型多样，各不相同。虽然从字面理解，MVP应该是一个可以销售的产品，但在企业生产实践中，却是一个与"原型"很难区分开来的概念。从模糊关键词测试、产品原型，到卖给早期用户的极简产品，都被称作MVP。

3. 突出MVP的功能性

不论哪种类型的MVP，都应具备最基本的功能。而且从MVP的呈现形式上看，都应该让用户很方便地体验到这种功能的实现方式。功能是产品存在的底层逻辑，一款产品是否有用和是否好用，关键要看它是否具备相应的功能。

4. 重视MVP的质量

MVP因为在初期的低成本、高速度而受到许多公司的追捧，但这些公司却忽视了MVP的潜在成本。对于低质量的MVP，消耗在迭代改进上的时间和精力是非常恐怖的。这里要注意一个问题，MVP虽然是一个低成本的策略，但不意味着不讲质量。

三、持续迭代

快速迭代是针对客户反馈意见以最快的速度进行调整，融合到新的版本中。对于互联网时代而言，速度比质量更重要，客户需求快速变化。因此，不追求一次性满足客户的需求，而是通过一次又一次的迭代不断让产品的功能丰满。

（一）概念界定

迭代（Iteration）是一个重复反馈过程的活动，每一次迭代的结果，都会作为下一次迭代的初始值，从而不断逼近目标或结果。换言之，迭代就是重复执行一系列运算步骤，从前面的量依次求出后面的量的过程。

迭代本源于一种数学求解。一般的数学计算中，多是一次解决问题，称为直接法；但问题复杂，需要考虑很多未知量时，直接法方向错了就可能永远达不到终点。这时，迭代法就发挥作用了。迭代从一个初始估计出发，寻找一系列近似解，发现一定的问题求解区间，从而达到解决问题的目的。

我们开发一个产品，如果不太复杂，会采用瀑布模型，简单地说就是先定义需求，然后构建框架，接着写代码，再测试，最后发布一个产品。这样，几个月过去了，直到最后一天发布时，大家才能见到一个产品。这样的方式有明显的缺点，即如果我们对用户的需求判断错了，几个月甚至是几年的工作就白干了。

迭代的方式有所不同，假如这个产品要求六个月交货，我在第一个月就会拿出一个最小可行性产品来。客户看了以后，会提出他们的修改意见，这样你就知道自己距离客户的需求有多远。然后根据用户的反馈，在先前基础上进一步改进，再拿出一个更完善的产品来给客户看，让他们提意见。如此反复进行，直到最后拿出让客户满意的东西。

可见迭代开发就是：由于市场的不确定性高，在需求没被完整地确定之前，开发就迅速启动。每次循环不求完美，但求不断发现新问题，迅速求解，获取和积累新知识，并将系统的一部分功能或业务逻辑做成MVP交付给领先用户，通过他们的反馈来进一步细化需求，从而进入新一轮的迭代，不断获取用户需求、完善产品。

循环迭代式的开发特别适用于高不确定性、高竞争的环境，也适合分布在全球的不同企业、不同开发小组之间的合作，其本质是一种高效、并行、全局的开发方法。例如，谷歌的开发战略，就是这种"永远Beta（测试）版"的迭代策略：没有完美的软件开发，永远都可以更好，永远在更新或改善功能。

（二）迭代原则

1. 问题先行

学者托姆科（Thomke）与藤森（Fujimo）认为，如果在开发与测试阶段才建立模型，发现问题与解决问题所需的金钱和时间成本可能非常高。如果"问题先行"，也就是将问题的确认和解决，移转到产品开发流程的早期，将会提高开发绩效。

李开复经常提一个自己的例子：在SGI（硅谷图形公司）负责多媒体研发业务时，由于沉迷于酷炫的3D浏览器技术，忽视了用户，导致自己的部门被出售，100多名员工失业。他因此陷入抑郁情绪，最后不得不接受心理辅导。李开复犯的错误就是技术至上，忽视了用户需求这个产品开发的核心问题。

提前发现问题并解决则可降低成本，提高产品开发的绩效。苹果在开发iPhone过程中，乔布斯举起放在口袋中被划伤的iPhone，愤怒地说："我们产品的屏幕是不允许这样轻易被划伤的，我要换防划玻璃屏幕，我要在6周之内让它变得完美。"苹果开发团队开始去找不易被划伤的玻璃，并很快发现了康宁的微晶玻璃技术。

事实上，康宁的微晶玻璃技术曾于20世纪70年代应用于汽车玻璃，终因成本太高而被打入冷宫。当乔布斯提出制造1.33毫米厚度高强度玻璃的想法后，康宁迅速组织团队，改善玻璃生产工艺，实现了"大猩猩玻璃"的诞生。乔布斯的策略就是"问题先行"而不是技术先行，即首先解决手机屏幕易被划伤这个问题。

2. 快速试错

失败并不可怕。李开复经营创新工场的逻辑是："先向市场推出极简的原型产品，以最小的成本和有效的方式验证产品是否符合用户需求，然后结合需求，迅速添加组件。"这正是迭代创新中快速试错的思路。如果产品不符合市场需求，最好能"快速而廉价地失败"。

从学习的角度看，在没有任何蓝图可循的时候，与频繁的试错能够创造更多反应机会一样，开发者通过测量可以检验各种因果关系，提高学习结果。这样，通过尝试不同的设计，在产品各种参数的敏感度和设计的稳健度上，开发者获得对产品的直观理解。因此，通过多次迭代的实践学习方式，比那些缺乏参与、侧重认知策略的学习方式速度会更快。

多次迭代可以使设计团队快速获取经验；迭代也将灵活性植入开发过程，使开发团队的认知能力随着新的信息而变化。当见证了很多次的迭代后，设计团队就不会倾向于过分依赖某一种特定的变化，而是根据环境的变化而进行调整。这样，迭代的试错反倒提高了开发团队的信心和成功概率，加速了设计的进程。

3. 微着力微创新

德国创新学者冯·希佩尔（Von Hippel）提出黏滞信息（Sticky Information）的概念，认为信息在不同个体中转移的时候会存在黏滞，或者说要多付出成本。在新产品或服务的开发中，刚开始存在两种信息：第一种是需求信息，开始的时候在用户中；第二种是解决方案信息，刚开始的时候在开发者中。

要让开发者的解决方案，无限接近用户的需求信息，迭代试错是低成本、快速地捕捉到用户需求的好方式。尤其对于一些深藏于用户内心深处的隐秘需求，用传统的调研方式可能很难奏效，而拿出测试产品让用户体验，则更可能由用户反馈发现用户的真实需求。

迭代试错要挖掘出用户的隐秘需求，需要的不是颠覆性的大创新，而是微创新。开发团队可以先根据用户特征开发出符合基本要求的测试版；然后交付给领先用户在模拟环境下测试，从而证实其功能和用户需求的准确性。

如果两者的匹配不理想（通常都不是很匹配），就需要对需求信息和解决方案信息的位置进行再次修正，再次匹配。这个循环迭代的过程不断重复，直到获得可接受的匹配度。因此，微创新在从产品定义到生产上线的周期中间的各种迭代中都扮演重要角色。

4. 和用户一起High

迭代开发还意味着亲民的用户关系——让用户参与研发过程，在体验参与中树立品牌与影响。在社交网络时代，用户参与战术既是产品开发要素，也是产品营销的重要策略。

小米联合创始人黎万强总结，小米的主战场是社会化媒体渠道。小米跟很多传统品牌最大的不同是和用户一起玩，不管是线上还是线下，每次产品发布的时候，我们都在想，怎样让用户参与进来。

小米从手机硬件到MIUI（小米手机软件平台）开发的每次迭代，都有用户的热情参与，一方面核心用户对于小米的测试版产品提出很多重要的反馈意见，承担了小米产品的大部分测试职能；另一方面，在这个过程中，小米核心用户由于很强的参与感和受尊重感而对小米更加忠诚，其中一些意见领袖影响了更多普通小米用户。

也就是说，用户参与的迭代开发，同时是外部创意开发、产品测试、产品营销的过程。这也是为什么互联网企业能通过迭代减少产品交付周期的原因。另外，为了吸引更多的用户，小米将硬件以接近成本的价格销售，并更快地迭代，通过软件增加用户的黏性，在增值服务上建立商业模式。

传统的营销成本会占到总销售额的20%，渠道成本会占到15%~20%，但通过"粉丝经济"，小米可以将这两项费用降到1%以内，从而给用户更低的价格、更好的体验，从而将每一次产品迭代过程变成与用户一起狂欢的过程。

（三）迭代策略

产品迭代可以大致分为产品迭代方向、产品功能体现两部分。任何产品都有其生命周期，这个周期可大致分为初创期、发展期、成熟期和衰退期。下面将针对不同生命周期的产品，谈一下它们的迭代和开发策略。

1. 初创期产品迭代开发

初创期产品迭代的特点是快速验证方向。因此可以暂时不考虑产品的细枝末节，只关注核心功能。在这一时期，要明确产品的核心价值和特点，列出多端涉及的角色，以及通过哪种功能做关联。

2. 发展期产品迭代开发

产品进入发展期，说明产品在市场上存在价值，这时候又可以分为两个阶段：功能优化完善期和初步变现尝试期。在这一时期，要通过不断迭代，明确产品的功能，以及对产品进行持续优化。

3. 成熟期产品迭代开发

产品进入成熟期，说明产品已经取得不错的成果，可以从原领域向相关领域扩展，扩展方向可以分为纵向扩展和横向扩展，扩展依据是用户的使用反馈，以及公司的发展定位。

4. 衰退期产品迭代开发

在产品进入衰退期后，产品迭代的重点是形成良好的回退机制。这里首先需要提前通知产品各利益方，对相关赔偿进行说明，同时要做好产品的数据备份或数据迁移，此外还需要明确下一个准备打造的产品。

形成性训练

扫一扫 练一练　　扫一扫 查看答案

案例分析

B站的MVP开发与产品迭代

哔哩哔哩（以下简称B站）是国内最大的年轻人潮流文化娱乐社区，根据B站2022年财报公布，月均活跃用户超过3亿，日均活跃用户达9280万。B站2022年总营业收入为219亿元人民币。

"小破站"的诞生：用爱发电，哔哩哔哩

2007年6月，一个名为AcFun的视频网站横空出世，AcFun取意于Anime Comic Fun，简称"A站"。A站以视频为载体，逐步发展出基于原生内容二次创作的完整生态，拥有高质量互动弹幕，是中国弹幕视频网站的鼻祖。

随着二次元市场在国内的发展，A站的势力板块也越来越庞大，金钱疯狂地涌入。可惜好景不长，由于用户暴增，人群分布复杂，A站逐渐在服务器负荷和内容把控上都失去了控制，随之而来的是三教九流蜂拥而至，也打击到了网站骨干力量（UP主）的士气。

2009年，一直卧底于A站的徐逸，盯准AcFun宕机这个机会，建了一个叫"Miku Fans"的小站。2010年1月，他将其改名为"Bilibili"，简称"B站"。

B站的成长

徐逸最初只想建立"一个动漫极客平台，一个可供大家吐槽的优秀地方"，但其社区潜能，即区别于传统视频网站的两个特质——ACG垂直圈层与弹幕功能，成了B站扩张发展的重要因素。

在用户沉淀上，B站用独特的会员制度沉淀核心用户。2014年以前，B站要求用户答题并获得60分以上才能注册会员，题目大多植根于二次元社区文化。此后B站开放全面注册，但在注册会员与正式会员之间划分明显界线，以保证核心用户的社区身份认同。

在内容层面，早期饱受版权困扰的B站，决定推行番剧版权化。2011年B站引进*Fate/Zero*，此后开始持续采购日本新番，并将之作为B站延续至今的内容填充策略。在新番之争中，B站共取得23部播放权，其中17部为独播。日漫采购模式，为B站满足用户需求、强化二次元社区属性，提供了必要的内容支撑。

除此以外，B站在推动社区扩张与保证自身气质不受损之间，为"内容"找到了新的平衡点。首先，它用核心内容满足社区用户需求，使用户基于内容建立联系，形成高黏度垂直社群；其次，围绕用户喜好试探内容边界，找到新的内容品类，吸引潜在用户加入社区；最后，基于上述循环使社区不断扩张，形成稳固的多元文化社区生态。

B站的扩张

基于ACG内容沉淀出的忠实用户群体，B站在社区的整体调性上有着强烈的二次元倾向，国产原创动画无疑是最贴合二次元社区属性、直击用户需求的PGC新品类。当视频平台频繁参与新番版权竞争时，B站开始思考新番采购模式的商业回报率，寻找新的二次元社区支撑点。《狐妖小红娘》《画江湖之不良人》等优质国创的涌现，吸引了年轻人群的目光，热烈的用户讨论和海量的自制视频，让B站看到了国创崛起的可能。

从2015年开始，B站陆续投资了戏画谷、绘梦动画、中影年年等多家动漫公司，此后又联合绘梦成立了动画制作公司哆啦哔梦。在用投资锁定中下游产能的同时，B站回溯至产业链上游，就内容源头与晋江达成合作，取得《天官赐福》《残次品》等头部作品的动漫与游戏授权。

在众多非二次元内容品类中，纪录片在B站的流行有先天优势。首先，纪录片爱好者本就存在于社区中，只是缺乏优质内容而未形成聚合，B站的自制纪录片则为其提供了形成垂直社群的内容支撑。其次，对B站而言，纪实类内容既能满足用户的精神需求，又不会因过度娱乐化而影响内容生态，风险性较低。

自《我在故宫修文物》爆红以后，B站从各渠道引进的纪录片命途迥异，但自制纪录片大多有着不错的反响：《人生一串》第一季播放量已达5514.3万，《历史那些事》第二季还未上线就已有8.8万人追番，热播的《宠物医院》评分高达9.7分。

(作者根据相关资料改写)

思考题：

(1)B站的主要用户是谁？

(2)B站创建之初面临的问题和机遇有哪些？

(3)B站采用了哪些方式进行产品迭代？

本章小结

　　本章的主题是创业思维与行动，其主要包括如下三方面内容：一是创业思维概述，主要探讨了创业思维的概念、作用、主要特征、基本原则，以及创业思维与管理思维的区别；二是创业思维的拓展，主要探讨了有关创业思维的经典研究成果——效果逻辑、设计思维和精益创业的理论来源、核心思想和操作策略；三是基于创业思维的创业行动，主要探讨了快速原型、MVP开发和持续迭代的概念、理念和操作原则。本章的重点是创业思维的概念和基本原则，难点是效果逻辑和精益创业。本章的基本观点是：计划思维已经不能适应企业和个人的发展，必须学会用创业思维去思考和规划自己的未来，必须要以尽可能低的成本，在尽可能短的时间，通过原型来验证自己的想法和设计，通过MVP来迅速抢占市场，通过不断的迭代来优化产品以满足用户日益增长的物质需求和精神需求。

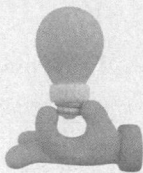

学习与思考

　　1. 观看与思考

　　搜索并观看蒂姆·布朗在TED的演讲视频《设计又变大了吗？》，思考如下问题并与同学交流：

　　（1）为什么说人人都是设计师？

　　（2）如何理解好的设计思维的应用应从提出正确的问题开始？

　　（3）如何理解设计思维的目的不在于能建造出什么，而是为了思考而建造？

　　2. 阅读与思考

　　阅读埃里克·莱斯的著作《精益创业》，思考如下问题并与同学交流：

　　（1）精益创业的基本逻辑是什么？

　　（2）如何理解最小可行性产品？

　　（3）如何进行产品迭代？

　　3. 案例学习与思考

　　观看推荐电影，将自己置身于影片所创设的情境中，去体验片中人物所面临的问题，在此基础上思考，当你面对片中人物所面对的问题，你将做出什么样的反应。

　　（1）《创业邦》是一部励志创业网络电影，由天使投资人徐小平和王强监制，该电影不仅以时下流行的微商创业为主题，而且由影视界和微商界顶级公司强强联合完成。

（2）《大创业家》是一部基于真实故事拍摄的电影，不仅完整地展示了麦当劳的创业过程，而且诠释了麦当劳兄弟在创业前期的试错经历。

（3）《芝麻开门》是中国第一部互联网创业励志电影，由中国电影集团公司、北京宝亿传奇国际影视文化有限公司、华谊兄弟联合出品。

实践训练

请同学们结合本章所学内容，在前面所做的需求分析和项目选择基础上，完成本团队参加中国国际"互联网＋"大学生创新创业大赛项目的产品开发或原型制作。

1. POV

POV是Point Of View的简称，它的要求是提出一个独特的、具有可操作性的观点。通过前面的市场调查和问题探索，同学们已经选择了自己的创业项目，这一步的要求是将所选择的项目，用POV的方式表达出来。POV将设计挑战重新组织成可操作的问题陈述，它将驱动团队接下来的产品开发工作。

2. 原型制作

原型制作作为设计思维的重要步骤，既对产品开发具有非常重要的现实意义，又是参加创新创业大赛创意组同学，展示自己产品/服务的重要方式。从以往的经验看，如果在创业计划书和项目路演PPT中，只是通过文字或口头语言来描述未来的产品/服务，很难给评委和投资人留下深刻印象，也很难在比赛中获得高分。

3. 产品开发

参赛项目不管是走到哪个阶段，都需要对产品开发有所思考。对初创组和师生共创组来说，产品已经走向市场，那么重点应该放在产品迭代方面。对创意组来说，重点应放在想法的可视化方面，比如，MVP开发、原型制作或产品草图等。总之，通过这一章的学习，应该拿出一定的结果进行分享，而不是停留在字面上。

第五章

创业机会与创业风险

学习目标

★ 知识习得

了解创业机会的来源，掌握识别和评价创业机会的方法与工具。

★ 情意形成

形成积极开放的心态和乐于接受新事物的胸怀。

★ 能力提升

能够敏于把握创业机会，科学看待与管理创业风险。

★ 价值引领

培养学生作为社会主义接班人的责任意识和风险意识。

思政小课堂

案例导入

做旧书也有好"薪"情

小李大学毕业后进入一家工厂上班，工作没到一年就下岗了。之后，她索性做起旧书生意。小李读大学时就发现，目前正规的二手书店不但数量不多，而且大多数是将人家卖不出去的书籍抱到店里来销售，很少考虑顾客究竟需要什么书。随着近年来纸张价格的飞涨，新书的价格让人望而却步，这无疑给二手书市场留下了巨大的空间。

小李认为，时下做什么生意都要讲定位，而做旧书生意的定位就在于——业精于专！根据现实情况，她打算主营人文社科类图书，从而形成自己的特色。换言之，面对五花八门的图书市场，经营者绝对不能"贪"，面面俱到是经营旧书的致命弱点。有了定位，小李收购旧书时就心中有数了。她首先看书的内容，其次是出版社。

但是，要做到"业精于专"，对书店老板却是一种挑战。首先，经营者要有较高的文化素质和品位，这样才能收购到质量高又好卖的旧书，才不会使一本绝版好书被压在箱底。有一次，小李收购到100多本财富类书籍，新学期开学没有几天，就被大学生们抢购一空。

为增加有效的交易渠道，小李还开设了网上交易平台，现在网上交易量已占到书店业务总量的15%。此外，小李还增设了"寄销"业务，这一招既充分考虑了顾客的需求，也宣扬了书店的诚信之本。此项业务主要面对那些有书却不愿贱卖的顾客，他们希望手上有价值的旧书能像字画一样寄在店里由老板"代销"。"代销"成功，老板收点"代劳费"。小小的二手书屋如此经营一年，每月的纯利已经有5000多元。

（作者根据相关资料改写）

思考题：
（1）试分析本案例中二手书市场的特点及潜在的商机。
（2）你认为发现商机需要创业者具备哪些素质和能力？
（3）你认为二手书市场存在哪些风险？

第一节 创业机会

创业机会识别是创业过程的起点，也是创业过程中的一个重要阶段。许多好的创业机会并不是突然出现的，而是对"一个有准备的头脑"的一种"回报"。成功的创业者能及时捕捉创业机会，并在众多的创业机会中选择适合自己的进行创业。在创业机会识别和评价阶段，创业者需要弄清楚如下问题：创业机会在哪里？如何识别？如何评价？

一、创业机会的来源

蒂蒙斯教授认为，创业机会是指尚不明确的市场需求或未被利用的资源和能力。巴朗（Rober A. Baron）和施恩（Scott A. Shane）则认为，创业机会是一个人能够开发具有利润潜力的新商业创意的情境。在该情境中技术、经济、政治、社会和人口等条件的变化产生了创造新事物的潜力。上述概念不但揭示了创业机会的来源，而且将创业机会归纳为技术机会、政策机会、社会和人口机会、市场机会四种类型。

（一）技术机会

技术机会即技术变化带来的创业机会，主要源自新的科技突破和社会进步。通常技术上的任何变化或多种技术的组合，都可能给创业者带来某种创业机会，具体表现在以下3个方面。

1. 新技术替代旧技术

当某一领域出现了新的技术突破，并且足以替代旧技术时，创业的机会就出现了。

2. 新技术实现新功能

实现新功能、创造新产品的新技术出现，无疑也会给创业者带来新的商机。

3. 新技术带来新问题

多数技术的出现，对人类都具备既有利又有弊的两面性。这会迫使人们为消除新技术的弊端，再去开发新技术并使其商业化，从而带来新的创业机会。

（二）政策机会

政策机会，即政府政策变化为创业者带来的商业机会。随着经济发展和科技进步，政府必然也要不断调整自己的政策，而政府政策的变化，就可能给创业者带来新的商业机会。事实上，从政策中寻找商机并不仅仅表现在政策条文所规定的层面，随着社会分工的不断细化和专业化，政策变化所提供的商机还可以延伸，创业者可以通过产业链分析，在商机催生的产品/服务的上下游延伸中寻找商机。

（三）社会和人口机会

不同时期的社会和人口因素变化，会产生不同的需求。随着现代社会发展的加快，这种变化中的需求更加明显。社会和人口是紧密联系在一起的，有时候社会文化的变革也是创业机会产生的引擎。例如：计划生育政策使得教育市场高速发展；"单身贵族"的产生，促进了小户型商品房的热销；人口寿命延长催生壮大了老龄用品市场等。可见，当社会和人口因素的变化改变了人们对产品和服务的需求时，就会产生新的创业机会。

（四）市场机会

市场机会就是市场上存在的未被满足的需求。有时人们称它为潜在的市场，亦即客观上已经存在或即将形成而尚未被人们认识的市场。对于创业者来说，适合创业的市场机会往往有以下4种。

1. 市场出现新需求

如果市场上出现了与经济发展阶段有关的新需求，相应地，就需要有企业去满足这些新的需求。在这种情况下，新创建企业与已有企业几乎是站在同一起跑线上竞争的，创业者可以利用这种机会开创自己的事业。

2. 市场供给出现结构性缺陷

市场是不可能达到真正的供求平衡的，总有一些供给不能满足消费者的需要。因此，创业者如果能发现这些供给的结构性缺陷，同样可以找到可创业的商业机会。

3. 产业出现战略转移

世界各国各地的发展进程有快有慢，在先进国家（或地区）与落后国家（或地区）之间，存在着较大的劳动力"成本差异"，这就可能导致发达国家（或地区）将某些产业向外转移，为落后国家（或地区）的创业者提供创业机会。

4. 两地比较中存在差距

两个国家（或地区）的市场进行比较，存在的差距就是隐藏的商机。例如，与其他国家相比，看看别人已有的哪些好东西国内市场上还没有，这"没有的"就是差距，从中同样可能会发现某种商业机会。

二、创业机会的识别

美国作家马克·吐温曾说过："我极少能看到机会，往往在我看到机会的时候，它已经不再是机会了。"作为创业者，难能可贵之处就在于能发现其他人看不到的机会，并迅速采取行动，把握创业机会创造价值。掌握识别创业机会的知识，虽不能保证人们一定能够发现创业机会，但确实能给人们的行动提供思路和指导。

（一）识别创业机会的一般过程

创业机会识别是创业者与外部环境（机会来源）互动的过程，在这个过程中，创业者利用各种渠道和各种方式掌握并获取有关环境变化的信息，从而发现在现实世界中产品、服务、原材料和组织方式等方面存在的差距或缺陷，找出改进或创造的可能性，最终识别出可能带来新产品、新服务、新原材料和新组织方式的创业机会。

（二）影响创业机会识别的主要因素

1. 先前经验

特定产业中的先前经验有助于创业者识别机会。同时，创业经验也非常重要，一旦有过创业经验，创业者就很容易发现新的创业机会，这被称为"走廊原理"，指创业者一旦创建企业，他就开始了一段旅程，在这段旅程中，通向创业机会的"走廊"将变得清晰可见。也就是说，某个人一旦投身于某产业创业，他就将比那些从产业外观察的人更容易看到产业内的新机会。

2. 认知因素

机会识别可能是一项先天技能或一种认知过程。多数创业者以这种观点看待自己，即认为自己比别人更警觉。警觉很大程度上是一种习得的技能，拥有某个领域更多知识的人，往往比其他人对该领域内的机会更警觉。例如，一位计算机工程师就比一位律师对计算机产业内的机会和需求更警觉。

3. 社会关系网络

个人社会关系网络的深度和广度影响着机会识别。建立了大量社会与专家联系网络的人，比那些拥有少量网络的人容易得到更多的机会和创意。在社会关系网络中，按关系的亲疏远近，我们可以大致将各种关系划分为强关系与弱关系。强关系以频繁相互作用为特征，形成于亲戚、密友和配偶之间；弱关系以不频繁相互作用为特色，形成于同事、同学和一般朋友之间。研究显示，创业者通过弱关系比通过强关系更可能获得新的商业创意。

4. 创造性

创造性是产生新奇或有用的创意的过程。从某种程度上讲，机会识别是一个创造过程，即通过创造性思维连续进行思考的过程。人的创造性不是与生俱来的，开阔的视野、丰富的经验、强烈的好奇心、敏锐的眼光、深入细致的思考和从不同角度观察问题的习惯等，都会对人的创造性提升具有重要影响。因此，有意识的学习和训练，会对人的创造性提升产生重要影响。

（三）识别创业机会的行为技巧

1."新眼光"调查

"新眼光"调查注重二级调查，阅读某人的发现及其出版的作品、利用互联网搜索数据、浏览寻找包含你所需要信息的报纸文章等，都是二级调查的形式。在通过二级调查对顾客、供应商和竞争对手有了基本的了解之后，你就可以开始进行初级调查了。与人交谈，不要假设，学会问问题。如，希望在本地的书店买什么？会选择网上购物吗？这样的业务需要什么样的广告？什么产品比较热销？

2. 通过市场调研发现机会

借助市场调研，从环境变化中发现机会，是机会发现的一般规律。人们可以从企业的宏观环境（政治、法律、技术、人口等）和微观环境（顾客、竞争对手、供应商等）的变化中发现机会。如，社会老龄化产生的老年需求热，独生子女产生的校外特长教育需求热，环境污染产生的优良环境需求热，食品安全问题产生的绿色食品需求热，下岗失业问题产生的就业需求热，网络时代的到来产生的网络游戏热等。类似的还有单亲家庭问题、城市扩大与农民转入城市问题、个体创业现象等。创业者可结合新热点和新需求，寻找和识别创业机会。

3. 通过问题分析和顾客建议发现机会

问题分析从一开始就要找出个人或组织的需求及其面临的问题，这些需求和问题可能很明确，也可能很含蓄。一个有效并有回报的解决方法，对创业者来说是识别创业机会的基础。这个分析需要全面了解顾客的需求，以及可以用来满足这些需求的手段。一个新的机会可能会由顾客识别出来，因为他们知道自己究竟需要什么。顾客们会提出一些诸如"如果那样的话不是会很棒吗"这样的非正式建议，留意这些，有助于发现创业机会。

三、创业机会评价

机会评价是创造过程中仔细审查创业项目并分析其可行性的阶段，评价是创造过程中特别具有挑战性的阶段，因为它要求创业者对创意的可行性采取一种公正的看法。创意需要符合一定的标准，才是真正的创业机会，而且创业机会只有符合创业者的能力和目标才是有价值的。那么，怎样来评估创业机会的价值呢？

（一）定性评估

定性评估是通过思辨的方式对创业机会进行评估的方式，通常可以借助辅助工具进行。

辅助机会评估的工具很多，但最简单和应用最广的，无疑是"SWOT分析模型"，如图5-1所示。"SWOT"是四个英文单词的首字母，其中S（Strengths）代表优势，W（Weaknesses）代表劣势，O（Opportunities）代表机会，T（Threats）代表威胁。

优势 Strengths	劣势 Weaknesses
机会 Opportunities	威胁 Threats

图 5-1　SWOT分析模型

"SWOT分析模型"是将企业内部的优势、劣势、外部的机会和威胁等，通过调查列举出来，并依照矩阵形式排列，然后用系统分析的思想，把各种因素相互匹配起来加以分析，从中得出一系列相应结论的决策工具。

在"SWOT分析模型"中，优劣势分析主要是着眼于企业自身的实力及其与竞争对手的比较，而机会和威胁分析则将注意力放在外部环境的变化及对企业的可能影响上。在分析时，应把所有的内部因素集中在一起，然后用外部的力量来对这些因素进行评估。

运用SWOT分析模型，可以对研究对象所处的情景进行全面、系统、准确的研究，从而根据研究结果，制订相应的发展战略、计划及对策等。此模型可以通过分析，帮助企业把资源和行动聚焦在自己的强项和有最多机会的地方。

（二）定量评估

定量评估主要是对创业机会中的经济效益进行分析，其任务是在初步拟订营销规划的基础上，从财务上进一步判断选定机会是否符合创业目标，一般是通过量、本、利分析法进行，具体方法包括以下3个方面。

1. 市场需求量的预测

通过市场需求量的预测，可以了解该机会所面临的市场状况及市场潜力，也是进行经济效益分析的基础。市场需求量的预测可以运用一定的数学方法来进行，主要方法有趋势预测法、因果预测分析法、市场调查分析法、判断分析法等。

2. 成本分析

主要研究利用该机会所需付出的代价。成本分析应从投资成本、生产成本、营销成本等三个方面分析，可采用专门的成本预测方法，如直线回归法、趋势预测法。

3. 利润分析

在市场需求量预测、成本分析的基础上进行利润测算，一般可采用损益平衡模型、现金流量模型、简单市场营销组合模型、投资收益率等方法进行分析。

形成性训练

扫一扫 练一练　扫一扫 查看答案

案例分析

90 后喜茶创始人聂云宸：29 岁攒下 45 亿资产

茶饮传奇"喜茶"的诞生

25 岁的聂云宸开始了新品牌"喜茶"的经营。经验丰富的他不只对饮品高标准，对店里的员工也提出了高要求：制作流程要规范，还要保持良好的服务态度，他告诉员工："只有把某件事当成一种习惯，才能对抗枯燥，不被惰性裹挟。"

在很多其他品牌忙着扩张加盟的时候，聂云宸选择做直营店，只有这样才能保证茶饮的品质和员工的服务质量。年轻化的经营理念、独具一格的装潢和别出心裁的饮品让喜茶在竞争激烈的市场中站稳脚跟。

生意越做越好的时候，聂云宸遇上了一位伯乐，乐百氏创始人——何伯权。其实早在经营喜茶的第四年，二人就有过接触，聂云宸"茶饮年轻化"的经营理念给何伯权留下了很深的印象。于是，当聂云宸再一次找到他时，何伯权果断的选择投资。

2016 年夏季，聂云宸拿到了 IDG 资本和何伯权 1 亿元的 A 轮投资。两年后，龙珠资本为喜茶投下 4 亿元的 B 轮融资，随后，腾讯、红杉资本又为喜茶投下估价约 90 亿的新一轮融资。

而就在去年，高瓴资本和蔻图资本联合领投，让喜茶目前的市场估值高达 160 亿元。聂云宸也已成为身家 45 亿的年轻富豪，于 2019 年登上福布斯亚洲"30 位 30 岁以下精英"榜；喜茶彻底火了，2017 年 2 月，喜茶上海人民广场店开业，无数追随者为了喝这一杯奶茶，创下了排队 7 小时的记录。现场甚至有黄牛代买、加价转卖，喜茶俨然成为网红级茶饮品牌，成为年轻人的潮流符号。

初心未改

2021 年 7 月，喜茶完成了一轮 5 亿美元的融资，刷破了中国茶饮界的融资纪录，估值达到了 600 亿元。截至 2022 年 1 月，喜茶已在全球近 70 个城市开出超 800 家门店。其中上海、深圳等地门店数量已突破百家。可聂云宸初心不改，要让顾客不断喝到优质的、新鲜的茶饮，创新是永远的话题。

他领导制作并尝试推出了包括茶饮、甜品、面包、喜茶实验室等240多款单品，还和美宝莲、盒马生鲜、回力等品牌跨界联名。

考虑到客户对价格不同的接受能力，他创立平价品牌"喜小茶"，以每杯6~15元的价格与"喜茶"市场互补，又吸引了一大批消费者。

聂云宸的办公桌上放着很多空杯，用来品尝评估新品的味道和改进方向。聂云宸表示，自己更看重品牌与效益，其他的一切都是浮云。

从一个专科毕业生到45亿身家的年轻富豪，胸怀大志、脚踏实地就是聂云宸成功的秘诀。没有人的成功是一蹴而就的，只有坚持不懈做好每一件小事，日积月累终会获得成功。

（作者根据相关资料改写）

思考题：
（1）聂云宸是怎样发现创业机会的？
（2）聂云宸的项目满足的什么需求？

第二节 问题探索与项目选择

从某种意义上说，创业过程就是一个发现问题、梳理问题、分析问题和创新性解决问题的过程。而要想很好地分析和解决问题，前提条件是能够发现问题和对问题能有深刻理解和系统把握。在这一节我们将从问题的价值入手，对问题发现和问题梳理的心理过程及影响因素做一简要介绍。

一、问题探索

人类发明创造的历史和有关心理学研究表明，那些卓有成就的发明、发现者，他们成功的秘密就在于能够看到常人看不到的问题。因为在现实生活中，能够按上级要求解决问题的人很多，而善于发现问题和提出问题的人却很少。

（一）问题的价值

爱因斯坦有句名言："提出一个问题往往比解决一个问题更为重要。因为解决问题也许仅仅是一个数学上或实验上的技能而已。而提出新的问题，新的可能性，从新的角度去看旧的问题，却需要有创造性的想象力，而且标志着科学的真正进步。"

人们对司空见惯的现象和已有的权威结论，往往怀有盲从和迷信的心理，这种心理使

113

人很难有所发现、有所创新。因此，只有不拘泥于常规和不轻信权威，以怀疑和批判的态度对待一切事物和现象，并善于发现和勇于提出其中的问题，才能取得创新性成绩。

例如，我国数学家华罗庚在数学上崭露头角，就是从怀疑开始的。1930年，20岁的华罗庚从一本杂志上，读到苏家驹的论文《谈代数五次方程的解法》。他在认真读了这篇论文之后，觉得有些地方似乎不对，经过缜密的推理和独立的运算，他得出了与之完全相反的结论。

面对已经是当时中国数学界权威的苏家驹教授，华罗庚没有盲目跟从，而是根据自己的研究，大胆地对苏教授的文章提出了质疑，写出了《苏家驹之代数的五次方程式不能成立的理由》的论文，该文在数学界引起了强烈的反响，华罗庚从此走上了数学研究之路。

（二）问题发现

有关研究表明，在人类意识结构中存在着一种追求稳定、保持平衡的倾向。从生理学的角度讲，人体的生理机能极其微妙，只要血液中的糖分和水分等稍有紊乱，神经系统、内分泌系统就会立即调节和调动体内各种器官，竭力恢复平衡状态。

人在生理上的平衡状态是维持生命不可缺少的条件，人在心理上的平衡状态，也是保持健康的重要因素。但是，人意识上的长久平衡状态，对创新而言却极为不利，因为这会使人墨守成规、安于现状、屈于规范、毫无朝气。

因此，对于所有力求创新、渴望生命不朽的人，要想打破意识上的这种固有平衡状态，培养起习惯性发现问题的意识，必须注意两方面问题：一是不要忽视看似平常的反常现象，二是敏于抓住偶然中的必然。

客观世界是在不断变化的，在我们的周围每天都有新情况、新问题出现，关键是当这些问题呈现在你面前的时候，你是慧眼识珠还是熟视无睹。创新者与平庸者意识上的最大差异，就是后者见怪不怪、浅尝辄止，而前者探迷索奇、追根问底。

人类创新的最大障碍，其实是我们自以为已知的东西。古今中外无数事实说明，机遇总是偏爱那些具有强烈质疑精神的人。他们既具有渊博的知识，善于总其大成，又具有除旧布新的胆识，敢于在常规中寻求突破，在偶然中捕捉必然。

（三）问题梳理

发现问题和提出问题固然重要，但当有大量问题涌现之后，如何有效地梳理问题，便成了人们必须解决的问题。正如乔布斯所言，梳理各种问题，尝试各种组合，才能获得想要的结果。每天都会有新的问题，也会有新的灵感，这个过程是很重要的。

梳理问题的方法很多，下面介绍设计思维中常用的一种方法——问题构想法。问题构想法着重于围绕现实情况提出问题，通过互相多次提问深入探寻问题，通过系统梳理优化和筛选问题。问题构想法有以下4个步骤。

1. 确定主题

首先要非常明确问题的主题，一般是以一个陈述句描述当前面临的难题，从而进行明确讨论，比如，60%的家长认为课后辅导作业很辛苦。明确的陈述句能启发人的思考。

2. 列举问题

分组围绕主题进行提问，由记录员负责记录所有问题，并在一张表中列出。这个环节要求坚持"数量优先，禁止评价"的原则，提出问题的时间约在60分钟，如果时间未到但不能提出更多问题，则可进入下一环节。

3. 优化问题

对于讨论记录的问题逐一进行优化。例如，尝试把封闭式问题转换为开放式问题，或者把开放式问题转换为封闭式问题，把大的问题进一步细化，或者把相近的问题进行归类。

4. 筛选问题

对所有记录的问题进行分类和排列，从而形成一个具有一定结构的问题清单。然后安排进行一次讨论，进一步激发参与者兴趣，并按照全新的标准评选最佳问题，再按问题的类别，对问题进行排序和筛选。

（四）问题分析

西班牙IESE商学院讲师托马斯·韦德尔（Thomas Weidel）在《哈佛商业评论》上发表文章说，人们在遇到问题时总是急着去找解决办法，但如果能从更多角度来剖析问题，甚至重新定义问题，可能会找到更好的解决方案。

文章举了这样一个案例，如果你是一家写字楼的业主，你的租户投诉说电梯运行太慢，每天的等待让他们不胜其烦。你要怎么解决这个问题呢？大部分人首先想到的是换一部电梯，或者升级电梯的速度。

但是，租户的投诉只是电梯速度问题吗？有没有可能是等待的时间让租户不耐烦呢？基于这个问题提出的解决方案是，在电梯旁边摆一面镜子并播放音乐，让租户变得更有耐心。这就是对原来问题的不同理解，虽然没有让电梯更快，但却减少了租户的投诉。

如果让你重新定义一下这个问题呢？还有没有其他的解决方案？韦德尔讲了七种方法：一是跟跨界者讨论；二是让所有当事人参与；三是考虑多个类别；四是建立合理性；五是广泛提问；六是分析积极的例外结果；七是质疑目标。

要想正确分析和界定问题，首要是迅速准确地对问题做出恰当的判断。通常情况下，分析问题可以从以下几个方面进行：问题的现象是什么；问题发生的时间；问题的严重程度和问题发生的原因等。

（五）问题重构

要想有效地解决问题，除要了解问题的本质、问题的边界、问题产生的原因等前提性条件外，还要清楚问题的结构，以及如何对它进行测量，即给出问题的操作定义。而给出操作定义的过程，从本质上说就是一个问题重构和问题呈现的过程。

心理学研究表明，整个问题的解决过程，都与语言有着非常紧密的联系。而本节探讨的问题重构，就是通过语言表达方式的重组，对问题进行重新构建。其主要目的是让问题变得清晰、直观和具体，从而更加有利于问题的理解和解决。

问题重构常用"HMW提问法"。"HMW提问法"是用3个英文单词，即"How might we……"开头来进行提问。这种提问方法可以帮助人以简单的方式，提出易于让人理解的正确问题。同时，还能在更大程度上，激发人解决问题的信心。

比如，当团队接到新项目时，大多数成员在谈论自己面临的挑战时，使用的语言表达方式都是："我们团队可以做这个项目吗"或"我们团队应该实施这个项目吗"这是一种典型的抑制创新而非鼓励创新的方式。

因为人们在使用"可以"和"应该"等词语，措辞中隐含着一种判断："我们真的可以做这件事吗？我们应该做这件事吗？"而采用HMW法进行提问，将"可以"和"应该"替换成"怎样才能"，这个短语显然更加具有主动性。

例如，"我们怎样才能拿到这个项目""我们怎样才能整合到我们需要的资源""我们怎样打开市场"这样的方式提出问题，不但十分清晰和具体，而且具有明确的指向性，能引导和激发团队成员去寻找解决问题的办法。

（六）问题呈现

科学家波普（Vicky Pope）曾经说过这样一句话，"对于一个问题的重新简洁陈述常常碰巧能够向我们揭示出它的几乎全部解决方法"。其实，无论在科学领域，还是在社会或生活领域，问题的呈现方式，都会对问题的理解和解决产生巨大影响。

1. 问题描述

具体而准确地描述问题是问题呈现的基本要求，可借助"5W"法进行。即"Who"，是谁遇到或发生了问题？"Where"，问题发生在什么地方？"When"，问题发生在什么时候？"What"，究竟发生了什么？"Why"，为什么会发生这样的问题？

2. 状态描述

即对现有状态和目标状态的描述，描述现有状态需要收集大量信息，如"和问题有关的人有哪些""他们怎样影响这个问题""为什么问题还没有被解决"等。描述目标状态要简单、明确、具体，要有相关性、可达成性、可测量性和明确的期限。

3. 问题说明

即说明问题的主要特征。具体包括：说明随着时间的推移问题将产生哪些影响；说明问题的紧急程度和重要程度如何；说明这个问题应该由谁来负责；说明这个问题是属于常规问题还是特殊问题。

问题呈现可以借助问题画布进行，如图5-2所示。问题画布是一种用来呈现问题的通用语言和工具，是参照"5W2H模型"进行设计的。

谁的问题 （Who） 问题发生的对象	什么时候发生 （When） 问题发生的时间	问题是什么 （What） HMW提问法 重构问题	问题紧急性 （How urgent） 解决问题的紧急程度	问题本质原因 （Why） 问题的深层次原因 （可使用"5W2H" 分析法）
	什么地方发生 （Where） 问题发生的地点		问题重要性 （How important） 问题的重要性	
问题情境	问题重构		问题分析	

图 5-2　问题画布

问题画布左半部分是对问题情境的描述，通过陈述问题发生的时间、地点和对象，可以帮助团队清晰地聚焦一个问题。右半部分是对问题的分析，包括问题的紧急性、问题的重要性和问题的深层次原因。中间是在前述基础上，对问题进行重构。其基本逻辑是：问题从哪儿来（左半边）、问题怎么样（右半边）、问题是什么（中间）。

二、需求分析

经过基于"同理心"的市场调查之后，会获得大量有关用户需求的信息。这些信息有的是真实的，有的是虚假的或不准确的。因此，如何从这些错综复杂的信息中，筛选出真实有用的信息和了解到用户的真实需求，便成了创业者面临的重要问题。

（一）需求分析框架

创业者要想明辨用户需求的真伪，还需要在理论层面了解和把握用户需求。因此，我们基于"需要层次理论""生存、关系、成长理论"，以及"KANO 模型"，建立了综合性的用户需求分析框架。

1. 需要层次理论

需要层次理论是由美国心理学家马斯洛在 1943 年提出来的，目前已经成为世界各国普遍熟悉的理论。马斯洛认为，人的需要是有层次的，按照重要程度和发生顺序，呈梯形状态由低级向高级需要发展。

马斯洛通过研究发现，人的需要可分为五个层次，即生理需要、安全需要、社会需要、自尊需要和自我实现的需要。在正常情况下，人的需要总是由低到高逐步上升的，每当低一级的需要满足之后，就会产生更高的需要。

由于人的动机结构的发展情况不同，这五种需要在个体内所形成的优势动机也不相同。

当然，这并不是说当需要发展到高层次之后，低层次的需要就消失了；恰恰相反，低层次的需要仍将继续存在，有时甚至还是十分强烈的。

马斯洛还发现，在人的心理发展过程中，五个层次的需要是逐步上升的。通常情况下，当人进入高级的精神需要阶段以后，往往会降低对低级需要的要求。例如，成就需要强烈的人，往往把成就看得比生理需要更重要。

2. 生存、关系、成长理论

生存、关系、成长理论（Existence，Relatedness and Growth Theory）简称为ERG理论，是由美国管理学家阿尔德佛（C. Alderfer），在大量调查研究基础上提出来的。阿尔德佛具有丰富的企业管理经验，他发现人的需要主要有三种类型。第一类需要是生存需要，第二类需要是关系需要，第三类需要是成长需要。

阿尔德佛认为，作为一个管理者，应该了解员工的真实需要。因为需要的不同，会导致员工不同的工作行为，进而决定他们不同的工作结果；而这些结果可能满足他们的需要，也可能满足不了他们的需要。

阿尔德佛否定了人必须在低层次需要获得满足之后，才能进入高层次需要的观点。他列举许多例证说明，一个人甚至可以在生存需要和关系需要均未获得满足的情况下，为了成长需要而努力工作。

阿尔德佛还发现，当个体较高层次的需要受到挫折未能满足时，其较低层次的需要强度会增加。例如，当个体无法满足社会交往需要时，可能会导致他们对于更多金钱或更好工作条件的渴望，即挫折可以导致人们对于较低层次需要的回归。

3. KANO 模型

KANO 模型是由东京理工大学教授狩野纪昭，以分析用户需求被满足程度对其满意度的影响为基础建立起来的。这个模型分析了当某种需求在"有"或"无"的不同组合情况下用户的满意情况。KANO 模型将用户需求分为以下 4 类。

（1）基本需求是用户对企业提供的产品/服务的基本要求，这是被用户认为"必须有"的属性或功能，当这种属性或功能不能满足用户需求时，用户会很不满意；而当其满足用户需求时，用户的满意度也不会提高。

（2）期待需求是用户满意度，与需求的被满足程度成正比例。用户对这种需求有明确的意识，只是有的被明确表达出来，有的没有被表达出来。期待需求被满足得越多，用户的满意状况越好，反之亦然。

（3）兴奋需求是指处于用户的潜意识中，没有被认识到和不能被清楚描述的需求。但是这种需求一旦得到满足，便表现出非常高的满意度。如汽车的出现，对于只想要一匹跑得更快的马的人们而言，便是兴奋需求。

（4）多余需求是指那些对满意度没有明显影响的需求，这种需求是否得到满足用户都觉得无所谓。例如，对大多数职业女性来说，手机上的大喇叭和单机益智游戏等，便属于多余需求，花精力开发以上功能便吃力不讨好。

基于KANO模型，我们就能很好地理解，海底捞作为火锅店，为何要在顾客等位间隙，为其提供美味点心和美甲服务。星巴克在卖咖啡的同时，为什么要精心打造社交文化。这些企业在满足用户基本需求和期待需求的基础上，还满足了其兴奋需求，从而大大提高了用户的满意度和忠诚度。

（二）需求分析工具

除了从整体上辨别需求外，还可以采用更细致的办法，即从行为、场景和流程等角度进行需求分析。这是产品经理惯用的思维方式，这种从多个角度来分析需求的方式，会比直接从整体上进行分析更深入和更细致入微。

1. 同理心地图

作为用户需求分析工具的同理心地图（Empathy Map），最早是由美国商业设计顾问公司 XPlaner 创始人戴夫·格雷（Dave Gray）提出来的。同理心地图是一种用于整理和提炼前期调研信息的工具，可以快速将用户行为可视化，如图 5-3 所示。

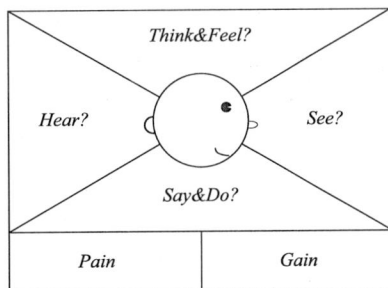

图 5-3　同理心地图

在同理心地图里，中间的小人儿代表人物对象，围绕小人儿的四周，左边是 Hear，用于记录"他听到周围的人说了些什么"；右边是 See，用于记录"他看到了什么"；下边是 Say & Do，用于记录"他说了或做了什么"；上边是 Think & Feel，用于记录"他的想法和感觉如何"。在最下方还有两个方框，左边是 Pain，用于记录"他感到痛苦、挫败的是什么"；右边是 Gain，用于记录"他期望获得什么"。

同理心地图的作用，在于可以使团队在用户角色的理解上消除偏见，并在一个可视化的情景下提取和分析信息。同理心地图一般在用户调研之后，由团队成员在所收集到的用户信息的基础上，通过合作的方法来完成。

同理心地图的具体画法，可以参照如下步骤进行。

（1）在大白纸或白板上画出同理心地图的大概轮廓和要素。

（2）确定的用户角色，如果有多个角色，每个角色画一张同理心地图。

（3）根据前期用户调研资料，每个参与者使用便签写下与 4 个象限对应的内容，然后贴在相应的象限位置。

（4）团队成员通过集体讨论，分析用户的痛苦和收获，然后在此基础探究用户的痛点和期待。

2. AEIOU表

AEIOU表是一个清单式的用户需求分析工具，它能帮助你在观察中拥有一个可参考的结构。对于缺乏经验的团队，这种方法能保证有效地完成基本的工作任务。这个工具也可以帮助你在第一时间了解用户，并能够帮助你在环境中捕捉事件。

AEIOU表由5个部分构成，见表5-1。它可以辅助在第一次接触潜在用户时，以结构化的方式进行观察和分析。同陌生人接触或第一次进行用户观察，往往会令人害羞和不知所措。有AEIOU表帮助，可以让我们按照既定的套路，有条不紊地完成任务。

表5-1 AEIOU表

需求调查与分析	对应项目的观测点
活动 （Activities）	发生了什么 人们在做什么 他们的任务是什么 他们实际上做了什么来完成任务 之前和之后发生了什么
环境 （Environments）	环境是怎么样的 空间有什么样的特性和功能
交互 （Interactions）	系统彼此间是如何交互的 有接口吗 用户又是如何与其他人互动的 操作由什么组成
物品 （Objects）	什么物品和设备被使用 谁在什么环境下使用了物品
用户 （Users）	谁是用户 用户扮演了什么角色 谁在影响他们

在AEIOU结构表中，左侧的5个栏目，代表需求调查与分析的5个项目；右侧的5个栏目，代表对应项目的观测点。AEIOU结构表不但能够告诉我们做什么，而且能够告诉我们怎么去做。下面列举的，就是AEIOU结构表包含的主要内容。

A 活动（Activities）：即实际上在做什么事。是有组织还是无组织的活动？

E 环境（Environments）：即活动的场景。这个活动发生在什么样的地方？这个地方的环境是什么样的？它有什么特征？它给人带来一种什么样的感觉？

I 交互（Interactions）：即用户是如何交互的。交互的对象是人还是机器？这种交互是正式的还是非正式的？交互的方式是陌生的还是熟悉的？

O 物品（Objects）：即使用的物品或设备。用户是否使用了某种物品或设备？是在什么环境下使用的？是什么物品带来或加强了投入的感觉？

U 用户（Users）：即谁是用户。用户扮演了什么角色？他的身旁有谁？他身处什么样的组织？谁在影响他？这种影响是正面的还是负面的？

3. 情境故事

用户分析的第三个工具是情境故事，既可以单独使用，也可以和同理心地图结合起来使用。情境故事通常是由产品开发人员编写的，与产品相关的有情节的假想故事。虽然故事中的很多场景源自用户经验，但由于产品尚未设计出来，所以它所有的情景，都是在设想用户使用这个"尚未设计出的产品"情况下，所做出的合理揣测。

情境故事无论是讲给投资人听的，还是讲给自己同事听的，最重要的都是要准确和真实。而要做到这一点，需要考虑两个关键因素：一是内部因素，即用户的情感体验，它要求设计师在编写故事时，做到将心比心；二是外部因素，即时间、地点、人物、环境等，要求设计师在编写故事时，做到设身处地。

情感与用户行为是息息相关的，写故事时，尤其是要体会用户的情感，有因才有果，不要写出毫无道理的行为。同样，环境也是制约用户行为的重要因素，有时看起来很平常的事，在特定环境下，用户就不一定会做。所以要设身处地地沉浸在用户所处的环境下去思考他的行为。

另外，情境故事还要生动有趣。因为只有生动的故事才能赢得共鸣。干巴巴的故事，不仅用户听了索然无味，设计师也可能无法领悟到其中的奥妙。那么如何才能做到生动有趣呢？那就是拼文字功底了，这个真没什么简单办法。不过，不管怎样，只要你的故事和表演能够赢得用户的共鸣，那就成功了。

情境故事也可以是用户的真实故事。在产品开发过程中，可以让团队的每一位成员，轮流讲调研过程中的用户故事。当一位成员讲故事的时候，其他成员手中各自拿着一叠便利贴和一支马克笔，将捕捉到的用户说、想、做、感受等各类信息，以及意外的观点和有趣的事情等，用简短的语言写在便利贴上，然后分别贴在同理心地图的四个维度上。

在完成用户故事分享之后，可以尝试将四个象限的内容，进行两两对比分析：将用户所说的和他所做的进行对比，看看用户是否存在言行不一致的情况；将用户所说的和他所想的进行对比，看看用户是否存在口是心非；将用户所说的和他的感受进行对比，看看用户是不是言不由衷；将用户所做的和他的感受进行对比，看看用户是不是表里不一。

对发现的让用户感到很紧张的，或者是用户自相矛盾、前后不一致的行为，以及是让用户或团队成员都感到很惊讶或意外的线索，进行更加深入细致的分析，建议在同理心地图的右边留下一块空白，将这些信息记在便利贴上，并贴在同理心地图最右边的这个空白区域，然后针对这些信息进行持续的追问讨论。

（三）需求洞察策略

前面我们介绍了需求分析框架和需求分析工具，其目的在于运用这些框架和工具，来找到用户的真实需求。从业界的反馈看，这些框架和工具对理解用户需求虽然都有一定的作用，但对一些涉及因素较多的产品开发，仅有这些还略显不够。因此，许多产品经理都在运用上述工具进行基础分析的基础上，借助"用户画像"，即人物角色法来洞察用户需求。

1. 人物角色法概述

人物角色又称为人物志，在产品设计领域常被称为用户角色模型，即用户画像（Persona），指在对目标用户群体调查研究的基础上，对用户真实特性加以分析、综合与勾勒，借用虚拟的图形来代表一类人的特征、行为、价值观及需求的一种方法。

交互设计之父艾伦·库珀（Alan Cooper）于1983年开始使用人物角色，当时他正进行计算机程序设计的"超级项目"，这个程序之后成为微软的Visual Basic程序。库珀发觉产品设计中用户"同理心"的重要性，并开始着手一连串在假设性产品（Hypothetical Product）与人物（Persona）之间的行动对话。

库珀发展出人物角色的目的，是为了让计算机产品与软件更容易上手。他认为产品之所以令用户却步，并不是因为技术问题，而是缘于界面设计的缺陷。许多软件的界面设计并不能贴近用户的需求和习惯，而是高高在上地认为用户和使用者理当"学习"如何操作界面。

因此，库珀决定以"交互设计"（Interaction Design），取代业界习惯的"界面设计"（Interface Design），并指出交互设计与界面设计的不同在于：界面设计追求的是让产品好看，而交互设计则是从用户和使用者的需求出发让产品更好用。

在人物角色法发展初期，人物角色立足于松散、个人式的观察，观察样本也只是显示某些特定角色的少量个体。1999年，库珀在 *The Inmates Are Running the Asylum* 这本书中，正式提出了人物角色的命名。此后，人物角色法才在计算机软件开发中得到应用，目前这种方法已经广泛应用于产品设计领域。

2. 人物角色的特点

人物角色法以清楚明确的用户角色，取代过往模糊的用户想象，已逐渐成为产品设计流程不可或缺的一环。人物角色法虽然可以用于产品开发的许多领域，但在使用人物角色法的过程中，需要明白人物角色具有以下5个特点。

（1）针对性。人物角色是一种专用的方法，即相比其他通用的用户体验研究方法，如问卷法、访谈法、焦点小组法等，人物角色是一种专门用于构建和使用人物角色来优化产品设计，提高用户体验的研究方法。

（2）典型性。用人物角色法构建的角色，能够反映用户使用某种产品或产品功能的典型特征，即相比一般研究中的人口统计学信息，人物角色法能够反映特定的产品或产品功能的主要特征。

（3）虚拟性。用人物角色法构建的角色是虚拟的，只能表征部分用户与产品或产品功能相关的典型特征，并不能表征这些用户的所有特征。当然，由于角色的创建是以真实数据为基础的，所以这个虚拟的角色具有很高的外部效度与可信度。

（4）迭代性。随着技术与市场的变化而不断更替，研究者可以根据实际情况对构建的角色进行不断修订。良好的角色生命周期主要包括：计划、概念与酝酿、形成、成熟、成就和退休5个阶段。

（5）多重性。人物角色构建的角色，不仅仅可以在产品评估与测试部门使用，也可以在与产品有关的设计、编程、销售等其他部门使用。从这个意义上说，人物角色也为不同专业领域的团队，提供了共同交流的平台。

3. 人物角色的构建

为了获得有效的人物角色，我们需要通过前期的设计调研和市场调查来搜集繁杂的用户信息，并对信息资料进行一定的分析推理。此时，需要站在使用者的客观立场，而不是自己的立场，进行有效的分析和推理，并发现各种本质与关联。为此，需要遵照一定的流程来构建人物角色。

关于如何创建人物角色的流程，有四种较有影响的主张。第一种是库珀提出的七步创建角色流程；第二种是霍伦（Hollon）提出的创建角色流程；第三种是穆德（Mulder）提出的三类角色创建流程；第四种是尼尔森（Nielsen）提出的十步人物角色创建法。这里仅介绍尼尔森的人物角色创建流程。

尼尔森是用户画像博士和用户画像专家，她在长期研究的基础上，提出了 4 种不同类型的用户画像，以确保它们能为项目带来最大的价值。同时还提出了包括 10 个步骤的人物创建的理想流程，这 10 个步骤涵盖了从最初的数据收集，到分析使用，再到画像持续开发的整个过程。

（1）收集数据。体现在设计思维的"同理心"阶段，对目标用户中的实际用户进行高质量的用户研究，收集尽可能多的用户信息，也称为共情阶段。

（2）形成假设。根据最初研究成果，对项目重点区域内的各种用户形成一个大致的概念，包括用户之间的不同之处。

（3）接受假设。让每一个参加项目开发的人，都接受人物创建的基本假设，并且判断用户之间的差异假设是否成立。

（4）建立数据。我们需要决定最终创建的用户画像数量，通常我们希望为每个产品或服务创建很多个角色，但是在初始阶段，只选择一个画像作为主要关注点为佳。

（5）描述画像。描述画像应该包括关于用户的教育程度、生活方式、兴趣、价值观、目标、需求、限制、欲望、态度和行为模式的详细信息。

（6）准备场景。描述一些可能触发使用正在设计的产品/服务的具体场景，也就是通过创建以用户画像为特征的场景来赋予每个画像生命。

（7）组织认可。即让尽可能多的团队成员，参与到用户画像的开发，并且获得各个步骤参与者的认可。

（8）传播知识。为了让团队成员一同参与，需要把画像描述的方法传播给所有人包括未来的新员工、可能的外部合作伙伴以及那些没有直接参与此过程的人等。

（9）每个人都准备场景。画像本身没有价值，直到画像成为场景的一部分，当画像开始在产品故事中发挥作用，才真正开始拥有价值。

（10）迭代调整。最后一步是描述用户的未来生活。需要定期修改关于画像的描述，如重写现有画像、添加新画像，或者删除过时的画像。

三、项目选择

为了将有限的资源以最低的代价，投入收益最高的项目中，组织或个人都需要对各种项目机会做选择。从某种意义上说，项目选择是关系到组织生死存亡的大事，很多企业的兴盛，源于正确的项目选择；亦有不少企业的破产或陷入困境，这是由于错误的项目选择。

（一）项目选择的前提条件

项目选择首先需要考虑市场需求（Market Demand），市场需求是项目存在的根本，没有这个根本其他一切都无从谈起。市场需求，指的是一定的顾客在一定的地区、一定的时间、一定的市场营销环境下，对某种商品或服务愿意而且能够购买的数量。而所谓需求测算，则是指在对市场规模、竞品市场占有情况，以及行业与产品生命周期进行充分了解的情况下，来计算所选项目产品/服务的市场需求量。

1. 市场规模

市场规模（Market Size）是消费者需求的总和，由于市场需求是从个人需求推导出来的，所以市场规模的测算，既要考虑消费者的购买意愿和支付能力，也要考虑实际购买者的人数。市场规模测算有两种方法：自上而下（Top Down）和自下而上（Bottom Up）。

"自上而下"的测算，采用的是宏观层面的推演，加层层细分的计算。即先预估整体大行业的规模，然后逐层分解到自己所在行业的细分市场。比如，整个出行行业的市场规模是3800亿元/年，其中专车市场约占比30%，高端专车约占其中的10%，那么高端专车市场的规模就是3800×30%×10% = 114（亿元/年）。

"自下而上"的测算，采用的是先定位目标用户群和需求的频率，然后再乘以单价计算出市场规模。比如，2023年普通小学在校生8900万人，假设排除学校的活动外，每年还会以家庭为单位去旅行的孩子占比10%，如果每次旅行最少要有一个大人陪同，以每次旅行人均消费按3000元计算，那么亲子游市场规模为8900万×10%×2×3000元=534（亿元/年）。

但是需要指出，上述两种方法只是一种测算的思路，它们的推算逻辑还过于简单粗暴，没有充分考虑各种相关因素的影响。因此，在实际应用中，还需要根据行业、企业和产品的具体情况，以及可能遇到的问题，来设计具体的算法。

2. 竞品份额

竞品是指竞争对手的产品，竞品份额测算是进行项目选择必须完成的前提性工作，属于竞品分析的重要内容。竞品分析（Competitive Analysis）就是对竞争对手的产品进行比较分析。竞品分析通常包括客观分析和主观分析，但在需求测算环节，主要是通过客观分析，来计算当下和未来竞品的市场占有率。

为充分考虑可能出现的各种竞争因素，竞品分析通常会从如下4种产品入手。

（1）核心产品和目标用户基本相同的产品。这样的产品是直接竞品，它们的市场占有率会直接影响所选项目的市场份额。

（2）目标用户虽然相同，但满足用户不同需求的产品。这样的产品虽然不能构成直接的竞争关系，但却存在通过拓展产品功能参与竞争的潜在威胁。

（3）目标用户虽然不同，但其产品/服务非常相近的产品。这样的产品/服务虽然暂时构不成竞争关系，但很可能会通过后期的产品迭代进入目标市场。

（4）产品和目标用户都不相同，但存在跨界产品。对于这样的潜在竞争者，常规的竞争战略已经没有意义，必须从市场全局和未来发展的高度去思考。

3. 生命周期

这里说的生命周期既包括产品的生命周期，也包括行业的生命周期。基本思路是从时间维度考察项目的收益期，即把一个产品的销售历史比作像人的生命周期一样，要经历出生、成长、成熟、老化、死亡等阶段，然后根据产品和行业所处的阶段，算出产品的寿命和可能获得的总体收益。

产品生命周期（Product Life Cycle，简称PLC），亦称"商品生命周期"，指的是从产品准备进入市场开始，到被淘汰退出市场为止的全部运动过程。它既是产品或商品在市场运动中的经济寿命，也是在市场流通过程中，由于消费者的需求变化，以及影响市场的其他因素所造成的、商品由盛转衰的周期。

典型的产品生命周期可分为进入期、成长期、饱和期和衰退期四个阶段。随着PLM软件的兴起，产品生命周期开始包含需求收集、概念确定、产品设计、产品上市和产品市场生命周期管理，像人的生命周期一样，把父母前期的准备和孕育的过程、分娩过程也定义到人的生命周期。

行业生命周期（Industry Life Cycle）是指行业从出现到完全退出社会经济活动所经历的时间，通常包括幼稚期、成长期、成熟期和衰退期四个发展阶段。行业生命周期忽略了具体的产品型号、质量、规格等差异，仅从整个行业的角度考虑问题。行业生命周期可以成熟期为界，划为成熟前期和成熟后期。在成熟前期，几乎所有行业都具有类似S形的生长曲线，而在成熟后期有的变成了稳定型行业，有的成为迅速衰退的夕阳行业。

（二）项目选择的基本原则

为了正确选择项目，在项目选择过程中一般应遵循如下4个基本原则。

1. 顺势而为

这里的势有两层含义：一个是趋势，另一个是优势。其基本要求是：做对趋势，用足优势。任何时代都有其内在的发展逻辑和发展趋势，只有顺势而为，才能事半功倍。每个企业都有自己的优势，只有充分发挥自己的优势，才能在激烈的竞争中获胜。

2. 高度聚焦

任何企业的精力都是有限的，只有将所有的精力都投入一个相对小的领域，才能够做出成绩。特别是对初创企业而言，谁都是你的客户，就意味着谁都不是你的客户。只有"有所不为，才能有所为"，专注才能杰出。

3. 长期思维

"没有远虑，必有近忧。"做企业，选项目，都需要长期思维、战略思维。而战略是通过项目来实施的，所以项目的选择必须围绕企业长远利益和发展战略开展，每个项目都应对企业的发展战略做出贡献。

4. 系统思维

项目选择是对一个复杂的系统进行综合分析与判断的决策过程，影响因素很多，在选择项目时应综合考虑各项目的收益与风险、项目间的联系、组织的战略目标和可以利用的资源等多种因素，选择最适合的项目组合，使企业整体收益最大化。

（三）项目选择的操作流程

选择简单地说就是一个信息收集、整理、储存、加工和提取的过程。但是，这个过程的发生和运行，却无法用简单的线性关系加以描述，因为期间任何主客观因素的变化，都可能会影响选择的结果。因此，为了保证项目选择的合理性，通常需要制订科学的选择流程。

1. 判断项目的必要性

这里的必要性有两层含义：一是对用户来说是必要的，该目的能满足用户真实的、刚性的需求；二是对企业来说是必要的，该目的符合企业现实和长远的利益，对企业的发展具有重要作用。

2. 研究项目的可行性

这里的可行性也有两层含义：一是从客观条件上看，社会和区域的科技水平、生产能力和政策法规等，能够支撑和支持项目的实施；二是从主观条件上看，企业在人才、技术、资金等方面具备运营和掌控项目的实力。

3. 评定项目的优先级

企业中总是存在经可行性研究合格，但又超过可用资源所允许数量的项目建议，所以企业在项目选择时需要优中选优。为了保证项目选择的合理性，可以通过制订具有可操作性的评审标准和权重设计，对项目进行打分和排序。

4. 进行项目选择决策

在综合考虑各个项目的优先级、企业可用资源、项目风险、项目之间的依赖性等因素的基础上，企业可借助项目外部与内部因素评价矩阵，来对项目进行SWOT分析，并由项目决策小组做出最后的选择决策。

形成性训练

扫一扫　练一练　　扫一扫　查看答案

案例分析

"双减"之下的新东方

"教培时代结束"，新东方再出发

2021胡润品牌榜单公布，上年排名第41位的新东方遗憾落榜，一起跌出榜单的还有学而思、猿辅导等其他5个教育品牌。同时，俞敏洪在胡润百富榜的排名也急剧下滑了776位，跌至第973位，财富由260亿元缩水至75亿元。

"双减"政策中对K9教育业务的去资本化要求，给一众教育产业巨头出了一个难题，而在题目的最优解尚未构思出来之前，商业价值评价体系似乎先下降了对这些产业的评分。

中国科学教育研究院研究员储朝晖在接受《中国经济周刊》记者采访时表示，限制K9教育产业资金的来源，目的在于使教育培训维持在一个平稳的阶段，避免教育遭受来自资本市场的风险干扰，也避免资本使教育的价值取向产生偏离。

储朝晖进一步解释，如果教育培训机构单纯以收取费用来维持运作，虽然规模和收益有限，但是其业务规划尚可控制在"如何把培训做好"之内；但如果资金来源于融资，其最终目的就变成了"如何获取最高收益"。一旦价值取向发生偏转，就有可能降低教育培训的质量，甚至引发其他风险，进而将风险扩散至家长学生群体中。

与新东方相比，新东方在线的动作显得更加机智敏捷。9月16日，新东方在线在其年报中就已对未来的业务发展做出了转变，原本的学前教育、K12教育和大学教育三大板块中，只有大学教育得以保留，学前教育和K12教育被海外备考、产品业务创新、技术等取代。

作为新东方的"掌门人"，俞敏洪的想法则更加多元化。据他透露，自"双减"政策出台后，他将最多时间投入到新东方转型、未来发展、业务前途的思考和内部各种问题处理上面。

俞敏洪称，新东方未来的业务一定要能帮助别人。但令外界颇感意外的是，俞敏洪竟宣称新东方未来计划成立一个大型农业平台，将通过直播带货帮助农产品销售。对此，他解释为，此举并非是为简单卖货，而是为了帮助农业产业升级以及乡村振兴，也是为了帮助农民提升职业水平。

12月28日晚，俞敏洪便和新东方在线CEO孙东旭一起在"东方甄选"抖音直播间开启首场助农直播。俞敏洪表示，直播本身就可以是很有魅力的事情，尤其新东方老师谈吐幽默，直播时会分享各种各样的知识，所以新东方的直播可能跟其他直播有点不一样。

俞敏洪所讲的"不一样"此后在新东方主播们的身上展现得淋漓尽致。在新东方干了八年英语培训老师的董宇辉成为明星主播，一边带货，一边教英语，对着每样产品都能出口成章。这样的"课堂式"直播带货风格独树一帜，在极短的时间里制造了刷屏效应。

从中新经纬公布的数据来看，自2022年6月10日开启"双语带货"三天内，"东方甄选"直播间粉丝增加157万，销售额增加1777万元，在线观看人数最高约达10万人，相比之前的峰值在线千人上涨了超10倍。资本市场上，新东方在线也在6月13日股价暴涨，最高涨100.64%。

而通过新东方在线公布的2023财年上半年（2022年6月1日至11月30日）财报也能更直观地看到"东方甄选"的价值。六个月直播电商业务商品交易总额（GMV）为48亿元，抖音上已付订单数量达7020万。期间新东方持续经营及已终止经营业务的净总营收从上年同期的5.735亿元增加262.7%至20.8亿元；净利润从上年同期的净亏损人民币1.09亿元增加638.5%至净利润人民币5.85亿元。新东方从专注于线上教育向自营产品及直播电商的战略转型取得重大进展。俞敏洪表示，东方甄选的发展，毫无疑问带来了更乐观的情绪和更坚定的发展信心。

（作者根据相关资料改写）

思考题：

（1）新东方是一个什么样的机构，主要用户是谁？

（2）东方甄选是怎样诞生的，要解决的问题是什么？

（3）东方甄选是怎样成为"网红"品牌的？

第三节 创业风险

风险与机会同在，并伴随创业的全过程。对创业者而言，除了风险外，没有什么是确定的。在创业过程中，创业者必须清晰地了解以下问题：创业需要面对哪些风险？如何有效地识别风险？如何有效地管理风险？

一、创业风险的特征

所谓创业风险是指在创业过程中，由于创业环境的不确定性、商业机会的模糊性、创业者和创业团队能力的有限性、创业企业整体实力的有限性及创业企业管理的复杂性，导致创业失败或给创业者和创业企业带来损失的可能性。

（一）客观性

在创业过程中，由于内外部事物发展具有不确定性和不平衡性，因而创业风险必然会出现，这是一种不以人的意志为转移的客观存在。迄今为止，国内外所有的创业统计研究均表明，创业是一种高风险的活动，以 3 年为限，创业企业的成活率不足 30%。即使那些能够生存和发展的创业企业，也需要面对各种各样的风险。创业风险的客观性要求我们采取客观的、正确的态度正视风险，并积极地对待风险。

（二）不确定性

不确定性是指创业风险的发生是不确定的，风险何时发生，在什么地方发生，风险的程度有多大均是不确定的。由于对客观世界的认识受到各种条件的限制，因而人们不可能准确预测风险的发生。在创业过程中，创业者面临着各种各样的不确定性，如新技术难以产业化，创业资金筹集不足，市场需求预测过于乐观，竞争对手采取狙击行动，政府政策出现调整等，均可能导致创业失败。

（三）可测量性

尽管创业风险具有不确定性，但任何事物的发生都是有其必然性的，都是有规律可循的。随着科学技术的进步和创业者自身素质的不断提高，随着创业研究的不断深入和人们对创业活动的认知不断提升，创业风险的规律性是可以被认识和掌握的。创业者可以通过定性或定量的方法，对创业风险进行测量和评估，并在此基础上推断创业风险的分布、强度及发生的概率。

（四）相对性

创业风险是相对的、变化的。不同的对象有不同的风险，而且随着时间、空间的改变，创业风险也会发生变化。不同的创业主体，面对同一风险事件，会产生不同的风险体验和风险结果，因为他们对风险的认知是有差异的，所拥有创业资源的数量、质量和结构也不一样，风险承受能力也各不相同，所采取的风险管理决策也并不一致。

（五）双重性

与自然灾害、意外事故等带来的风险只会产生损失不同，创业活动所面临的主要风险是和创业的潜在收益共生的。对创业者而言，为了获得潜在的创业收益，必须要承担相应的创业风险。如果能够很好地防范和化解创业风险，创业收益就会有很大程度的增加，即风险是收益的代价，收益是风险的报酬。

二、创业风险的分类

要对创业风险进行有效的管理，首先需要对创业风险按照多个标准进行分类，以便对其有全面的了解。

（一）按创业风险的内容划分

1. 项目风险

项目风险是指由各种主客观因素导致的项目选择错误和项目运行失败。在商业机会的识别与评估过程中，由于各种主客观因素的影响，如信息获取不足、逻辑推理偏误、项目评估不科学、高估商机可行性、低估风险与难度等，错误地选择创业项目，或错误地放弃原本有价值的创业项目，使创业面临一开始就出现方向错误的风险。另外，即使选择了合适的项目，也并不意味着创业就一定会成功。因为在项目运行过程中，还会有很多风险，如创业者没有能力整合足够的资源运行项目，市场上忽然出现了更有竞争力的同类产品或服务等。这些风险一旦出现，就有可能使创业活动无法继续进行下去。

2. 市场风险

市场风险是指由于市场情况具有不确定性，导致创业企业收益或损失也具有不确定性。市场风险包括市场对新产品的接受时间与接受能力、产品扩散速度、售后服务、新企业市场竞争能力的不确定性等。例如，贝尔实验室在 20 世纪 50 年代就推出了图像电话，但20 年之后该技术才被市场接受。又如，摩托罗拉公司耗资 50 亿美元所开发的"铱星"通信系统，在技术上很先进，但当其在 1998 年年底投入商业应用后，却一直无法形成稳定的客户群体，最终铱星公司不得不关门大吉。

3. 管理风险

管理风险是指在创业过程中因管理不善而导致创业失败的风险。创业者并不一定是出色的企业家，也并不一定具备出色的管理才能，当创业企业发展到一定规模，原来松散的管理方式很容易导致风险事件的发生。创业企业的管理风险主要包括人力资源管理风险、营销管理风险、管理制度风险等。其中，人力资源管理风险主要包括创业团队分裂、员工招募不当、关键员工流失、人员配置不科学等风险；营销管理风险包括新产品市场定位不准、营销策略失误、营销人员管理松懈、营销执行力不足等风险；管理制度风险包括管理制度缺失、制度制订不科学、制度执行不力等风险。

4. 财务风险

财务风险是指由于企业财务结构不合理和融资不当，使企业丧失偿债能力而导致投资收益下降或破产的风险。创业企业的财务风险主要包括筹资风险、投资风险、现金流风险。其中，筹资风险是指筹资不足、筹资形式不当、筹资结构不合理、筹资时机选择不恰当等风险；投资风险是指投资项目不能达到预期收益，影响企业盈利水平和资金回收的风险；现金流风险是指由现金流入不确定造成的风险，鉴于权责发生制原则，确定的收入并不一定能够带来确定的现金流量。

5. 技术风险

技术风险是指由于拟采用技术的不确定性，以及技术与经济互动过程的不确定性，导致创业活动达不到预期目标的风险。技术的不确定性既包括企业现在拥有的技术本身功能与成长的不确定性，如新技术本身不成功、技术无法向新产品有效转化、新技术的市场前景不明朗等，也包括与之相关的配套技术和替代技术变动所带来的不确定性。特别是对于高新技术企业而言，企业之间的技术竞争十分激烈，技术的生命周期越来越短，现有技术很容易被更新的技术替代。

（二）按创业风险的来源划分

1. 系统风险

系统风险源于企业之外，是微观决策主体无法左右、无法影响的，与宏观的政治、经济、社会等方面相联系的风险。系统风险由共同的宏观因素引发，一旦发生，通常对所有的行为主体均产生影响，因此又称不可分散风险。政治方面，如政权更迭、战争冲突等；经济方面，如利率上升、汇率调整、通货膨胀、能源危机、宏观经济政策与货币政策等；社会方面，如体制变革、所有制改造等。需要指出的是，虽然微观决策主体无法左右系统风险的发生，但我们仍然可以采取各种各样的措施来防范、规避、转移和化解各种系统风险，以免给企业带来损失。

2. 非系统风险

非系统风险则源自企业内部，是微观决策主体本身的商业活动和财务活动所引发的风险。非系统风险跟外部宏观环境无关，只由某一企业自身的特殊因素引发，往往也只对个体企业产生影响。创业企业的非系统风险包括：创业团队风险、创业融资风险、投资风险、技术风险、市场风险、新创企业管理风险等。

（三）按是否可通过保险转嫁划分

1. 可保风险

可保风险是指可以通过购买保单、支付保险费向保险公司进行转嫁的风险，如员工医疗保险、养老保险、失业保险、工伤保险、生育保险、交通车辆的第三者责任险、建筑物的火灾保险等。可保风险建立在大数法则和统计规律的基础上，当有众多同类标的处于相同的风险之中时，保险公司就可以通过收取保险费的方式使风险在众多标的之间进行分摊。某一个保险对象一旦发生损失事故，就可以从保险公司获得补偿以减少损失。

2. 不可保风险

不可保风险是指由于风险发生的概率不确定，或处于相同风险中的标的数量不够多，导致相应的保险品种缺失而不能使风险在风险标的之间进行分摊。可保风险与不可保风险的分类为创业企业提供了一种基本的风险管理方法：对于可保风险，创业企业应该向保险公司转嫁；对于不可保风险，创业企业应采取防范、避免、自留、抑制等方式降低风险事故发生的危害。

三、创业风险的管理

创业风险管理是指创业者对创业风险进行识别、衡量、分析、评价，并在此基础上有效地处置风险，以最低成本实现最大安全保障的科学管理方法和管理过程。创业风险客观存在，不可避免，但有规律可循。这就要求创业者主动地认识风险，积极地管理风险，有效地控制风险，以保障创业企业的生存和健康成长。但和成熟企业往往有一个专门部门和高级经理主管企业所面临的风险不同，创业企业由于规模较小，其风险管理的任务主要落在创业者身上。

（一）创业风险的管理流程

在长期的生产实践中，人们已经形成了风险管理的基本原则和基本程序，企业通常依此来管理其所面临的风险。风险管理的程序一般包括风险识别、风险评估、风险管理方法的选择、实施效果的评价，而上述程序实施的前提，就是要使风险始终处于受监控状态，即通过跟踪已识别的风险、监视残余风险和识别新的风险，保证创业活动按既定的计划不断推进。

1. 风险识别

风险识别是指在风险事件发生之前，风险管理人员在搜集资料和调查研究的基础上，运用各种方法对尚未发生的潜在风险进行系统归类和全面识别。风险识别是风险管理的基础，其任务是查明各种不确定性因素和风险来源，辨析各种风险之间的关系，预估各种风险事件的可能后果，确定哪些因素对创业构成威胁，哪些因素可能带来机会，为风险管理做好准备。风险识别的主要内容包括：识别风险存在的主要领域、识别引发风险的主要因素、识别风险性质、识别风险概率和识别风险后果等。

2. 风险评估

风险评估是指在风险识别的基础上，对可能发生的某类风险的预计、度量和后果估计等工作，也可以对企业总体的风险水平进行测量和评估。在这一阶段，可按照相关风险发生的概率进行分类，进行风险概率的评估，同时对风险事件带来的损失规模与幅度进行分析，从而使风险分析科学化。把风险事件发生的概率、损失的程度与其他综合因素结合起来考虑，确定风险发生的可能性及其危害程度，通过比较管理风险所支付的费用，决定是否需要采取风险控制措施及控制措施采取到什么程度，从而为管理者进行风险决策、选择最佳风险管理方法提供可靠的依据。

3. 风险管理方法的选择

在风险评估的基础上，为实现风险管理的目标，选择最佳的风险管理方法是风险管理的实质性内容。风险管理方法分为控制型和财务型两大类。控制型方法的目标是降低风险事件发生的频率和减少风险事件造成的损失程度，重点在于改变引发风险事件发生的各种条件，同时创造防止损失扩大的各种条件。财务型方法的目的是以提供专项资金的方式，消化发生损失的成本，即对无法控制的风险进行财务安排。

4. 实施效果的评价

风险管理是一个持续的过程，对风险管理方法的实施效果进行评价无疑是必要的。新的风险暴露出来，或者预期的损失概率或损失幅度发生了显著的变化，需要对原有决策进行重新评价。风险管理的效果评价是指对风险管理技术的适用性及其收益情况进行分析、检查、评估和修正。通过效果评价，企业可以保证具体的管理方法与风险管理目标相一致，并使具体的方法具有可操作性和有效性。

（二）创业风险的管理方法

创业风险的管理方法，是指通过不同的手段和措施，使因创业风险而发生的损失最小化，以达到最大安全保障的过程。创业风险的管理方法有很多，但最常见的有风险回避、风险预防、损失抑制、风险转嫁和风险自留等。

1. 风险回避

风险回避是指放弃某一计划或方案，以中断风险来源，从而避免由此带来的损失后果。风险回避是一种从根本上消除特定风险的办法，但也是一种消极的处理方法。因为除了只有"损失"一种结果的纯粹风险外，多数风险都和收益相连，没有风险就没有收益。因此，回避风险虽然简单易行，但往往意味着收益机会的流失。风险回避通常在两种情况下采用：一是在某种特定风险所导致的损失概率和幅度相当高时，二是在用其他方法处理风险得不偿失时。

2. 风险预防

风险预防是指在风险事件发生前，为了降低风险发生的概率和控制风险发生带来的损失幅度，采取各种具体措施以消除或减少可能引发风险的各种因素。风险预防是风险管理最常规的方式，其具体措施可分为"工程物理法"和"人类行为法"两种；"工程物理法"就是损失预防措施侧重于风险预防物质因素的一种方法，如防火结构的设计、防盗装置的安装等；"人类行为法"是指损失预防侧重于人们行为教育的一种方法，如职业安全教育、消防教育等。

3. 损失抑制

损失抑制是指在风险发生时或风险发生后，为缩小损失幅度或损失强度而采取的各种措施，也是处理风险的有效技术。损失抑制的一种特殊形态是割离，这是指将风险单位割离成独立的小单位而达到缩小损失幅度的一种方法。损失抑制法通常在损失幅度高且又无法避免和转嫁的情况下采用，如损失发生后的各种自救措施和损失处理等。

4. 风险转嫁

风险转嫁是指为了避免承担风险损失，利用合法的交易方式和业务手段，有意识地将风险全部或部分地转移给他人的一种风险管理方式。转嫁风险的方式主要有两种：保险转嫁和非保险转嫁。保险转嫁是指向保险公司缴纳保险费的同时将风险全部或部分地转嫁给保险公司。非保险转嫁又细分为两种方式，一是转让转嫁，二是合同转嫁。转让转嫁一般适用于投机风险，如当股市行情下跌时卖出手中的股票。合同转嫁是指将具有风险的生产经营活动外包给他人，并在合同中规定由对方承担风险损失，如通过承包合同将某些高风险的研发活动外包给合作单位。

5. 风险自留

风险自留是指行为主体对风险的自我承担。风险自留有主动自留和被动自留两种。主动自留是指在风险所导致的损失概率和幅度较低、较好进行损失预测，以及最大损失不影响企业财务稳定的情况下，主动将风险自留下来。在这样的情况下采用风险自留的成本要比其他风险处理方式的成本低，而且方便有效。被动自留是指风险无法回避，无法排除，也无法将风险转嫁给第三方，只能采取自留的方式。

风险管理者通常会尽可能地回避并排除风险，把不能回避或排除的风险转嫁给第三方，不能转嫁的或损失幅度小的风险则可采取自留的方式。对于创业企业而言，究竟选择哪种风险管理方式更合理，需要根据风险评估的结果和具体的环境进行选择。对于损失金额很小的风险适宜采取自留的方式；对于那些出现概率大，损失金额高的风险，如财产责任风险，则宜采取转嫁的方式；而对诸如项目选择风险、人力资源风险、财务风险、环境风险等则宜采取预防和抑制的方法来处理。

（三）创业风险的管理策略

创业企业是风险集中的组织，在创业过程中，创业者和新创企业主要面临着创业项目选择风险、人力资源风险、市场风险、财务风险和技术风险等，下面将对这些主要创业风险的管理策略逐一进行解读。

1. 掌握创业规律，强化商业认知

要选择好的创业项目，从源头上防范和规避创业风险，关键是要提高创业者发现、分析、选择创业项目的能力。很多人创业失败，是因为对商业的本质缺乏认知，不懂创业规律，也不具有创业的相关知识和技能。这样的创业者，实际上是缺乏历练的，是没有创业基础、盲目的创业者。在创业项目选择时，这样的创业者往往只有一腔热情，没有理性的

思考能力，也没有成熟的商业眼光，无法选择好的创业项目是必然的，选择到好的创业项目反而是偶然的。因此，要规避创业项目的选择风险，首先要提高创业者自身的素质，做一个合格的创业者。

2. 充分调查研究，深刻理解创业项目

当创业者初步选定某一创业项目后，要对该项目进行全面细致的调查研究。每一个行业都有不同于其他行业的内在规律，俗话说"隔行如隔山"，就是说一个行业独特的内在规律，行外人是很难了解的。创业者必须成为"内行人"，成功的概率才能变大，这也就是人们所说的"不熟不做"。当然，要做到充分的调查研究和深刻的审视所选的创业项目并不容易，因为这不仅要创业者花费大量的精力和付出艰苦的劳动，还要创业者抛掉类似"某某项目很有前景"的先入为主的看法，冷静客观地做出判断。

3. 知己知彼，实现与商机的相互匹配

商业机会是一种客观的存在，好的创业项目是创业者和商业机会良性互动的起点，而成功则是两者相互匹配的必然结果。创业者是一个充满个性的群体，创业者之间在性格、能力、经验、财富、社会资源等方面有着巨大的差异。而商业机会也各不相同，有的机会大、有的机会小、有的机会长久、有的机会短暂、有的机会需要的投入大、有的机会需要的投入小、有的机会回报快、有的机会回报慢，等等。但有一点很清楚，即创业者只有做到"知己知彼"，选择自身可以掌控和驾驭的商业机会，创业才能有迈向成功的基础。因此，创业选项目，其实选择的是自己，是让创业者自己的优势和资源与商机的特点和要求相互匹配，并形成良性互动，共同成长。

4. 遵守基本原则，谨慎进行项目选择

学者们根据众多的创业实践，总结了有关创业项目风险防范的基本原则：一是遵循优势利用原则，不盲目追求热门生意；二是遵循市场导向原则，不盲目追求技术的先进性；三是遵循趋利避害原则，不违背政策潮流；四是遵循找准切入口原则，不贪大求全；五是遵循量力而行原则，不大量借贷投资。由于创业者经济相对比较拮据，又希望手中有限的资本能够增值，只能赢，不能亏。因此，开始创业时，要根据自身的情况量力而行，不能借贷太多。因为大量借贷风险大，心理压力大，极不利于创业者经营能力的正常发挥。如果创业项目所需的投资远远超出创业者自有资本，如果不能找到适合的合伙人来分担投资，也不能获得天使投资的话，创业者应当等待或放弃。

形成性训练

扫一扫 练一练　　扫一扫　查看答案

经营彩色钥匙，小本生意的失败教训

小李看准了彩色钥匙这个小本经营项目，经过认真的考察和细致的分析，他选择了一个叫千色的彩色钥匙品牌，成为千色彩色钥匙的加盟商。

千色公司的加盟费是 3000 元，配送卧式和立式配匙机各 1 台，工作服 2 套，小饰品展架 4 个，以及名片和宣传画等物品，首次进货必须在 3000 条匙胚以上，而普通匙胚单价加上运费和损耗是 2.1 元。小李走访了一些配匙点，找好常用的匙型订了货，又向千色公司进了一些钥匙包、钥匙扣等小商品，付了加盟费和货款共计 12000 元，接下来又在市中心最旺的商业步行街租下了一间约 6 平方米的小店面，月租 2800 元，押金是 2 个月租金，租期为半年。小李预计每天的营业额在 400 元左右，产品成本和销售费用约 230 元，净利润可达每月 5000 元，5 个月即可收回全部投资。

在开业之前，小李请人到各大学校、商业旺区有目的地派发了宣传单，每张宣传单上都标明了店铺地址和开业日期。因此开业那一天，店里人气很旺，可是配了一些钥匙出去以后，出现了顾客回家开不了锁的情况，小李请人检查了 2 台配匙机才知道，其中那台卧式配匙机的精度不准，需要调校，而另一台立式配匙机更是需要修理后才能使用。原来千色公司为了压缩成本，采购的是价格低廉的劣质配匙机器，精度差到了无法使用的程度。而且为了保守所谓的商业机密，删除了生产配匙机厂家的地址和联系方式，想请求厂家维修或是调换能够正常使用的机器根本就不可能。万般无奈之下，小李只得花了 800 多元重新购买了 2 台配匙机。

小李原来预计每天销售彩色钥匙 40 条左右，但实际上每天只能销出 10 余条。其实许多顾客进店后有消费的意向，但最终都放弃了购买。一方面彩色钥匙有数百种图案，50 余种匙型，上万种搭配，有喜欢的图案吧，匙型却对不上，有合适的匙型吧，却不喜欢那些现有的图案。另一方面，各地的钥匙型号千差万别，不同的型号之间往往有非常细微的差别就会对不上，于是有的顾客在一大串钥匙里只能配上一两条的情况下放弃了消费，也不再问津。在配制钥匙的过程中，开齿位表面必须磨去一层作修整，虽然这是正常现象，不影响匙柄的公仔图案，但是有很挑别的顾客却以此为由拒绝付款，小李只能先收款再配钥匙。更多的顾客则是觉得价格偏高，配一条彩色钥匙需要 10 元，而配一条普通钥匙只要 1~2 元，两相比较，看一看也就走了。

经过一番思考，小李把单品价格从 10 元降到了 8 元，又请那些没有找到合适匙型的顾客留下联系方式，跟千色彩匙公司定制了以后再通知顾客购买，但效果还是不理想。

顾客对于单价从 10 元到 8 元的价格降幅并不敏感，当时没有找到合适匙型的顾客消费欲念只是一闪而过，事后很少愿意专程回去购买，只有极个别顾客抱着千金难买心头爱的心理接受了定制的货品，可是以每盒 50 条为单位的进货方式也使小李的积货越来越严重。

最令小李头疼的是他没有专业技术，没办法做到以相似的匙型改制成所需的匙型。

而且彩色钥匙的材质是超强硬度的合金，不但对配匙机有相当严重的磨损，而且对于加工者的技术要求也更高，即使是请熟练的配匙师父也无法避免配出的钥匙开不了锁的情况。特别是使用立式配匙机配制的电脑匙、防盗电脑匙及特种电脑匙等20余种匙型经常会出现这种情况，修整和重配都不能解决就只好退款给顾客，蒙受了不少损失。

小李想到一些精品店和配匙点做彩色钥匙的批发业务，但在推销过程中发现，精品店没有配匙服务根本无法销售，而配匙点又兼营修单车、补皮鞋等业务，彩色钥匙陈列在那样简陋的摊点上也无法以精品的价格销售。批发的利润每条只有约0.6元，每个月能批出去600条左右，这笔300多元的收入还不够支付交通和通信费，更不用说广告费用了。

虽然使出浑身解数，小李每天的营业额仍然只有100余元，可是营业开支却需要近200元，在苦苦支撑了3个月之后，小李最终放弃了彩色钥匙的经营。

（作者根据相关资料改写）

思考题：

（1）小李在创业前做了哪些市场调查？

（2）如何面对市场的复杂性和不确定性？

本章小结

本章的主要任务是让学习者了解什么是创业机会，以及如何识别创业机会、了解市场需求、选择创业项目和管理创业风险。本章包括三个相对独立的模块：一是创业机会的特征、来源与主要类型，识别创业机会的一般过程、影响因素与行为技巧，以及创业机会的评价方法；二是问题探索、需求分析与项目选择；三是创业风险的主要来源、识别方法与管理策略。本章的重点是创业机会识别与创业项目选择，难点是问题探索与风险管理。本章的基本观点是：创业者应当能够辨识、评价创业机会，并在了解和满足不断变化的市场需求的过程中，逐渐形成相对稳定的创业项目，以及科学、有效的风险管理机制。

学习与思考

1. 观看与思考

观看希娜·亚格尔在TED的演讲视频《选择的艺术》，思考如下问题并与同学交流：

（1）为什么我们所选的，不是我们所要的？

（2）人在选择中容易犯哪些错误？

（3）怎样才能做出正确选择？

2. 阅读与思考

阅读尼尔·布朗及斯图尔特·基利的著作《学会提问》，思考下述问题并与同学交流：

（1）如何界定问题？

（2）如何理解提问对问题解决的影响？

（3）提问需要掌握哪些策略？

实践训练

（1）访谈一个创业者或企业家，了解他在创业和企业经营过程中遇到过哪些风险，他采取了哪些措施来防范和化解风险。

（2）选择你喜欢的某一特许经营品牌，结合自身条件，思考如果通过加盟该品牌的方式来创业，需要注意哪些方面的风险。

注意在访谈创业者或企业家前，一定要做好准备工作，如礼貌约见访谈对象，做好访谈提纲设计，提前对受访企业及其所在行业有更多的了解等。在访谈过程中，要注意把握访谈进程，提有针对性的问题，并做好记录。

做加盟创业评估时，先要对特许经营模式有更多的了解，系统梳理特许经营加盟创业的各个环节可能出现的风险，包括加盟前的风险、加盟过程中的风险、加盟后的风险，同时客观评估自身的实际情况。

第六章

商业模式的选择与创新

学习目标

★ **知识习得**

理解商业模式的概念、结构、内在逻辑和创新。

★ **情意形成**

形成以积极开放的心态看待和学习古今中外的商业模式。

★ **能力提升**

能够运用所学理论、方法和工具进行商业模式分析与设计。

★ **价值引领**

培养科学的认识论和发展观。

思政小课堂

案例导入

怎样才能让普通百姓吃上热豆腐

在第四届中国"互联网+"大学生创新创业大赛总决赛上，来自常州轻工职业技术学院参赛项目"情系民生热豆腐——壹明唐现做现卖豆制品连锁运营"荣获就业型创业组金奖，实现了江苏省高职院校"互联网+"创新创业大赛金奖的历史性突破。

此次参赛的项目是该校 2015 届优秀毕业生闫朝恒在 2016 年创立的"壹明唐"豆腐连锁品牌——以现磨豆腐连锁经营为业务主线的创业企业。它解决了连锁豆制品企业不现磨，现磨豆腐不连锁的市场问题。

"壹明唐"热豆腐是前店后厂、现做现卖豆制品的连锁专卖店。2016 年 4 月 12 日正式成立，公司成立不到一年的时间就进军中国豆制行业品牌全国 50 强。但是，壹明唐在高速成长之后遇到了发展瓶颈，为此学院领导高度重视，组织相关创业指导老师，于 2018 年初专门成立了"壹明唐项目咨询团队"，与闫朝恒一起梳理规划企业的未来。

调研后，项目组将壹明唐重新定位，并塑造"供应链+门店运营+营销推广"三核驱动优势，确立了依托壹明唐资源，打造"1+N"非遗餐饮品牌孵化的商业模式。该商业模式确立以后，已成功孵化"横山桥百叶""豆市河"等新品牌。

闫朝恒把挑战当成机遇，壹明唐豆腐连锁品牌旗下拥有直营门店 60 家、加盟店 700 家，孵化品牌 15 个，备用品牌 200 余个，年营业收入达到 3630 万元，带动就业 5000 余人，他计划未来 5 年内扩大至 5 万人……他认为，这是他们应该做的，这是当代青年的社会担当。

（作者根据相关资料改写）

思考题：

（1）你以前见过前店后厂的经营方式吗？请举例说明。

（2）闫朝恒创立的"壹明唐"要解决的是什么问题？

（3）"壹明唐"在高速发展后遇到了什么问题？

（4）"壹明唐项目咨询团队"是怎样解决这个问题的？

第一节　商业模式概述

管理学大师德鲁克（Peter F. Drucker）曾说过，当今企业之间的竞争，不是产品之间的竞争，而是商业模式之间的竞争。一个好的商业模式不仅能使创业资源得到有效的利用和整合，而且有助于投资人读懂初创企业的商业逻辑，并对是否投资做出快速决策。因此，创业者有必要了解什么是商业模式？商业模式如何创造独特价值？如何设计出有竞争力的商业模式？

一、商业模式的界定

商业模式（Business Model）一词最早出现于 1947 年《保险研究》（*Insurance Research*），20 世纪 90 年代以来，商业模式的研究日益广泛，有关商业模式的界定也五花八门，莫衷一是。为了方便大家学习，在这里我们将商业模式界定为企业为客户创造并传递价值，使客户感受并享受到企业为其创造价值的系统逻辑。

商业模式是企业为做到有效盈利并持续盈利，将内外部各种资源合理调配和利用，向购买者或消费者提供准确的受用价值而建立的一种系统结构。作为一个系统和整体解决方案，单从哪一个层面出发分析其内涵，都难以触及其本质，所以需从经济、营运和战略三个层面对其进行系统分析。商业模式的三个层面是相互关联的，是一个由经济层面向营运层面和战略层面递进的过程。

从上述分析中还可以看出，商业模式不是对企业经济模式和运营结构的简单描述，也不是企业不同战略的简单相加。它是从整体上和经济逻辑、运营结构与战略方向三者之间的协同关系上，说明企业商业系统运行的本质，以及如何对企业经济模式、运营结构和战略方向进行整合和提升。由于任何企业的产生和运营都有其独特的禀赋和背景，所以任何一种成功的商业模式也必然是独一无二和无法模仿的。

在竞争日益激烈的市场环境下，新创企业要想生存下来并持续发展壮大，创业者就必须善于发现、识别、提炼出企业经营管理中的各个生产要素，并进行合理的搭配组合，形成一种清晰的、可持续发展的个性化商业模式，以便开拓新的市场。商业模式涉及的要素不止一个，因此商业模式的创新一定是丰富而多维的。每个企业在价值链的不同环节都有所在环节和商业模式的特点。新创企业在构建和选择自己的商业模式时，需要基于市场需求、坚持以客户为导向，这样才能满足和超越客户的期待值，建立自己的持续竞争优势，在激烈的市场竞争中立于不败之地。

长期从事商业模式研究和咨询的公司认为，成功的商业模式具有三个特征。

第一，成功的商业模式要能提供独特价值。有时候这个独特的价值可能是新的思想；而更多的时候，它往往是产品和服务独特性的组合。这种组合要么可以向客户提供额外的价值；要么使得客户能用更低的价格获得同样的利益，或者用同样的价格获得更多的利益。

第二，商业模式是难以模仿的。企业通过确立自己的与众不同，如对客户的悉心照顾、无与伦比的实施能力等，来提高行业的进入门槛，从而保证利润来源不受侵犯。比如，直销模式（仅凭"直销"一点，还不能称其为一个商业模式），人人都知道如何运作，也都知道戴尔公司是直销的标杆，但很难复制戴尔的模式，原因在于"直销"的背后，是一整套完整的、极难复制的资源和生产流程。

第三，成功的商业模式是脚踏实地的。企业要做到量入为出、收支平衡。这个看似不言而喻的道理，要想年复一年、日复一日地做到，却并不容易。现实当中的很多企业，不管是传统企业还是新型企业，对于自己的钱从何处赚来，为什么客户看中自己企业的产品和服务，乃至有多少客户实际上不能为企业带来利润、反而在侵蚀企业的收入等关键问题都不甚了解。

二、商业模式的本质

商业模式本质上是利益相关者的交易结构。企业的利益相关者包括外部利益相关者和内部利益相关者两类：外部利益相关者指企业的顾客、供应商、其他各种合作伙伴等；内部利益相关者指企业的股东、企业家、员工等。商业模式解决的是企业战略制定前的战略问题，同时也是连接客户价值和企业价值的桥梁。商业模式为企业的各种利益相关者，如供应商、顾客、其他合作伙伴、企业内的部门和员工等提供了一个将各方交易活动相互联结的纽带。一个好的商业模式最终总是能够体现为获得资本和产品市场认同的独特企业价值。

一种商业模式是否成功，其最核心的特征在于是否能够满足市场的需求，是否能给客户创造更多的价值。通俗地说，就是这种商业模式能否改善客户或消费者的生产、生活方式，能否赢得他们的欢迎和青睐。不同的商业模式决定了企业不同的发展路径。初创企业进入市场就是一个根据市场变化不断试错、不断调整和修正商业模式的过程，一个初创企业只有在商业模式经过市场的历练后，达到可复制和升级的状态，才能在赢得客户、创造利润及吸引资本上形成良性循环。

商业模式的本质决定了我们必须从整体上用系统的思考方法来理解其结构和行为特征。由于商业模式既涉及产品市场，又涉及要素市场。因此我们首先要找到产品市场主要的因果关系和"产品—要素"市场的因果关系，在此基础上得到企业商业模式的因果关系链条。商业模式因果关系链条，为商业模式的选择与创新提供了底层逻辑。

对于产品市场中交易的主要产品，企业通过加大研发投入、开发潜在需求可以提高产品的吸引力，满足客户的需求。这一方面可以带动新客户的加入，另一方面由于企业为客户提供了较高的产品价值。因此增强了产品的溢价能力，使企业利润不断增加。

"产品—要素"市场中交易的不仅有产品，还包括生产要素。企业为了使客户满意，不仅要满足其对产品功能的需求，还要尽可能地在产品成本、质量和交货期上形成比较优势。因此，企业需要根据自己的核心资源来整合外部资源。

三、商业模式的类型

商业模式是利益相关者的交易结构，要解决的是企业战略制定前的战略问题，同时也是连接客户价值和企业价值的桥梁。创业者在进行商业模式设计时，只有对企业的各种利益相关者，如供应商、顾客、其他合作伙伴、企业内的部门和员工等，进行全面的了解，才能形成将各方交易活动相互联结的纽带。下面将通过典型商业模式分析，来帮助创业者更好地理解商业模式及其利益相关者，进而选择和设计自己的商业模式。

（一）客户中心模式

随着市场经济的发展，每一个行业中都存在大量同质化的竞争，新创企业能否建立自己的核心竞争优势，往往取决于选择怎样的商业模式。客户中心模式指的是围绕客户价值进行企业经营的商业模式，比如，最古老的店铺模式和前店后厂模式，其选址的基本原则就是客户在哪里，就把店铺开在哪里。而下面介绍的各种商业模式，虽然其经营方式各不相同，但都有一个共同的特点——以客户为中心。

1. 长尾模式

长尾（The Long Tail）概念最初是由"3D Robotics"公司CEO安德森（Chris Anderson）于2004年提出来的，专指那些销量小但种类多的产品/服务，由于总量巨大而产生的总收益超过主流产品的现象。长尾模式有两个核心点：一是商品种类非常多，但每种的量非常少；二是多样的产品满足不同的细分市场，而每一个细分市场的需求量都不高。在互联网领域，长尾效应尤为显著，亚马逊、当当和谷歌等企业的商业模式，都能体现长尾效应。长尾模式要求低库存成本和强大的销售平台，从而保证小众商品能够及时被感兴趣的买家获得。

2. 免费模式

免费模式是通过免费手段建立庞大的消费群体，然后再通过配套的增值服务、广告费等方式取得收益的商业模式。目前较流行的免费模式有以下三种：一是基于多边平台的免费商品，比如美团外卖；二是免费的基本服务加可选的增值服务，比如网易云音乐；三是以免费或很便宜的初始价格引诱客户重复购买，比如吉列。吉列是大家熟知的男性剃须刀品牌，它将刀头以很便宜的价格卖给客户，然后通过对配套刀片的重复购买实现赢利。

3. 定制模式

定制模式也称C2M模式，是客户直接对接生产者，没有中间商挣差价的模式。这种模式的传统方式是客户定制和专供，现在的许多高档服装店依然采用这种模式。定制和专供的问题是成本高、效率低，价格通常超出普通消费者承受能力。为了解决这个问题，山东的酷特集团借助大数据智能平台，以流水线方式进行订制服装生产，结果在整个行业下行的情况下逆势增长，而且利润率远远高于行业平均水平。

（二）多边平台模式

多边平台式模式指的是将两个或多个有明显区别，但又相互依赖的客户群体集合在一起，通过促进客户群体之间的互动来创造价值的商业模式。多边平台所创造的价值通常体现在三个方面：一是吸引不同的客户群体；二是将客户群体进行匹配；三是通过平台提供的交易渠道降低客户群体之间的交易成本。多边平台模式投资期限长、投入资金大，不过一旦突破一定的规模，平台方的价值会变得巨大且很难被超越。

1. 苹果模式

苹果App Store是一个典型的多边平台。因苹果产品的极大吸引力，汇聚了数量庞大的消费者，App应用软件开发者乐于将软件放至平台上被更多的消费者使用，而App Store里的应用程序完全由开发者自由定价，再由消费者在线支付购买，开发者可以拿到软件售出所得利润的70%，而苹果只拿30%，这样极大地鼓励了苹果的程序开发者；随着平台上的应用软件越来越丰富，也会吸引更多的消费者使用苹果手机，而苹果公司作为中间平台，则是靠收应用软件的提成赢利。

2. 携程模式

携程是一个在线票务服务公司，创立于1999年，总部设在中国上海。携程旅行提供酒店预订、机票预订、度假预定、商旅管理、高铁代购及旅游资讯的全方位服务。携程根据自身实力和客户需求，将旅行群体、广告场所和广告商很好地集合在一起，既让商家的产品得到推广，也让用户能够自行选择适合自己的产品，满足其个性化需求，让旅行更加便捷。为了吸引更多用户，携程为旅行群体提供免费的咨询服务。用户可以根据需求，免费在携程平台了解目的地，并采用身份认证等方式建立用户信任机制。此外，携程推出的机票、火车票同时预订功能在国内在线旅游行业中尚属首创。该功能来源于对用户行为习惯的深入观察，创新性地将机票和火车票放在同一页面进行价格上的对比，改变了传统火车票单一的订票页面模式，解决了因价格选择难的问题。

（三）开放共享模式

开放的模式是通过与外部合作伙伴系统配合而创造和获取价值的商业模式，这种模式的典型代表是耐克、苏宁电器和富士康。开放模式主要有两种，一种是"由外而内"的开放，另一种是"由内而外"的开放。采用开放模式的企业，都是术业有专攻的企业，它们专注于某一领域或某一经营环节，然后通过自己的优势与上下游对接。共享模式是开放模式的延伸，是最近十年比较流行的商业模式。

1. 知乎模式

知乎是一个真实的网络问答社区，社区氛围友好与理性，连接各行各业的精英。知乎通过让用户生产内容的模式，从外到内形成自身平台特色，覆盖范围从科学领域绵延至其他各大领域，让更多鲜活、生动的知识能被更多人看见、接受和认同。目前，知乎的活跃度在互联网社交领域处于领先地位，采用"精英+普通用户"的模式，以精英带动普通用户，同时由"用户导入"贴合"产品导向"，提升用户的持久度。其引进的圆桌会议模块，目的在于希望用户能够平等交流，尊重会议交流原则，能够使参与者都加入头脑风暴中参与创作和思考。

2. GSK 模式

葛兰素史克（GSK）是世界领先的、以研发为基础的制药和医疗保健公司，由葛兰素威廉和史克必成强强联合，于 2000 年 12 月成立。2016 年，GSK 将所有获批的抗癌药，以160 亿美元的价格出售给诺华公司，两家公司表示将合并其非处方药物部门，成立消费者保健药物合资企业，其中 GSK 占 63.5% 的股份。同年，GSK 公布了一项新专利政策，向不发达国家的仿制药制造商发放生产许可。这种从内而外的开放式商业模式，不仅让 GSK 更专注于专利技术的研发，同时也为其长期稳定的发展奠定了坚实基础。

3. 途家模式

途家网是全球公寓民宿预订平台，于 2011 年 12 月 1 日正式上线。作为中国民宅分享的引领者，途家网致力为房客提供丰富优质的家庭氛围住宿选择，同时为房东提供高收益且有保障的闲置房屋分享平台。在短租行业里，一些创业公司有流量资源，但却没有上游的房地产行业资源；而一些房屋中介公司的短租平台，虽然有一些本地的二房东资源，但IT技术和网络流量较弱。途家模式的核心在于上游和下游资源，在上游以 B2B 的方式直接与房地产开发商或有房源的机构合作，在下游主攻互联网平台，做好营销和用户体验。

形成性训练

扫一扫 练一练　扫一扫 查看答案

一个不被看好的商业模式火到国外

"潮玩第一股"泡泡玛特发布了2022年上半年财报,根据财报内容展示,上半年泡泡玛特全球营收23.59亿元,同比增长33.1%。非国际财务报告准则经调整纯利润3.76亿元。

海外市场营收飙速增长。泡泡玛特的海外市场共收入1.57亿元,相比2021年同比增长161.7%。据悉,泡泡玛特在海外的营收增长主要得益于其海外线下店面——2022年上半年,泡泡玛特在英国、新西兰、美国的首家线下店启动。

至此,泡泡玛特共在全球23个国家和地区布局了线下零售店、机器人商店、跨境电商平台等销售渠道,其2022年线下收入增速超过10倍之多。线上方面,通过跨境电商平台,泡泡玛特将潮流玩具输送至全球超过80个国家和地区。

增长增收不增利,不是好现象

在如今不太乐观的全球消费行业的行情中,光是从营收来看,泡泡玛特的成绩算是很亮眼。但是在实际收入方面泡泡玛特却出现了"增收不增利"的现状。根据财报内容显示,2022年上半年泡泡玛特公司净利润同比下滑近35%。这也是泡泡玛特上市以来首次出现净利润下滑的情况。

导致利润下滑的很大一部分原因来自泡泡玛特业务扩张导致的费用支出。财报内容显示,泡泡玛特经销及销售开支同比增长65.1%。其中,泡泡玛特销售员工人数由2021年上半年的1909名增加到2022年上半年的2374名。另外,其广告及市场费用增至1.141亿元,同比增长100.9%。

与此同时,泡泡玛特的股价相对去年开盘不久飙升至最高点后便一路下跌,截至8月29日,泡泡玛特股价在19.5港币,市值共跌去了近70%。不少分析师和媒体对于泡泡玛特的商业模式和未来发展都抱着较为保守的态度。

商业模式不被看好,逆势而上

近几年,泡泡玛特在国内可谓是风头无两,但是从最开始到现在,不少资本对于泡泡玛特"潮品商店"的商业模式一直抱着怀疑态度,甚至是不看好,他们认为泡泡玛特的商业模式虽然能够快速成功,但是也很容易被取代。以"年轻人的玩具"带起来的盲盒行业,很容易让喜爱新鲜事物的年轻人上瘾。但是如果年轻人收入锐减或者失去兴趣,"弃玩"也会成为毫不犹豫的选择。

在这种情况下,泡泡玛特从一家开在商场小角落里的"潮流百货商店",发展至半年20多亿营收,产品在全球多个国家和地区的"潮玩文化"中占据重要市场份额。

据全球企业增长咨询公司Frost & Sullivan在此前的调查显示,2019年泡泡玛特潮玩市场的占比为8.5%,位列第一,相较其自身2017年的零售额年增长率为226.3%。

泡泡玛特为推动"潮玩艺术化"打造的高端产品线MEGA珍藏系列持续保持引爆市场,全渠道售罄。泡泡玛特的海外业务正如火如荼地发展着,曾经在国内的辉煌,也许能延续至海外。中小跨境卖家在围观中国出海品牌又新添一员大将的同时,也要学会探寻到品牌出海成功的秘诀，每个品牌成功方式不尽相同，但是总有一些规律性的经验值得我们深究。

（作者根据相关资料改写）

思考题：

（1）泡泡玛特的商业模式为什么不被投资人看好？

（2）泡泡玛特的商业模式有哪些特点？

第二节 商业模式画布

商业模式画布是由亚历山大·奥斯特瓦德、伊夫·皮尼厄在《商业模式新生代》中提出的一种用来描述商业模式、可视化商业模式、评估商业模式及改变商业模式的通用语言。它将一个完整的商业模式以结构化的方式划分出四个视角、九个模块，以更直观地去描述公司的商业模式。

一、商业模式画布的作用

商业模式画布由九个基本构造块构成，涵盖了客户、提供物（产品/服务）、基础设施和财务四个方面，可以方便地描述和使用商业模式，来构建新的战略性替代方案。这是一种能够帮助团队催生创意、降低猜测、确保他们找对目标用户、合理解决问题的工具。我们做任何产品的最终目的是活下去，要活下去则必须有商业模式，而现在这个时代的商业模式不再是随便拍脑袋就能想得到了，这时商业模式画布能够有效帮你做分析。

商业画布是指一种能够帮助创业者催生创意、降低猜测、确保他们找对目标用户、合理解决问题的工具。商业画布不仅能够提供更多灵活多变的计划，而且更容易满足用户的需求。商业画布利用可视化的方式帮助团队成员达成共识，便于团队成员用统一语言讨论。更重要的是，整个画布基于"为谁提供、提供什么、如何提供和如何赚钱"四个视角考虑，通过九大模块将商业模式中的元素标准化，并对各个元素之间的关系和相互作用、互相影响，用直观的形式给予呈现和说明。

商业画布不是一次性工具，对于产品和运营来说，它其实是一个伙伴，是产品和运营日常工作的一部分。其主要作用：一是统一团队认知。可以在开会的时候，使用白板或线上工具，统一大家的新想法。二是了解和分析客户。可以通过创建商业画布，了解你的客户或你的竞争对手。无论是了解客户还是竞争对手，都是为了知己知彼。三是新员工入职培训。对新员工进行培训的时候，管理层可以用商业画布的方式，讲解商业模式、用户群体、关键业务、核心资源等。

二、商业模式画布的结构

"商业模式画布"把商业模式的关键要素分为以下九个：客户细分、价值主张、渠道通路、客户关系、收入来源、核心资源、关键业务、重要伙伴及成本结构，如图 6-1 所示。参照这九大要素，可以清晰地描绘企业的商业模式。

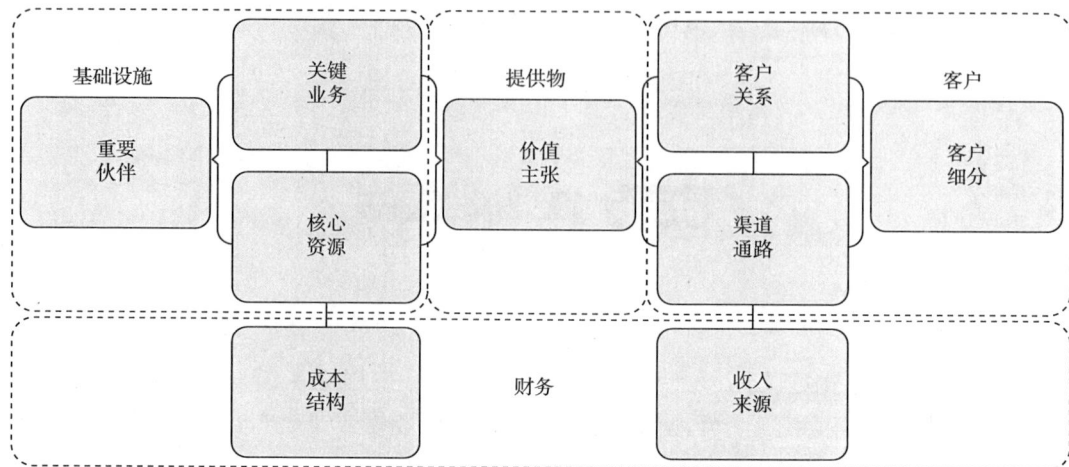

图 6-1　商业模式画布

（一）客户细分

客户细分是商业模式其他要素的起点和基础，用来描述一个企业想要接触和服务的不同人群或组织，主要回答这两个问题：我们正在为谁创造价值？谁是我们最重要的顾客？一般来说，可以将客户细分为以下五个类型。一是大众市场（Mass Market）——价值主张、分销渠道、客户关系聚集于一个庞大的、有着广泛的相似需求和问题的客户群；二是利基市场（Niche Market）——价值主张、分销渠道和客户关系皆是根据某一利基市场的具体需求量身打造的；三是区隔化市场（Segmented）——客户需求略有不同，细分群体之间的市场区隔有所不同，所提供的价值主张也略有不同；四是多元化市场（Diversified）——经营业务多样化，以完全不同的价值主张迎合完全不同需求的客户细分群体；五是多边平台或多边市场（Multi-sided platforms/Multi-sided markets）——服务于两个或更多的相互依存的客户细分群体。

（二）价值主张

价值主张是指你所提供的产品/服务。用来描绘为特定客户细分创造价值的系列产品和服务。主要回答这四个问题：①我们该向客户传递什么样的价值？②我们正在帮助我们的客户解决哪一类难题？③我们正在满足哪些客户需求？④我们正在提供给客户细分群体哪些系列的产品和服务？

价值主张的要素主要包括了新颖、性能、定制化、把事情做好、设计、品牌或身份、价格、成本削减、风险抑制、可达性、便利性和可用性等。

（三）渠道通路

渠道通路用来描绘公司是如何沟通接触其客户细分而传递其价值主张。主要回答这六个问题：①通过哪些渠道可以接触我们的客户细分群体？②我们如何接触他们？③我们的渠道如何整合？④哪些渠道最有效？⑤哪些渠道成本效益最好？⑥如何把我们的渠道与客户的例行程序进行整合？

渠道通路类型一般分为自有渠道、合作伙伴渠道或两者混合来接触客户。其中，自有渠道包括自建销售队伍、在线销售及自有店铺；合作伙伴渠道包括合作伙伴店铺和批发商。

（四）客户关系

客户关系用来描绘公司与特定客户细分群体建立的关系类型。主要回答这四个问题：①我们每个客户细分群体希望我们与建立和保持何种关系？②哪些关系我们已经建立了？③这些关系成本如何？④如何把它们与商业模式的其余部分进行整合？

一般来说，客户关系分为以下六种类型：一是个人助理，基于人与人之间的互动，可以通过呼叫中心、电子邮件或其他销售方式等个人助理手段进行；二是自助服务，为客户提供自助服务所需要的全部条件；三是专用个人助理，为单一客户安排专门的客户代表，通常是向高净值个人客户提供服务；四是自助化服务，整合了更加精细的自动化过程，可以识别不同客户及其特点，并提供与客户订单或交易相关的服务；五是社区，利用用户社区与客户或潜在客户建立更为深入的联系，如建立在线社区；六是共同创作，与客户共同创造价值，鼓励客户参与到全新和创新产品的设计和创作中。

（五）收入来源

收入来源用来描绘公司从每个客户群体中获取的现金收入（需要从创收中扣除成本）。主要回答这五个问题：①什么样的价值能让客户愿意付费？②他们现在付费买什么？③他们是如何支付费用的？④他们更愿意如何支付费用？⑤每个收入来源占总收入的比例是多少？

一般来说，收入来源可分为七种类型：资产销售、使用收费、订阅收费、租赁收费、授权收费、经济收费及广告收费。

（六）核心资源

核心资源用来描绘让商业模式有效运转所必需的最重要的因素。主要回答这四个问题：①我们的价值主张需要什么样的核心资源？②我们的渠道通路需要什么样的核心资源？③我们的客户关系需要什么样的核心资源？④我们的收入来源需要什么样的核心资源？

一般来说，核心资源可以分为以下四种类型：一是实体资产，销售实体产品的所有权；二是知识资产，包括如品牌、专营权、专利权、版权、合作关系及客户数据库等；三是人力资源，在知识密集型产业和创新产业中，人力资源就是最关键的；四是金融资源，金融资源或财务担保，如现金、信贷额度或股票期权池。

（七）关键业务

关键业务用来描绘为了确保其商业模式可行，企业必须做的最重要的事情。主要回答这四个问题：①我们的价值主张需要哪些关键业务？②我们的渠道通道需要哪些关键业务？③我们的客户关系需要哪些关键业务？④我们的收入来源需要哪些关键业务？

一般来说，关键业务可以分为以下三种类型：一是制造产品，与设计、制造及发送产品有关，是企业商业模式的核心；二是平台/网络，网络服务、平易平台、软件甚至品牌都可看成平台，与平台管理、服务提供和平台推广相关；三是问题解决，为客户提供新的解决方案，需要知识管理和持续培训等业务。

（八）重要伙伴

重要伙伴指让商业模式有效运作所需的供应商与合作伙伴的网络。主要回答这四个问题：①谁是我们的重要伙伴？②谁是我们的重要供应商？③我们正在从合作伙伴那里获取哪些核心资源？④合作伙伴都执行哪些关键业务？

一般来说，重要伙伴可以分为以下四种类型：一是在非竞争者之间的战略联盟关系；二是在竞争者之间的战略合作关系；三是为开发新业务而构建的合资关系；四是为确保可靠供应的购买方与供应商的关系。

（九）成本结构

成本结构是指运营一个商业模式所引发的所有成本。主要回答这三个问题：①什么是我们商业模式中最重要的固有成本？②哪些核心资源花费最多？③哪些关键业务花费最多？

一般来说，成本结构可以分为以下两种类型：一是成本驱动，创造和维持最经济的成本结构，采用低价的价值主张、最大程度自动化和广泛外包；二是价值驱动，专注于创造价值，增值型的价值主张和高度个性化服务通常是以价值驱动型商业模式为特征。

三、商业模式画布的拓展

《商业模式新生代》出版后，在世界各国引起强烈反响，被誉为完美结合图像与策略思考的奇书。该书不仅频频出现在各国的畅销书榜，而且被广泛应用到全世界各行各业的公司中，如3M、爱立信、德勤、挪威电信等。该书的巨大成功，催生了商业模式画布向个人和团队领域的拓展，此后的《商业模式新生代（个人篇）：一张画布重塑你的职业生涯》和《商业模式新生代（团队篇）》，也都取得了较好的经济效益和社会效益。

《商业模式新生代（个人篇）：一张画布重塑你的职业生涯》提出的单页式解决方案，曾帮助全球数以千计的个人实现商业模式创新。单页式解决方案能有效地消除职业不确定感，为个人带来巨大自信；它能以系统化的方式优化最重要的商业模式，实现个人商业模式的定制化。该书提出的个人版商业模式画布，也是由9个基本构造块构成。

（一）核心资源——我有什么

代表着一个人的起点，如受过的教育、工作或创业经历等，拥有的金融资产或具备的知识、技能、能力、经验、人际关系等有形或无形的资源，还包括人生观、价值观、世界观、兴趣、爱好、个性等，体现着一个人所处的环境和背景，以及人生驱动力。

（二）客户群体——我能帮助谁

一个人只有帮助别人获得成功，自己才能成功。比如帮助客户节省开支或提高效率，客户才会买你的产品/服务。这种成功归根到底是人生角色的成功，比如作为创业者获得创业成功，作为职业经理人获得事业成功等。

（三）关键业务——我需要做什么

一个人要实现自己的人生目标，就需要努力做事情，这可以是学习来提高认知和能力，可以健身提高体魄，可以转换职业方向获得更大进步，可以参加社群扩大圈子等。

（四）价值服务——我怎样帮助他人

一个人的商业模式最关键的是为客户做关键业务带来价值，也就是我该怎样帮助他人完成任务。它体现在解决客户什么问题？满足客户哪些需求？给客户带来什么好处？

（五）渠道通路——我怎样才能帮助他

价值主张通过沟通、分发及销售渠道传递给客户。简单来说就是客户怎样才能知道你能帮助他们？客户怎样才能决定录取或招聘你？你怎样交付客户要的东西？

（六）客户关系——我如何让他们知道

我如何让他们知道？面对面沟通还是邮件、微信之类的间接联系？是长期联系还是短期联系？

（七）重要合作——我需要谁帮助我

重要合作伙伴是指那些支持你的工作，帮助你顺利完成任务的人，包括工作中的同事、导师和领导，职场中的前辈，生活中的家人、朋友等。

（八）收入来源——我能得到什么

收入可以分为"硬收益"和"软收益"，"硬收益"包括工资、投资收入、房地产收入等，"软收益"包括人的满足感、成就感、社会贡献等。

（九）成本结构——我要付出什么

成本结构取决于商业模式中的各项元素，这里的成本既包括直接成本，如付出的时间、精力和金钱等，也包括压力感或失落感等软成本和机会成本。

在草拟第一份个人商业模式时，你必须在力所能及的职业框架内展开设计蓝图。为你的职业活动做一份清晰准确的描绘很有帮助，它能为你打下坚实的基础，顺利解决后期出现的各种职业"软肋"，如缺乏成就感，压力过大，过度忙碌和缺少社会贡献等。

另外，《商业模式新生代（团队篇）》将商业模式画布用于团队，向管理者展示当个人和团队知道他们在为客户创造价值的角色时，企业的功能将会产生多大程度的改善和好转。通过案例研究、简短的练习等，展示出任何团队的领导人都可以在无须过多的营业额、训练或文化建设的情况下，帮助成员独立工作，朝着共同的目标而有激情地奋斗。

形成性训练

扫一扫　练一练　　扫一扫　查看答案

案例分析

名创优品为什么能爆卖 100 亿

一个平价仅为 10 元的杂货铺小店，8 年时间全球开 5000 多家门店，营业额从零到百亿增长，靠的是什么？

2013 年，叶国富创立了名创优品，因为大部分商品售价为 10 元被称为"10 元店"，但这个"10 元店"在随后的几年时间里遍布全球。截至 2021 年年底，全球门店数量总计为 5134 家。名创优品可谓是在逆势中增长，跑出了火箭的速度。

名创优品取得爆发式地增长，是因为把最基本的核心、本质的东西，做到了三个极致。

极致的产品设计

大家都觉得香水是个奢侈品牌，要么是有钱人消费的，要么就是买不起的人只看不买，还有一种人是看都不敢看。名创优品开发的香水定义为人生第一支香水，让买不起奢侈品的人也能体验到人生除了奢侈品外，还有性价比高的香水。国际大品牌或是不知名的品牌售价 500 元乃至上千元，名创优品的售价仅为 39 元，甚至还有 10 元、15 元，男女均有。

名创优品的研发理念是：利润虽低，必不敢省人工；价格虽低，必不敢减物力。

很多人觉得省成本只需在原材料上下功夫，名创优品的省成本是从流程、工序上下功夫，比如研发人员从不会在材料上偷工减料，他们会下到供应商工厂了解流水线，看哪个环节可以减少成本。

名创优品要求品质一定要过硬，且要开发爆品。不要多，只要那一两款刚需品，在精与小上追求极致。名创优品不追求面面俱到，只追求精准设计、价格合理。

极高的性价比

名创优品眼线笔的生产工厂同样也是欧莱雅的生产商，欧莱雅的市场零售价100元以上，而名创优品只卖10元。从产品上市到今天，名创优品已经卖了超过1亿支，10元一支就是10个亿，一个产品能卖10个亿。名创优品刚刚上市的名创冰泉，售价为3.5元。它的瓶型从开发到成型，花费了名创优品相当多的时间和精力。一般装水的瓶子很容易出现连接细缝，为了不出现细缝，名创优品不断寻找厂商，找了不下100家供应商做模型，花费了长达一年的时间，在保证品质和设计感的前提下，终于把瓶型做到了极致。

在价格上，名创优品使用爆品战略，也就是刚需品战略。在"少即是多"的时代，爆品不需要太多，名创优品会进行大规模采购，靠量取胜，去掉中间环节，缩短从工厂到店铺的渠道。

极好的购物体验

首先，环境要好。今天的消费者很注重环境，而名创优品致力于营造一个好的环境。

名创优品店铺基本开在购物中心。200 ㎡的店铺，仅装修就大概需要40万，货架与LV是同一个供应厂商，保证十年不变形、不掉色，而名创优品店销售的产品大部分为10元、20元。能进入这么好的商场，花这么多的钱去装修，产品销售价格却这么便宜，目前来说，除了名创优品，没有第二个。

其次，服务要好。名创优品认为，好的服务就是不要服务，没有任何的推销，没有任何的购物压力。为什么实体零售倒闭那么多？很多就是因为服务太过度了。顾客到服装店买衣服，店员跟得很紧，顾客购物体验不好。而名创优品没有服务，也不允许推销，店员做的就是三件事：收银、陈列、防盗。无服务，无推销，让消费者无压力购物，这才是好的服务。

（作者根据相关资料改写）

思考题：

（1）名创优品的商业模式有哪些特点？

（2）名创优品是如何实现产品与服务创新的？

第三节 商业模式创新

商业模式创新是在以客户为中心的基础上，为应对内外部环境的变化，对企业价值网络中的要素、自身潜力进行发掘，对企业的业务范围、目标客户、竞争方式等进行重新定位，对产业链重新整合，从而建立起新的价值网络、盈利模式等的综合性过程。一个创新的商业模式可以化腐朽为神奇，让产品的价值熠熠生辉，使企业发展走上良性循环之路。

一、商业模式创新的逻辑

商业模式的创新实质上是一种高层次的企业创新行为，它最终目的是通过改善企业的长期竞争优势来提高企业的长期获利能力，其途径是对企业可利用资源的组合方式进行优化。这种优化表现为企业为改善其价值创造和价值获取能力而进行的价值链的优化和重组。商业模式的灵魂在于价值创新，企业经营的核心是市场价值的实现。企业必须借助商业模式进行价值创造、价值营销和价值提供，以实现企业价值最大化。

在竞争日益激烈的市场环境下，新创企业要想生存下来并持续发展壮大，创业者就必须善于发现、识别、提炼出企业经营管理中的各个生产要素，并进行合理的搭配组合，形成一种清晰的、可持续发展的个性化商业模式，以便开拓新的市场。商业模式涉及的要素不止一个。因此商业模式的创新一定是丰富而多维的。

商业模式创新的动力一般有三种。一是新技术市场化是重要的推动力，新技术转化为适应市场的产品和服务，必须有新的合适的商业模式推动；二是市场环境压力促进商业模式创新，新的创业者、竞争者和新的规则的出现，使企业的竞争力和盈利能力面临挑战，为了适应动态的、激烈变化的商业环境，持续不断的商业模式的创新成为企业获取竞争优势的重要能力；三是市场机会拉动商业模式创新，面对较大的技术和社会变革，新的需求会催生新的商业机会，新的企业会在新的商业模式的助力下，快速获得竞争优势，一些反应快的大企业，往往能抓住机会开展企业内创业，通过建构新的商业模式获得新生。

商业模式设计主要包括价值定位、价值创造和价值实现三大模块。

（一）价值定位

一个企业要想在市场中赢得胜利，首先必须明确自身的定位，这是首先面临的问题。定位就是企业应该做什么，它决定了企业应该提供什么特征的产品和服务来满足客户的需求，实现客户的价值。

（二）价值创造

价值创造即价值的源泉是什么。商业模式的价值创造主要在于便捷性、成本低廉、新颖性、用户黏性、锁定、创新性。众多电子商务企业，如亚马逊，能脱颖而出正是凭借网络销售的方便快捷和成本低廉。

（三）价值实现

价值实现是指企业创造的价值被市场认可并接受，完成从要素投入到要素产出的转化。价值实现这一活动中，涉及最多的就是盈利模式，即企业自身如何获得利润。正确的商业模式可以帮助企业降低经营成本，并实现价值最大化。

二、商业模式创新的方法

不同的商业模式决定了企业不同的发展路径，如何设计合理的商业模式是每个初创企业必须面对的问题。商业模式设计是基于企业战略产生的，从内外部环境、市场、资源、产品（服务）、价值主张等开始，有关企业的产品/服务能力、价值网络关系、价值要素等资源的整合和价值匹配，是企业从价值发现到价值实现过程的形象表达。

（一）价值活动

创新的关注点是价值活动的定位、设计与匹配。价值链的创新实质是围绕顾客需求，通过优化企业内部资源配置，使得资源最大化利用的同时发挥成本优势。价值链的创新主要有以下三种途径：一是价值链上的新定位，例如，如家连锁酒店给顾客提供的价值是"够用而不多余的住宿条件和卫生条件，且比星级酒店便宜"。确定了这个价值后，其一切活动就都围绕这个价值展开；二是重组价值链，指企业通过对产业价值链进行创造性的重新排列组合，进而实现商业模式的创新；三是构造独特的价值活动体系，指企业通过构建和整合多个价值优势，形成企业所独有的价值体系，从而实现商业模式的创新。

（二）价值曲线

创新策略聚集于企业所提供的顾客价值。企业通过创造独特的价值曲线实现服务创新，在为顾客提供非凡价值感受的同时获得自身的成功。如香飘飘奶茶，无非是把奶茶包放在一个杯子里，想什么时候喝只要用开水一冲就可以，而不用到街边的奶茶店里买冲好的，满足的是消费者随时随地喝奶茶的要求。但这样一杯小小的奶茶，一年却有数亿杯的销量，而且价格并不低。

（三）价值网络

企业价值网络是指企业为了创造资源、扩展与交付货物而建立的合伙人和联盟合作系统。价值网络创新的实质是以顾客价值为中心，优化配置企业内外部的资源，形成整个产业链协同创新保障企业在激变的市场环境中动态发展。如信用卡连接了商家和持卡人，阿里巴巴连接了供应商（生产商）和销售商，前程无忧连接了企业和求职者，沃尔玛连接了供货商和消费者等。这样，设计出的各种交易机制将企业自身与价值创造伙伴有机联系起来，形成了价值创造的合力。

（四）资源能力

基于资源能力的商业模式创新重在对新资源的发掘和利用，或是充分挖掘现有资源的潜在价值，从而建立起竞争优势。如同样是开餐馆，高档餐厅和连锁快餐店，其关键资源能力肯定是不同的。高档餐厅以环境、服务和菜品质量等取胜；连锁快餐店追求标准化和快速复制。再比如，百货商场以环境、档次、品牌为优势；大超市以价格便宜、方便挑选等为优势；便利店却是以方便、快速为优势。

（五）收入模式

收入模式即企业的盈利模式。企业的盈利方式通常有多种，可以通过直接出售产品盈利，也可以通过出售服务盈利，还可以通过资本市场盈利等。在许多情况下，一家企业可以采用两种或多种盈利模式。因为许多企业不只在一个产品和服务上赚钱，如麦当劳除了汉堡包外，还可以从炸鸡、可乐、薯条等方面赚钱。

此外，有些企业不仅靠纯粹的产品本身赚钱，而且增加了从"内容"方面所获得的利润。例如，iPod、iPhone和iPad硬件终端产品不仅仅赚取硬件利润，还锁定客户，然后通过iTunes（在线音乐商店）和App Store平台销售音乐、图书、电影、软件等内容产品给客户，凭借这样的模式，苹果公司不仅赢得高额的硬件利润，还赚到了"内容"的钱。当然，同一产品可选择的计价方式很多，以打印机为例，销售时以台计价；租赁时以时间计价；投资时则把整个收益分为固定和剩余两部分，以价值计价。

三、商业模式创新的流程

商业模式设计虽然是一个涉及诸多要素的复杂过程，但在实际操作中不宜把它看得过于神秘。在真实世界中，许多创业者在回顾自己的商业模式设计过程时，都把它总结为一个不断"探索—思考—验证"的过程。其中，有些人的探索源于对现有商业模式的改进，有些人的探索源于一个商业机会的发现，有些人的探索源于用其他领域的方法来解决一个让人头痛的商业问题。但是，不管他们的探索从哪里起步，其商业模式的设计基本都要通过以下六步来完成。

一是确定业务范围并寻求产品在市场中的最佳定位。对企业业务范围的定义是成功进行价值定位最重要的一步，首先得清楚"业务是什么"。通过定义业务范围，企业可以界定出自己的客户、竞争者和合作伙伴这些利益相关者及应该拥有的资源和能力等。

二是分析和把握顾客需求以锁定目标客户。企业锁定目标客户意味着企业必须考虑服务于哪个地区如何对客户进行细分。通常可以根据人口统计、地理、心理和行为等因素进行划分。在客户细分的过程中，分析和把握客户需求是最重要、最关键的。

三是构建打造企业独特的业务系统，提高对手模仿的难度。业务系统反映的是企业与其内外部各种利益相关者之间的交易关系。因此业务系统的构建首先需要确定的就是企业与其利益相关者各自分别应该占据、从事价值网中的哪些业务活动。业务系统主要有两个选择供企业参考：打造强有力的利润杠杆和构筑商业模式内部动作价值链。

四是发掘企业的关键资源能力以形成核心竞争优势。支撑业务系统所要完成的活动，企业需要掌握和使用一整套复杂的有形和无形资产、技术和能力。关键资源能力，即让商业模式运转所需要的相对重要的资源和能力，包括金融资源、人力资源、无形资源、客户关系和公司营销网络等。

五是构建独特的盈利模式。盈利模式指企业利润的来源及方式，它关乎企业价值的实现，通俗来说是企业赚钱的渠道。各种客户怎样支付、支付多少，所创造的价值应当在企业、客户、供应商、合作伙伴之间如何分配，是企业收入结构所要回答的问题。如电视台是通过广告费用而不是向观众收费来盈利的。

六是提高企业价值（投资价值）以获得资本市场的号召力。企业价值是商业模式的落脚点，评判商业模式优劣的最终标准就是企业价值的高低。企业的投资价值由其成长空间、成长能力、成长效率和成长速度决定。好的商业模式可以做到事半功倍，即投入产出效率高、效果好，包括投资少、运营成本低、收入的持续成长能力强等。

形成性训练

扫一扫　练一练　　扫一扫　查看答案

案例分析

拼多多的模式探索

拼多多能在淘宝存在的情况下，杀出重围是非常厉害的一件事情，因为拼多多通过差异化的竞争和独特的商业模式，获得了不同场景的用户需求，形成了自己的高速发展。

选对赛道

拼多多创始人黄峥创业之初，做的是电商代运营和游戏公司，当时这两个方向都非常赚钱，创建拼多多是黄峥的再次创业，拼多多的成功首先就是选对了赛道。当初京东和淘宝两家电商巨头在竞争激烈的情况下，拼多多通过侧翼战的方式，针对一些小城市以及农村地区的网购用户进行渗透，成为当时的一匹黑马，通过相对差异化竞争，在两个巨头都不看好的下沉市场站稳了脚跟。

营销裂变模式

拼多多的营销是接住了微信流量的红利，主要是通过微信的发展，拿到腾讯的投资，经过相对的游戏社交化设计，以拼团方式形成用户的高黏性，拼团的方式有一分钱抽奖团、一元拉新团、助力砍价、团长免单、瓜分红包等，还有通过好友的助力砍价、0元送等相关的百亿补贴，将用户留在了自己的平台，形成用户聚集地。

精准用户画像

拼多多在电商界的快速崛起有着属于自己的用户体量和市场。根据阿里2022年财报，阿里全球活跃用户数为 13.1 亿，拼多多全国用户超 8.8 亿人。

拼多多主流用户群体可以分为两大类，也就是家庭主妇和中老年人。通过官方数据显示，拼多多第一类群体年龄是 30~39 岁的家庭主妇，作为拼多多的主力军，占比49%。家庭主妇们对生活的精打细算比较有计划，因此对产品的价格也是非常敏感，因此对生活日用品的购买是主要的需求。在消费心理上：更多的是"产品是否多元化"和"是否低价便宜"，对产品质量相对具有包容度，同时也非常乐于分享；第二类群体年龄是 40~49 岁的中老年人，占比 30%。中老年人大部分没有互联网工具，也不会用互联网支付工具，互联网购物对于中老年人来说太过复杂。但是用微信是非常简单的，微信支付可以在微信中完成，非常方便，因此中老年人更乐意使用微信进行消费。

拼多多把握住了下沉市场人群的心理，通过"爱占便宜""价格敏感"等心理。获得了下沉市场用户的高频需求。抓住了用户的心理，拼多多以直接给钱的方式，让用户真切感到实在感，通过以低价、补贴等方式，与下沉市场的用户直接形成绑定。

拼多多商业模式演变

拼多多商业模式 1.0：

快速引流：以免费的方式吸引原淘宝的商家进入到拼多多的平台入住，同时也带来相关的流量；与互联网大厂腾讯合作，通过微信引流的方式，获取大量流量，不断下沉市场到三四线购物的群体。

拼团：以游戏化社交拼团的设计模式，通过差异化的砍一刀方式，获得大量客户参与，形成流量的聚集。

推广运营：运营成本、市场成本，采购成本等。

拼多多商业模式 2.0 如下：

前台：通过低价吸引用户，形成客户的差异细分。

后台：通过打造大数据和供应链的研发团队，帮助供应链降低成本，高效运作，同时进行核心的物流合作和助农扶持。

收入/成本：收入是用户购买商品，成本是运营成本、市场成本、IT成本、供应链、助农成本等。

（作者根据相关材料改写）

思考题：

（1）拼多多的差异化定位体现在哪里？

（2）请画出拼多多的商业模式画布。

（3）本案例对你有哪些启示？

本章小结

　　本章的主要内容是商业模式的概念、本质和基本结构，商业模式画布的作用、构成要素和应用领域，商业模式创新的逻辑、方法和基本流程。商业模式是企业为做到有效盈利并持续盈利，将内外部各种资源合理调配和利用，向购买者或消费者提供准确的受用价值而建立的一种系统结构。商业模式的本质是可持续赢利的交易结构。它的关键要素共分为九个：客户细分、价值主张、渠道通路、客户关系、收入来源、核心资源、关键业务、重要伙伴及成本结构。商业模式的创新在某种程度上决定了企业的命运。商业模式的创新是在以客户为中心的基础上，为应对内外部环境的变化，对企业价值网络中的要素、自身潜力进行发掘，对企业的业务范围、目标客户、竞争方式等进行重新定位，对产业链重新整合，从而建立起新的价值网络、盈利模式等的综合性过程。

学习与思考

1. 观看与思考

观看纪录片《亚马逊公司》，思考如下问题并与同学交流：

（1）亚马逊公司的主营业务是什么？

（2）亚马逊公司是如何实现快速增长的？

（3）亚马逊公司是怎样成长为一个生态型公司的？

2. 阅读与思考

阅读哈佛大学教授约翰逊（Mark Johnson）、克里斯坦森（Clayton Christensen）和SAP公司的CEO孔翰宁（Henning Kagermann）共同撰写的《商业模式创新白皮书》，思考下述问题并与同学交流：

（1）如何理解商业模式？

（2）如何理解"价值主张"？

（3）商业模式创新需要注意哪些问题？

3. 案例学习与思考

搜索并体验小红书App，思考下述问题并与同学交流：

（1）你是否喜欢小红书的内容和推荐方式？

（2）小红书在创业之初的市场定位是什么？

（3）小红书的商业模式经历过哪些调整?

实践训练

请同学们结合本章所学内容，在市场调查和项目选择的基础上，完成本团队参加中国国际"互联网＋"大学生创新创业大赛的商业模式设计，并用商业模式画布进行展示。

1.寻找解决方案

请同学们以团队为单位，共同梳理本章所学激发个体和群体创意的方法，然后挑选适合本团队的创意方法，并运用这些方法针对前面学习过程本团队所确定的问题，寻找解决方案。在这一阶段，各团队可以选择 2~3 个方案，供下一阶段进一步筛选。

2.整合创业资源

在完成 2~3 个备选方案之后，请大家盘点一下本团队，以及所在学校和专业的办学定位、学科专业优势、教师队伍、科研与实验条件等因素，评估各个方案的可行性，在此基础上确定解决方案和整合创业资源。

3.设计商业模式

借助商业模式画布，对团队选择的问题解决方案进行梳理。在梳理的过程中，要特别注意思考如下问题，谁是你们的客户，你们要为客户解决什么问题，你们将用什么方式为客户解决问题? 在反复思考之后，请以团队为单位填写商业模式画布。

第七章

创业资源与创业融资

★ 知识习得
掌握创业资源的概念、种类和获取方式。

★ 情意形成
形成整合资源的意识和多赢的合作态度。

★ 能力提升
能够通过创造性拼凑利用现有资源。

★ 价值引领
理解统一战线的意义，学会团结一切可以团结的力量。

思政小课堂

案例导入

我知盘中餐——"互联网＋"创新创业大赛金奖

2018 年 10 月 13 日至 15 日，由教育部等十一个国家部委联合主办的第四届中国"互联网＋"大学生创新创业大赛总决赛在厦门大学举行，"我知盘中餐——大数据精准助农平台"项目荣获本届大赛金奖（红旅赛道第 2 小组第 1 名）。

"我知盘中餐"项目是由厦门大学张德富教授指导，陈欢、江建烽、韩奕、杨露、高晨睿等 20 多名学生共同参与的创新创业项目。该项目利用大数据、人工智能等技术实现精准助农扶农，解决农业痛点难点，涵盖了种植规划、技术指导、市场营销及品牌建设等农业四大核心环节。

长久以来，国内都面临着这样的问题：一方面食品安全问题层出不穷，消费者苦于买不到放心菜；另一方面，许多地区较为闭塞，农产品相对绿色天然，却苦于没有销路。针对这一问题，2012 年张德富教授带领厦大计算机科学与技术系的师生，创建了"我知盘中餐"大数据电商平台。

"我知盘中餐"采用了一种全新的模式，把农户/合作社及消费者直接联系起来。该平台致力于为消费者提供便捷友好的购物服务，注重用户的使用体验。同时，它也为农产品供应商、个体农户提供产品管理、订单管理、成交记录、财务统计、数据分析等服务，帮助产品供应商和消费者实现精准对接。

2017 年，项目团队在张老师带领下，参加了"青年红色筑梦之旅"实践活动。2018 年 3 月，该项目团队联合组织了 400 多名大学生，建立了 100 多个精准扶贫实践团队，深入各地农村考察调研。同年 10 月，该项目入围了"互联网＋"大学生创新创业大赛总决赛并获金奖。

（作者根据网络资料和大赛现场录音编写）

思考题：

（1）"我知盘中餐"项目涉及了哪些资源？

（2）厦大张德富教授指导的创业团队是如何整合这些资源的？

（3）在你身边有哪些参加红旅赛道的资源？

第一节　创业资源

创业资源是企业创立和成长过程中所需要的各种生产要素和支撑条件。对于创业者来说，只要是对项目和企业发展有所帮助的要素，都可归入创业资源的范畴。一个创业项目能否茁壮成长，成为新创企业并稳步发展，创业资源在其中起到了关键性的作用。

一、创业资源概述

资源是指一个主体可以开发利用创造价值的各种要素的总称。对于创业者而言，凡是对其创业有所帮助的要素，都可以归为创业资源的范畴。因此，可以将创业资源界定为创业者在创业过程中可获取与开发利用的各种要素的总称。

（一）创业资源的种类

创业资源的种类很多，并可按不同的方式对其进行分类。其中最常见的划分方式是根据创业资源是否可见，将其分为显性资源和隐性资源。显性资源是看得见摸得着的人、财、物等有形资源，而隐性资源是看不见但实际起作用的社会、信息与政策等资源。

1. 显性资源

创业资源中的显性资源主要包括3种。

（1）人力资源是创业的基础资源，一切资源都是以人力资源为基础，并由人力资源去获取、开发和利用的，所以说人力资源是创业活动中最基础、也往往是最重要的资源。

（2）技术资源是创业所需的专业技术、专业洞察力、专业技能和知识经验等，技术资源与人力资源是分不开的，所以常常将两者紧密结合。

（3）资金和实物资源是创业的重要资源，但往往不是关键资源。创业需要资金和实物资源，但不一定要拥有资金和实物资源。

2. 隐性资源

创业资源中的隐性资源主要包括 3 种。

（1）社会资源特指社会中人与人之间关系创造价值的资源特性，也称社会资本。社会资源又可分为：客户资源、供应商资源和渠道商资源等。

（2）信息资源是对创业企业有帮助价值的所有信息，包括市场信息、项目信息等，信息往往能起到四两拨千斤的妙用，一条信息可以决定创业的成败。

（3）政策资源是指对创业企业有相关性的一切政策，包括各级政府职能机构制定和发布的政策与法规，各级行业管理机构制定和发布的政策信息等。

（二）创业资源的特点

创业资源虽然与普通商业资源有许多共同之处，比如都具有稀缺性，都包含相同的资源种类等。因为无论是创业资源还是一般商业资源，都包含显性资源和隐性资源，只是在资源的构成和作用上有差异。这些差异主要表现在 3 点上。

1. 创业者自身是最重要的创业资源

新创企业一般资源极度匮乏，开始阶段往往唯一的资源就是创业者自身，其他资源都要靠创业者去开发整合，所以创业者自身是最重要的创业资源。但当企业发展壮大后，拥有的资源越来越多，创业者的作用不再明显。

2. 创业倚重整合外部资源

新创企业资源极度短缺，企业直接控制的内部资源不足，主要倚重整合外部资源，如投资入股、项目合作和信用贸易等。而在一般商业资源条件下，企业已拥有很多内部资源，对外部资源没有那么倚重。

3. 创业资源中隐性资源比重更高、更重要

创业所需要的资源中，显性资源中除了创业者自身外，其他资源往往极度匮乏。因此隐性资源就占据了主要成分，往往起到了关键性的作用。而一般商业资源中显性资源比重更被重视，比重往往更高。

（三）创业资源的作用

1. 人才和技术是基础资源

人力资源及其所附属的技术资源在创业中起到基础作用。在创业阶段，创业企业资源极度匮乏，所以以创业者为核心的人力资源是创业的基础。而技术资源是附属于人力资源而存在的，技术资源是企业开展业务的基石，在任何行业开展业务都需要具有一定程度的专业技术资源，所以人力及技术是创业的基础资源。

2. 资金是重要资源

资金及其背后的财务管理在创业中起到重要作用。新创企业一般是极度匮乏资金的，而新创企业的经营活动，一切都需要用到资金。场地、设施与设备需要购买或租赁，原材料需要采购与运输，雇佣人力需要支付薪酬，所以各项环节能否顺利进行，都受到是否具有足够资金的影响。

3. 社会资源是关键资源

社会资源也称社会资本，在创业中起到关键作用。社会资源是社会中人与人之间关系创造的价值，社会资源虽是外部的，但又可被创业企业所获取、开发和利用，在创业中往往起到关键甚至决定性的作用。因为创业成功的关键是获得社会资源的支持，包括客户、上游供应商和下游渠道商。

二、创业资源的获取

有道是"巧妇难为无米之炊"，无论是显性资源，还是隐性资源，都对创业活动的成败具有非常重要的影响。因此，从某种意义上说，获取和积累一定的创业资源是创业的前提条件。

（一）影响创业资源获取的因素

1. 内部影响因素

内部影响因素主要包括 3 点。

（1）企业的使命、愿景和经营哲学。使命是企业存在的意义，愿景则是企业的长期奋斗目标，而经营哲学则是企业文化的高度概括。企业的使命、愿景决定了企业获取资源的目的与步骤，指明了企业的行事风格，企业的经营哲学决定了企业获取资源的途径和开发利用的方式。

（2）企业战略是企业根据内外部环境条件，做出的企业资源配置决策。企业战略决定了企业发展方向，也就决定了企业要去获取哪些资源，获取资源后如何利用等。

（3）人力资源通过被组织和领导起来成为一个有机体，以达成集体的一致目标。人力资源组织与领导得好，企业人力资源形成有机体，就会产生"1+1>2"的正效应，否则就容易产生"1+1<2"的负效应。

2. 外部影响因素

外部影响因素主要包括 2 点。

（1）社会大环境对于创业资源获取具有重要影响。因为新创企业不能孤立存在，必然要受到社会大环境的影响。社会环境所包括的因素主要有政治因素、经济因素、社会因素、技术因素等。各种因素对于创业企业获取资源，可从各个角度产生正面的或负面的影响。

（2）行业环境也对于创业资源获取具有重要影响。因为新创企业总是在具体的行业内生存，必然要受到行业环境的影响。行业环境也包括各种因素，主要包括竞争者因素、供应商因素、渠道商因素、潜在进入者因素、替代品因素。各种因素对于创业企业获取资源，可产生直接和间接的作用。

（二）获取创业资源的途径

1. 外部获取

外部获取按获取方式可分为交易换取与合作换取。交易换取是指以企业自身所拥有的资金或实物为代价，来换取企业所需资源的方式，如购买、租借和交换等。交易换取按交易占用资金或实物的形式，又可分为购买、租借和交换等方式，具体到某种资源，方式还可更具体更灵活。例如，就资金资源的获取而言，还可更具体包括有无抵押贷款、质押贷款、债券等形式。合作换取是指通过合作方式，以双方或多方的共同投入，以换取分享未来利益的方式。合作换取相对交易换取更少占用新创企业宝贵的资金资源，有利于降低企业经营风险，是企业整合外部资源的能力表现，应当优先使用。合作换取按合作紧密程度的形式，又可分股份合作、联盟合作、松散合作等，具体形式可更多样。

2. 内部开发

内部开发是指通过挖掘内部潜力，来不断地沉淀、积累创业资源的方式。例如，新企业通过内部传帮带，来培养企业的业务骨干等。新创企业资源匮乏，对于大部分的非核心资源，如资金资源，都应当从外部获取，而对于少部分核心资源，需掌握在企业自己手里，而且也极不易在企业外部获得，则应当优先在企业内部开发获取。内部开发的缺点是周期长和失败的概率比较高，优点是资源一旦开发成功，就不易发生转移，能够成为企业的核心竞争力。另外，通过内部开发虽然存在开发难度大、速度慢的缺点，但是可通过外部引入内部消化的方法来克服此缺点，加快进程。

（三）获取创业资源的策略

在创业资源获取过程中，采用适当的策略可使资源获取事半功倍。纵观国内外创业活动的历史，不难发现在创业资源获取过程中，采用适当的策略可使资源获取事半功倍。获取创业资源的基本原则是盘活、用好、用足企业的现有资源，四两拨千斤，以有限的内部资源，撬动尽可能多的外部资源，具体策略包括3点。

1. 用足现有资源

对创业者来说，最重大的策略是盘活、用好、用足企业的现有资源，以有限的内部资源，来吸引尽可能多的外部资源。例如，以现有资源做好自营的样板店，然后通过连锁加盟扩大经营规模、降低经营风险和形成品牌效应。

2. 多用隐性资源

企业初创期间显性资源比较匮乏，应该充分挖掘自身的隐性资源，并以此为杠杆来撬动外界的显性资源。例如，通过个人的专业洞察力和以往积累的社会资源，以极具吸引力的创业项目来打动外部投资者入股和优秀员工的加盟等。

3. 广泛合作

新创企业资源虽然紧缺，但是可以通过广泛的合作，以公司未来的利益预期，来换取实实在在的现实资源。例如，可以通过共同开发，分摊开发成本，降低开发风险，获得技术资源，更快、更稳妥地实现企业的发展。

三、创业资源整合

（一）创业资源的整合机制

创业者整合资源的第一步，就是把这些利益相关者识别出来。虽然利益相关者是有利益关系的组织和个体，但有利益关系并不意味着能够实现资源整合，创业者还需要寻找利益相关者的利益共同点，并形成一套资源整合机制。其中最重要的是共赢机制，即可以使资源的提供方和使用方均能获益的机制。这种机制不但需要找到多方利益的共同点，而且需要以沟通和信任来维持。沟通是产生信任的前提，信任是社会资本的重要因素，是维持合作的基本条件。当信任产生的时候，资源提供方和使用双方就有了一种相互交托，就可以开展更长期的合作。

（二）创业资源的整合过程

创业资源的整合，通常包括如下过程：资源整合前的准备——资源需求量的测算——资源来源的确认——资源整合计划编制——资源整合谈判。在这个过程中，创业者不是在拥有充分资源的时候才去创业，而是在资源不足的情况下，去获取和整合资源来创业。在这个过程中，创业者的资源开发和整合能力，将决定他的竞争力。初创企业资源极其有限，创业者要尽其所能，充分利用资源的最大使用价值，产生最佳效率和效益。

（三）创业资源的整合原则

1. 内部资源整合

即企业整合内部资源，应遵循"整体大于个体，个体服务整体"原则。这里的"整体大于个体"，指的是企业要整合内部各种资源，实现"1+1>2"的正效应。这里的"个体服从整体"，指的是企业的每一个局部，资源的配置和利用都要服从于整体的利益，要以是否有利于整体为决策判断依据，而不能只考虑个体或小集体的利益。当个体利益和整体利益发生冲突时，要让个体利益服从整体利益。

2. 外部资源整合

企业整合外部资源，应遵循"合作大于竞争，竞争谋求共赢"原则。这里的"合作大于竞争"，指的是企业在整合外部资源时，要正确处理合作与竞争的关系。外部环境中的各种资源拥有者，都可能与企业同时存在着合作与竞争两种关系，这里的关键是如何扩大合作，同时尽量减少摩擦和竞争。这里的"竞争谋求共赢"，指的是竞争者间不仅存在竞争，其实也存在着合作，例如通过打造区域品牌，共同做大蛋糕，便可以让区域内的所有竞争者全都获益。所以创业者应转换思维，努力创造多赢的创业生态。

形成性训练

扫一扫　练一练　　扫一扫　查看答案

案例分析

Zoom 是怎样炼成的？

正如塔勒布在《黑天鹅》一书中所说：正常发展状态下，新商业模式往往受制于用户习惯和消费惯性、基础设施不完善等因素，获客和开展业务门槛较高；而危机的出现和应对所带来的新政策，以及极端环境下用户行为习惯的变化，则可能打破这些门槛，孕育突破性机会。

2020 年 3 月中旬，受疫情影响，加州颁发了"禁足令"，硅谷所有公司都开始实行在家办公。对于许多中小型公司而言，付费使用思科那些大公司的会议系统是不划算的，Zoom 成了他们的首选。大量线上会议需求，带动 Zoom 的使用量从年初到 3 月中旬成长了 67%。受此影响，在美国股市经历动荡之际，Zoom 股票却能逆市坚挺。

选择了不被看好的赛道

让人眼红的 Zoom，2011 年还只是由华裔袁征领导的小公司。在创立这家公司之前，袁征就已经是思科的副总裁，对一个山东科技大学 90 年代的毕业生来说，彼时已经是他的人生巅峰。此时离职创办 Zoom，进军老东家思科 WebEx 耕耘多年的在线通讯市场，就连他最好的朋友、顾问和早期的投资者都不看好。

思科前企业发展主管 Dan Scheinman 曾说："他（袁征）当时进入的是一个将近饱和的市场。他的竞争对手都相当强大。"因为那时候市场上充斥着来自谷歌的 Hangouts、微软的 Skype、GoToMeeting 和思科的 WebEx 的视频会议系统。而袁征认为，当时现存产品最大的问题，在于不受用户喜欢，他说 20 年前自己为思科 WebEx 编写的有些代码有问题，但现在仍在被使用。

寻找和开发利基市场

为了打开市场，Zoom 在 2011—2013 年获客期间，采用的是免费模式。这种模式和产品形态，非常符合教育行业及中小型企业对灵活性的诉求，即使后期prime的小团队版本$14.99~$20/月，依然具有价格优势，这显然给使用者拉低了使用门槛。

到了2012年，Zoom有了第一个付费用户——斯坦福大学，随后他们开始深耕高校市场，并使高校逐渐成为Zoom的主要客户群体。根据Zoom自己提供的数据，美国顶尖的200所院校，90%以上都是Zoom的用户。

无论是获客和存留上，Zoom都做得不错，因为简单的使用方法、简单的付费模式，以及简单的私有化部署方案，让Zoom的用户逐渐向大企业市场进军。而避开WebEx的主战场，去校园里培养用户是一个聪明的做法。这些高校的学生毕业后，投入公司工作，不少人会把这个工具带入职场，不断地滚雪球。

活下来才是硬道理

Zoom在2013年有过A、B轮两次融资，到了2015年获得3000万美金的C轮融资，再就是2017年的D轮融资，由红杉资本领投，高通企业风投跟投，一共获得1亿美金，Zoom估值达到10亿美金，进入独角兽俱乐部，这是Zoom最后一次融资。

2017年，Zoom的客户数量（10名员工以上的企业）有10900个，2018年为25800个，到了2019年，客户达到50800个，呈倍增状态。2017财年净亏损382万美元，但2018年已实现盈利758万美元。

一旦开始盈利，就是上市的最佳时候。2019年4月，Zoom正式登陆纳斯达克，跟随上市一起披露的还有2018年全年盈利的消息，上市当天股价上涨超过70%。截至2023年4月，其市值在209亿美元左右。从2011年开始创立到2020年，Zoom的成功经验在于：在正确的时间做正确的事情。

2010年前后，帮助提升各个方面管理效率的工具确实被市场需要，其他公司只要比思科等传统大公司用户体验做得稍稍好一些，就能够获得市场机会。相比很多公司，Zoom没有精彩的蓝图，也没有一个突然的增长拐点（比如Facebook早期在校园中发生了网络效应），但Zoom在并不迅猛的增长中，靠着压低成本，活到了盈利的那一天。

（作者根据相关资料改写）

思考题：

（1）Zoom为什么会在危机下大火？

（2）Zoom的主要用户是谁？

（3）袁征为什么会选择做Zoom？

第二节 创业拼凑

创业需要资源，但不等于创业者一定要拥有资源，大量创业成功的案例表明，对创业而言，资源的所有权并非关键，关键是对资源的控制和利用。其实，在创业项目运作过程中，起初的资源极其有限，创业者基本上都是通过对现有资源进行拼凑来启动创业项目的。随着项目发展，创业者才以购买、交换和合作等方式，将各种需要的资源整合进来。

一、创业拼凑概述

创业者在获取创业资源之后，如何有效配置使用资源，使其能为企业创造最大化的价值，可称为创业资源的开发。在企业初创阶段，创业者所拥有的创业资源不但十分有限，而且大多数处于零碎状态。但是有关研究表明，大多数成功的创业者，在创业早期就是以拼凑的方式，创造性地利用自身有限的资源，来开启创业之旅的。

（一）创业拼凑的源起

尽管创业拼凑理论对如何解释资源束缚情境下的新企业创业过程做出了可理解的理论诠释，然而"拼凑"一词却并非创业管理领域的首创。从学科溯源来看，"拼凑"一词最早来自法国人类学家施特劳斯（Claude Levi-Strauss）对人类文化和人类思维的研究，他发现人们除了可以采用规范性的科学思维模式来认识世界外，还可以采用拼凑主义的经验思维模式来改造世界。拼凑思维模式强调对现有思维元素的重新解构和整合，从而创造出新的认识规则和手段。

1981年解构主义思潮的创始人德里达（Jacques Derrida）将拼凑理论引入哲学领域，他考察了拼凑在人文科学研究中的结构效用，发现既有的单元化社会秩序需要不断地、连续性的修补，这种修补不是偶然发生的，而是本质的、系统的和理论的，他认为这种修补性的解构主义就是拼凑。1993年，组织理论学者韦克（Weick）分析了组织即兴和拼凑在角色结构形成及组织规范互动过程中的积极作用，从而将拼凑理论引入了组织研究领域。

（二）创业拼凑的界定

2003年Garud和Karnoe与Baker等同时在"Research Policy"上撰文，分别考察了拼凑在技术创业中的作用和拼凑对新企业创业资源整合的影响，从而正式将拼凑理论引入创业管理研究领域。随后，Baker等学者又围绕创业拼凑开展了一系列的实证研究，力图分析和识别创业拼凑的理论边界、过程模式、理论效度和测量方式，在微观和学科层面上区分了创业领域和其他领域对拼凑理论的研究，厘清了创业拼凑理论对新企业创建和成长过程的驱动机制，从而为创业拼凑研究的理论发展和理论创新做出了重要贡献。

2005年Baker和Nelson首次提出创业拼凑（Entrepreneurial Bricolage）的概念，从而为遭遇资源稀缺困境的初创企业提供了一种崭新的发展思路，他们认为在资源束缚的情境下，企业可以将就利用手头现有的资源，这些资源通常是免费的或低成本的，在短时间内对其进行创造性组合，进而形成应对新问题的解决方案。此后，一些研究人员开始考察拼凑在管理学不同领域的作用模式，并形成了制度拼凑、资源拼凑、即兴拼凑、拼凑与创造力及管理拼凑等多元化的研究视角。

（三）创业拼凑的意义

创业者如何在资源高度束缚的情境下成功创业？创业拼凑理论对此做出了极好的理论诠释。创业拼凑理论揭示了创业者如何在资源高度匮乏的创业环境中整合手中现有资源，通过对有限资源的创造性利用和选择性拼凑来启动创业项目，从而为创业者创建新企业提供了一条可选择的创业路径。尽管这一理论进入创业研究领域的时间较短，但已经引起了学者们广泛的关注，被认为是创业理论研究的重要进展，对创业学术研究做出了突破性的贡献。

新创企业通常都需要各种资源来实现成长：如雇佣员工、租赁办公或生产场所、购买设备、技术研发和实现首次产品销售。然而大多数新创企业都面临着严重的资源短缺，他们无法为顾客提供产品售后的可靠保障，无法为新员工提供稳定的雇佣合同，也无法向银行提供抵押品以获取创业必需的启动贷款。因此，新创企业要想实现成长，必须独立自主、自力更生，而创业拼凑恰为新企业利用现有资源向新领域拓展提供了有效的方法和对策。

二、创业拼凑与创意激发

在"大众创业，万众创新"的政策背景下，社会创新创业氛围日益浓厚，创业活动正逐渐成为我国经济高质量发展的重要助推器。然而，不少企业在创立和发展的过程中都面临资源稀缺的难题，难以获得有效的生存与成长。创业拼凑虽然为解决这一难题提供了有价值的思路，但要将其落到实处，还需通过创意激发产生具体的拼凑方案。

（一）创意的形成过程

创意是一种通过创新思维去挖掘和激活资源组合方式，进而提升资源价值的方法。只要是创新性解决问题的主意或办法，都可以称为创意。有道是"问题有限而创意无限"，"方法总比问题多"。只要我们勇于破除思维枷锁，乐于接受新知识、新事物，放飞想象、勤于思考，就有可能创新性地解决问题。

美国心理学家约瑟夫·沃拉斯（Joseph Wallas）在《思考的艺术》中提出：无论是科学还是艺术，或者其他创新性活动，其创意的形成大体上都包括以下四个阶段——准备阶段、酝酿阶段、顿悟阶段、检验阶段。

（1）准备阶段是创意形成的基础阶段。这一阶段的主要任务是收集资料、确定创新的方向和具体目标，从主观和客观上做好必要的创新准备。

（2）酝酿阶段是创意形成的运作阶段。人们经过系统的准备，在某一方面有了一定的知识和经验积累后，便会深入思考如何解决问题。

（3）顿悟阶段是创意形成的收获阶段。顿悟原为佛教用语，大意是指顿然破除妄念。这里指人们对曾经百思不得其解的问题，借助直觉突然领悟的思维现象。

（4）检验阶段是创意形成的验证阶段。在这一阶段人们要把研究的东西与预期的结果进行系统的对比，要用事实来检验自己的假设是否正确。

（二）创意的影响因素

影响创意形成的因素有很多，其中既包括主观因素，也包括客观因素。下面选择其中最为重要的 3 个主观因素进行分析。

1. 创新意识

在现实生活中，为什么面对同样的情境，人们会有不同的反应呢？其中最为重要的原因是创新意识。创新意识是指创新的准备状态，具体表现为创新的愿望和意图。创新意识是创新的前提，离开创新意识，一切创新都将无从谈起。

2. 创新思维

创新思维是指以新颖独特的方式和方法解决问题的思维，它能突破常规思维的束缚，以超常规甚至反常规的方法和视角去思考问题，提出与众不同的解决方案，从而产生新颖、独到和有价值的创意。创新思维是创新成功的关键，没有创新思维，即使创新的愿望再强，也很难取得创新性成果。

3. 创新能力

创新能力主要包括发现问题的洞察能力、产生新想法的想象能力、判断新想法可行性的分析能力、把新想法落到实处的实施能力。任何人都能拥有创新的潜能，只要不自我否定，每个人都可以通过有意识的训练形成自己的创新能力。

（三）创意的激发方法

创意激发可分为个体创意激发和群体创意激发。前面我们学习的列举法、组合法和检核提示法等创新方法，都可以用于个体创意的激发。下面我们来学习常见的群体创意激发方法，它们是"六顶思考帽""头脑风暴"和"开放式创新"。

1. 六顶思考帽

"六顶思考帽"是创新思维学之父博诺（Edward de Bono）开发的群体创意激发方法，由六顶不同颜色的帽子构成。六顶不同颜色的帽子，代表了六种不同的思维角度，几乎涵盖了人们思考问题的主要方向和基本过程。使用"六顶思考帽"激发群体创意时，所有人都在戴蓝色帽子的主持人指引下，依次同时戴上各种颜色的帽子进行思考。博诺强调，运用"六顶思考帽"，必须遵循"平行思考"原则。"平行思考"原则的形象表达是：在同一时刻，大家必须戴同一种颜色的帽子，而且只能戴一顶帽子。这一原则要求人们，在集体讨论问题时，所有人在同一时间，必须要在同一个角度、同一个方向和同一个层面进行思考。引入"平行思考"原则的目的，在于使人们从争论式的"对抗性思维"，走向集思广益式的"平行思维"。这种方式不仅可以有效避免本来不应该发生的冲突，而且可以就一个话题讨论得更加充分和透彻，从而让每一次会议、每一次讨论都充满创意和生命力。当然，"平行思考"不是要消除不同意见，而是要避免没有意义的时间浪费。

2. 头脑风暴

头脑风暴（Brain Storming）是美国创造学大师奥斯本（Alex Faickney Osborn）开发的群体创意激发工具，基本形式是一个小型会议，会议通过营造开放、包容的心理情境，最大限度地激发参会人员的创新智慧。作为一个在全世界范围内具有广泛影响的创新思维工具，头脑风暴的最主要功能是利用群体思维过程中产生的互激效应，最大可能地获取尽可能多的创造性地解决问题的设想。为保证头脑风暴会能取得预期的效果，会议人数以5~10人为宜，会议时间一般为30~60分钟。实施头脑风暴必须遵循四项基本原则，即自由畅想、推迟评判、以量求质、综合集成。典型的头脑风暴法的操作程序，包括五个阶段：一是准备阶段，包括确定主题、组建小组、会议通知三项主要工作；二是热身阶段，即通过各种活动，形成轻松、热烈的气氛、使与会者尽快进入"角色"；三是启动阶段，即由主持人向与会者简明扼要地介绍所要解决的问题和必须遵守的基本要求；四是畅谈阶段，即使与会者放飞想象和畅所欲言，进而提出大量有价值的创造性设想；五是整理阶段，即在讨论结束后，组织专人对各种设想进行分类整理，筛选出具有实用价值的设想。

3. 开放式创新

随着互联网技术的发展和"消费者主权时代"的到来，越来越多的企业开始重视与消费者的互动，甚至让消费者参与企业的研发设计。而所谓"开放式创新"，就是指这种充分利用消费者的智力资源，激发消费者参与企业研发和贡献创意的创新方式。例如，"大众自造"项目，就是由大众汽车品牌，面向中国公众打造的一个探索未来汽车设计与制造的对话平台。它以激发中国公众的创意和灵感为目的，以互联网和跨媒体渠道及形式多样的活动为沟通工具，以"设计""个性化""环境"和"汽车互连"等为沟通主题，开启大众汽车与中国每一个有汽车梦想的人进行沟通的创新渠道。在"大众自造"网络互动平台上，每阶段都会配合传播主题展开网友设计竞赛，同时网站开设了"互动交流""投票评选"等功能，不仅可以集思广益，而且可以通过网友的交流评价不断迸发创作灵感。

三、创业拼凑策略

创业资源通常是稀缺的，等拥有了足够的资源再去行动，其结果只能是一辈子也不可能创业，只有通过拼凑手边资源先干起来，才有实现最终目标的可能。当然，这里的拼凑不是基于常规思维的简单拼凑，而是基于创新思维的创造性拼凑。创造性拼凑既非一蹴而就，也不是高不可攀，它可以采用一定的策略，通过反复尝试实现。下面是常见的创业拼凑策略。

（一）步步为营

创业者分多个阶段投入资源，并且在每个阶段投入最有限的资源，称为"步步为营"。步步为营策略首先表现为节俭，设法降低资源的使用量和管理成本。但是，过分强调降低成本，会影响产品的服务质量，甚至会制约企业发展。比如，为了求生存和发展，有的创业者不注重环境保护，在破坏环境的基础上进行生产，这样的创业活动尽管短期内可能赚取利润，但从长期来看，其发展潜力有限。因此，创业者需要"有原则地保持节俭"。步步为营还表现为自力更生，减少对外部资源的依赖，目的是降低经营风险，加强对所创事业的控制。很多时候，步步为营不仅是一种最经济的做事方式，也是创业者在资源受限的情况下寻找实现企业理想目的和目标的途径，更是在有限资源约束下获取满意收益的方法。

（二）创造性拼凑

对创业者来说，更为常见的是"零碎"资源的创造性拼凑，这些"零碎"资源可以是物质，也可以是技术，甚至是一种理念。聪明的创业者善于发掘身边资源的各种属性、将已有的资源创造性地重新组合起来，快速应对新情况，开发新机会，解决新问题，成为创业的利器。创造性拼凑的特点主要表现为两个方面，一是资源的重新组合往往用于新目的；二是将就使用，突破固有观念，抛开人们对资源和产品的固有观念，坚持尝试突破。这种办法在资源使用上经常和次优方案联系在一起，也许是不合适的、不完整的、低效率的、不全面的、缓慢的，但是在某种程度上是创业者唯一能够理性选择的。

（三）杠杆效应

杠杆效应是指以尽可能少的付出，获取尽可能多的收获的现象。由于创业者在创业时拥有的资源有限，需要创业者在创业过程中，尽可能利用资源的杠杆效应。美国银行投资家罗伯特·库恩（Robert Kuhn）认为，企业家要具有在沙子里找到钻石的功夫，能发现一般资源怎样被用于特殊作用。它要求创业者突破习惯思维方式，打破对资源的常规认知，更充分地利用别人没有意识到的资源。资源的杠杆效应主要体现在以下五个方面：一是突破习惯思维方式，打破对资源的常规认知，更充分地利用别人没有意识到的资源；二是再利用手边资源，让有限的资源重复使用和充分使用；三是将就，即因陋就简和高效充分地使用资源；四是资源整合，将一种资源补充到另一种资源里，产生更高的复合价值；五是有限度拼凑，即不是在所有的领域拼凑，注重利用自有资源获得其他资源。

形成性训练

扫一扫　练一练　　扫一扫　查看答案

一站式服务引 4000 万元风投

当越来越多人的信息开始源于网络，越来越多的人在上下班途中翻看的是手机而不是报纸时，传统媒体意识到了向新媒体转型的紧迫。但庞大的人力、物力投入，加之网络技术的瓶颈，成了阻碍传统媒体转型的门槛。"90后"女孩小梅从中看到商机，做起了"纸媒转型管家"，不但已与十几家传统媒体达成了合作意向，还引来了4000万元风投。

小梅，1990年出生，毕业于四川美术学院，是重庆搜索科技发展有限公司的首席执行官，也是该公司创始人之一。重庆搜索科技发展有限公司是一家从事互联网应用系统集成服务和计算机软硬件产品研发、生产、销售的企业。其主要产品涉及CmsSou全媒体网站管理系统、新媒体采编发系统、智能云存储、办公自动化系统等。该公司旗下有3家子公司：易媒广告联盟、靠谱广告联盟、北京智媒网络科技有限公司。

一站式服务帮传统媒体转型

小梅介绍，她曾在北京一家国家级媒体实习，刚好经历了该媒体向新媒体业务的转型。在这一过程中，她看到了传统媒体在转型过程中面临的缺乏专业运营团队、前期投入大等难题。虽然有部分IT公司提供建站、软件开发、托管等服务，但很少有公司能做到一站式服务。

回到重庆后，小梅与合作伙伴小琪一起，正式成立了重庆搜索科技发展有限公司，小梅任公司行政总裁，小琪任营运总监。公司主攻新媒体项目，开发出CmsSou全媒体网站管理系统、新媒体采编发系统等。

她们除了免费帮传统媒体建站/升级网站、生成App等新媒体类产品外，还可提供数据采集、内容发布、组织、传播、维护、运营等一站式全免费托管服务。"我们要把媒体从业人员从网络技术和运营中解放出来，让他们专注于做好内容，专业的人做专业的事。"小梅笑着说。

前期免费服务，后期分成

"对传统媒体来说，它们在转型过程中享受的是零投入和零风险。"小琪介绍，与其他提供网站建设服务的企业相比，她们采用的运营模式最大的不同在于，前期提供的是全免费服务。无论是为媒体建立或升级网站，还是转型软件的开发及全部技术投入，都由她们的团队承担，免去了传统媒体在资金、技术、运营上的所有风险。据估计，这一模式最少每年可以为传统媒体节约近80万元费用。

在这样的运营模式下，公司靠什么方式盈利？小梅的回答是："我们参与的是后期盈利分成。"现在很多传统媒体都在向新媒体转型，但受传统观念影响，并没有很好地利用新媒体的价值。而她们的团队就是要在传统媒体向新媒体转型期间，提升潜在的互联网盈利能力；后期广告投放、网站产品销售等都可以实现利润分成。

为在达成合作意向后能够吸引更多网络广告，小梅和小琪还收购了两家专业的互联网广告公司。"未来，新媒体平台成熟后，将打造一个航母级广告平台，通过它为广大中小企业和创业者免费做产品推广。我们希望能帮助他们，将好的产品推出去，实现价值。"

（作者根据相关资料改写）

思考题：

（1）小梅在创业之前有哪些资源？

（2）小梅是如何发现创业机会的？

（3）小梅的创业整合了哪些资源？

第三节 创业融资

如果说企业家是驱动一个公司的引擎，那么资金就是推动它的燃料。创业离不开资金，融资是创业者不可回避的问题。那么，创业需要多少资金？何时需要？从何处、向谁筹集资金？这个过程应该怎样编排，怎样管理？这些问题对于任何一个创业者来说，都是至关重要的。

一、创业融资准备

在美国华尔街有一句流传甚广的名言："失败起因于资本不足和智慧不足。"研究者询问创业者创办新企业最关注什么，普遍的回答就是"筹资"。资金对于创业者的重要性不言而喻，因很少有创业者一开始就有充足的资金。虽然对创业者来说，资金并不是第一位的，但一定的启动资金还是必需的。那么，既缺经验又缺人脉的在校或刚毕业的大学生，怎样才能获得这笔启动资金呢？

（一）了解创业融资过程

创业融资是一个涉及诸多因素，比较复杂且具有较高技术含量的活动。在通常情况下，成功的创业融资，大致需要经过如下六个步骤。

第一步，形成正确的融资观念。主要包括树立"守承诺、讲信用"的个人形象，懂得天下没有免费午餐的道理，关注自身资产负债率，不盲目为融资增加企业的经营成本与风险。

第二步，设立合理的发展愿景。融资不是最终目的，创业者最应该关注的是你最终要实现什么样的发展目标。成功的融资应该是能凝聚投资方与创业公司的资源与力量，形成一个利益共同体，一起为实现企业的发展愿景努力奋斗。

第三步，制订合理的商业计划。商业计划是投资人了解创业者和创业项目的重要途径，应能对企业的项目和影响企业发展的条件做出合理、充分的分析和说明。

第四步，选择合适的财务顾问。融资涉及大量的财务问题，创业公司如果想要对融资这一系统工程拥有明确的财务把握，应该找专业的财务顾问进行咨询和进行全程指导。

第五步，做好融资诊断与评估。对公司的优势劣势、所面临的机会和风险等，进行充分的调查研究，在此基础上测算公司的资金需求和评估公司融资的必要性与可行性。

第六步，全面了解投资人情况。全面了解投资人的投资偏好、尽职情况和投资与管理风格，找到适合自己的投资人，并在此基础上制订自己的融资方案。

（二）制定财务战略框架

创业融资过程首先是投资人通过企业的财务数据，对企业经营状况和未来前景进行了解的过程。这里的财务数据既包括现实的数据，也包括历史的数据，所以对企业的财务管理具有较高的要求。而要满足这种要求，较为有效的方式是在企业创立之初，就要制订与创业计划相适应的财务战略框架。

（三）测算创业融资需求

合理地筹集创业所需要的资金是对创业者最为基本的素质要求，也是成功创办企业的前提。筹集不到足够的资金使企业出现资金断流，甚至被迫清算；筹集的资金过多，又会造成资金闲置，增加企业运营成本，导致企业经营效率低下。因此，创业者一定要对创业所需要的资金，进行科学合理的测算。

对大多数创业者而言，为保证企业在创业初期能够正常运转，在企业经营达到收支平衡之前，都需要筹集足够的资金，用于公司支付各种费用，此类费用称为启动资金。在估算启动资金时，不但要充分考虑各种正常的费用支出，而且要为所有可能发生的意外情况准备必要的应急费用。

二、创业融资渠道

创业融资渠道是指创业者筹集资金的来源和通道，主要由社会资本提供者的数量及分布决定。了解融资渠道的种类、特点和适用范围，有利于创业者合理选择和充分利用各种融资渠道，从而实现各种融资渠道的合理组合。

（一）私人资本融资

1. 个人积蓄

创业者自我融资主要是依赖自己的存款，这是新企业创建初期的一个重要的资金来源。研究者发现，70%的创业者依靠自己的资金为新企业提供融资。即使具有高成长潜力的企业，在很大程度上都依赖创建者的存款提供最初的资金。

2. 亲朋好友

亲朋好友被称为早期创业企业的潜在天使投资人，是常见的启动资金的来源。事实上，大多数天使投资人在投资创业公司之前，都"要求"创始人能从朋友和家人那里得到一些资金。

3. 天使投资

天使投资是指富有的个人直接对有发展前途的新创企业进行权益资本投入，在体验创业乐趣的同时获得投资增值。天使投资者通常是以下两类人：一类是成功的创业者；另一类是企业的高管或高等院校、科研机构的专业人员。

（二）机构融资

1. 商业银行

银行贷款是中小企业最喜欢的融资渠道，但新企业获得这种贷款的成功率非常低。但当企业发展到一定规模，具有一定的信誉、资产或其他担保时，商业银行贷款就成了创业资金的主要来源。

2. 非银机构

非银机构主要包括信托公司、小额贷款公司、金融租赁公司和担保公司等。目前，融资性担保机构，对中小微企业的帮扶作用日益增强，新创企业在没有固定资产等抵押物的前提下，凭借担保公司的信用担保，就能从银行贷到周转资金。

3. 交易信贷

交易信贷指企业在正常的经营活动和商品交易中，由于延期付款和预收货款所形成的企业间常见信贷关系。企业筹办期及生产经营过程中，均可以凭借商业信用，来筹集部分资金。

（三）风险投资

风险投资（Venture Capital，VC）也称"创业投资"，是指风险投资者寻找有潜力的成长性企业，投资并拥有这些被投企业的股份，在恰当的时候取得高额收益的一种投资行为。风险投资多来源于金融资本、个人资本、公司资本及各种基金等。

风险投资的领域主要是高新技术产业，包括计算机、网络和软件产业、医疗保健产业、通信产业、生物科技产业等。投资方式可分为一次性投入和分期分批投入，分期分批投入比较常见，既可以降低投资风险，又有利于加速资金周转。

风险资本投资者除了为新企业提供资金外，还帮助新企业识别关键员工、消费者和供应商，并帮助制订实施运营政策和战略。由于风险投资者与承担首次公开上市的投资银行有一定的关系，所以风险资本支持的企业比其他的企业更有可能公开上市。

（四）政府基金

《国务院办公厅关于进一步支持大学生创新创业的指导意见》从放宽市场准入条件、享受资金扶持政策、实行税收减免优惠、提供培训指导服务等方面对大学生创业给予了创业扶持的指导意见，各地政府也相继出台了相关政策鼓励大学生自主创业。

2022年广西壮族自治区发布《广西壮族自治区人民政府办公厅关于进一步支持大学生创新创业的实施意见》提出：高校毕业生在毕业年度内从事个体经营，符合规定条件的，在3年内可减免相关税费；对毕业年度和毕业5年内首次在设区市辖区内创办小微企业的高校毕业生，所创办企业自注册登记之日起正常运营6个月（含）以上的，按照每户5000元的标准给予一次性创业扶持补贴。

全国其他地区也都有大学生创业扶持基金，以及大学生创业大赛项目平台，除了提供奖金、大学生创业服务外，还为大学生提供创业信息、就业创业培训、企业的注册、财务、税务、管理、运营等问题，均可以得到不同程度的支持。

（五）众筹融资

众筹，翻译自英文crowdfunding一词，即大众筹资或群众筹资。众筹利用互联网和SNS（社会性网络服务）传播的特性，让小企业、艺术家或个人对公众展示他们的创意，争取大家的关注和支持，进而获得所需要的资金援助。

相对于传统的融资方式，众筹更为开放，能否获得资金也不再是由项目的商业价值作为唯一标准。只要是网友喜欢的项目，都可以通过众筹方式获得项目启动的第一笔资金，为更多小本经营或创作人提供了融资的可能。

三、创业融资策略

创业融资是一个系统工程，不但需要创业者对融资过程有比较全面的了解，而且需要其根据企业的实际情况，采用适当的融资策略，才有可能以较低的成本获得资金，以更高的效率利用资金。目前较常见的融资策略有三种。

（一）统筹规划

统筹规划即从企业发展的全过程，全方位地思考企业的发展愿景、发展规划和资金需求，进而系统地筹划企业的全部融资活动。由于不同行业和不同企业的融资情况有较大差异，这里仅就其中的共性问题，做简要的说明。

一是融资收益和融资成本。创业者在做融资决策时，首先需要考虑融资成本和融资收益。这里的融资成本既有资金的利息成本，还有可能包括昂贵的融资费用和不确定的风险成本。通常情况下，只有融资收益大于融资成本时，才有必要考虑融资。

二是融资规模和融资期限。创业者在决定融资后，便要根据主客观条件确定合理的融资规模和融资期限。融资规模过大、期限过长，会增加企业的经营成本和经营风险；规模过小和期限过长，则可能限制企业发展。

三是融资渠道和投资人。不同的资金需求，需要不同的融资通道。但是，不论选择什么融资通道，都存在选择投资人问题。一般而言，选择投资人最重要的是看其信誉和专业度，同时也要看其影响力及其可能对你提供的帮助和带来的威胁。

（二）分段实施

因为企业在不同发展阶段，具有不同的融资需求特征，所以创业融资应该分段实施，而且需要采用不同的融资方式，选择不同的融资渠道。

在企业创办之初，创业者需要投入大量资金开发新产品、新工艺、新设备等，却没有任何销售收入和盈利记录，此时商业银行和公众化的证券市场，不可能为其提供资本，亲朋好友资助、政府资助和天使投资是这一时期重点考虑的融资手段。

在企业产品处于开拓阶段的启动期，资金需求量大而急迫，但由于企业成立时间短，业务记录有限，传统投资机构和金融机构对其提供资金的难度大，担保机构、风险投资机构是其重要选择。而在进入成长期以后，由于有了一定的业务积累、商业信誉和抵押资产，企业的融资渠道相对比较通畅，既可以选择风险投资，也可以选择银行贷款。

在企业的扩展期，企业迅速扩张，融资需求规模进一步扩大。但是，由于公司拥有了稳定的业绩，且进入了快速发展的轨道，市场前景相对明朗，经营风险显著降低，此时不但商业银行愿意为企业提供资金支持，就是专门为创业企业融资服务的创业板市场，也愿意为其提供支持。

（三）合理配置

企业在特定时期既需要债务融资又需要股权融资。大多数创业者一开始都采取股权融资来刺激增长，一旦企业自身的价值提高了，他们便转而寻求债务融资。一般情况下，在投资的早期阶段，负债比出让股权更便宜，但股本投资者愿意承担更大的风险，所以股权融资在早期启动阶段是最好的选择。

那么，债务融资和股权融资，到底是如何影响企业的盈利能力和现金流的呢？债务融资使企业家承担起偿还本金和利息的责任，而股权融资迫使企业家放弃部分所有权和控制权。极端地说，创业者有两种选择：一是不放弃企业的所有权而背负债务；二是放弃部分所有权以避免借贷。

其实，在绝大多数情况下，债务融资和股权融资两者结合起来才是最适合的。许多新企业发现债务融资是必要的，短期借贷（1 年或更短）通常是营运资金所要求的，并由销售收入或其他收入来偿还。长期借贷（1~5 年的贷款或 5 年以上的长期贷款）主要用于购买产权或设备，并以购买的资产作为抵押品。但是，在企业创建初期和高速扩张期，股权融资的效果往往更好。股权融资和债务融资各自的优点和缺点见表 7-1。

表 7-1 股权融资和债务融资比较

优缺点	股权融资	债务融资
优点	1. 能提供大量的资金注入 2. 无须支付利息 3. 无偿付资金的义务	1. 可根据你的要求借贷不同的金额 2. 只要偿付了，就不会影响你对公司的所有权
缺点	1. 通常仅可获得较大金额的资金 2. 这意味着"卖掉"公司的一部分 3. 风险资本家期望他们的投资会有高回报（至少增长 25%） 4. 投资者可能会要求你买下他们的股票	1. 构成还债义务 2. 收取利息，这会影响企业的获利能力 3. 一般要求有抵押品，而且银行会保守地看待你资产的价值 4. 如果你是向朋友和亲人借钱的话，你的人际关系就会随着公司破产而被破坏

创业企业在融资过程中可以实施融资组合化，合理、有效的融资组合不但能够分散、转移风险，而且能够降低企业的融资成本和债务负担。另外，创业者要经常分析宏观经济形势、货币及财政政策等情况及时了解国内外利率、汇率等金融市场的利息，预测影响融资的各种因素，以便寻求合适的融资机会，做出正确的融资决策。

形成性训练

扫一扫 练一练 扫一扫 查看答案

案例分析

亚朵酒店：与互联网金融共舞

提起亚朵酒店，人们便想到其人文氛围，想到其"舒适、简约、朴实、静谧"的气质，想到"闲来亚朵书边卧，日落黄昏自成眠"的惬意，在酒店这样一个传统的行业，亚朵不仅能做出人文情怀，更能成为互联网的弄潮儿，利用互联网金融，提升了流量，黏住了用户，更融到了资金，让亚朵飞速成长。

亚朵产品概念酝酿于 2012 年 6 月，创建于 2012 年底，第一家亚朵酒店于 2013 年 8 月在西安南门商业区开业。截至 2022 年 9 月，亚朵开业酒店数量在增长至 880 家。2023 年 1 月，亚朵获得"2022 年最受投资者青睐的高端酒店品牌"称号。

亚朵卓越的体验和飞速的成长，需要资金的大力支持。除了传统风险投资的支持，亚朵酒店另辟蹊径，将互联网众筹玩得风生水起。

2015 年 7 月 15 日，亚朵首次跨界试水互联网众筹，与拍拍贷合作，推出亚朵会员专享的 60 天理财产品"亚朵天天盈"，第一期计划募集的 330 万元，仅 9 分钟就完成了。

　　紧跟其后的 2015 年 7 月 22 日，亚朵与去哪儿网合作发布三年期众筹产品"梦想合伙人 3 年期理财计划"，用于亚朵旗下成都春熙路店的建设。仅 7 天就完成了 430 万元的募资计划，最高单人投资达到 20 万，投资人中亚朵原有会员占比近 50%。此次理财计划的回报方案是：12 个月后退出收益为年化 6.5%+ 亚朵轻居项目奖励的浮动收益 + 价值 198 元的会员金卡（含 200 元消费券）。

　　2015 年 8 月 10 日，亚朵酒店又在淘宝众筹平台发起回报众筹，为其杭州一家新店的硬件建设筹集资金，截至 9 月 27 日众筹结束，该项目获得 5387 人支持并筹得资金超过 660 万元，超出预期金额 330%。比互联网企业的股权众筹，此次采取的回报众筹方式，更容易让参与者看到效果。首先，亚朵建设新店的事情十分真实，本次众筹得来的款项将全部用于杭州亚朵酒店的建设及主题房间的设计升级。其次，亚朵为参与众筹的用户所提供的回报也实实在在，如其提供的银卡会员、储值卡、免费住宿、棉枕、床垫、早餐或下午茶等具体的服务或产品。此次参与众筹的群体中，大部分都是亚朵的会员。客户在体验亚朵的服务后，会被亚朵所倡导的"第四空间，成就一种生活方式"的理念所影响。正是这体现在每一次服务中的品牌积累，亚朵品牌获得了用户足够多的信任，从而吸引用户参与到众筹中来。

　　2017 年，亚朵天津南京路小白楼特许店在多彩投平台上发起众筹，给出了高达 12% 的年回报预期，且承诺分红达不到承诺值时由大股东补足。除了投资收益外，投资人还可以获得对应等级的酒店消费权益。此项目 2 小时预约进度达到 100%，上线 2 小时即达众筹目标金额 1000 万元，5 小时预约总金额超过 5000 万。此次项目虽并非亚朵发起的众筹，但作为其品牌辐射的特许管理项目，也如历次众筹一样，受到热烈的追捧。

（作者根据相关资料改写）

思考题：
（1）亚朵的创业为什么会成功？
（2）亚朵成功的内部因素和外部条件是什么？
（3）亚朵是如何利用众筹平台融资的？

本章小结

　　本章包含了三个模块：一是创业资源，主要介绍了创业资源的概念、类型和作用，以及如何获取、开发与整合创业资源；二是创业拼凑，主要介绍了创业拼凑的源起、概念和意义，以及如何通过创意激发创造性进行创业资源拼凑；三是创业融资，主要介绍创业融资的渠道，以及创业融资策略。本章的基本观点是：创业者不是在拥有资源的时候才去创业，而是在没有资源的情况下去获取资源来创业，创业者的资源开发和整合能力决定了他的竞争力。初创企业资源极其有限，要想极尽所能，充分创造资源的最大使用价值，产生最佳效率和效益，就要对有限资源进行创造性地使用、有策略的推进，使其被综合、集成与激活，能被企业所充分利用。创业者的融资渠道主要有：自我融资、亲朋好友融资、风险投资、天使投资、商业银行贷款、担保机构融资、创业政策扶持基金等。企业由于不同的发展战略和发展阶段，可根据实际情况，选择不同的融资渠道和策略。

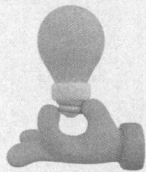

学习与思考

1. 观看与思考

观看纪录片《资本的故事》，思考如下问题并与同学交流：

（1）资本是怎样赚钱的？

（2）如何积累个人资本？

（3）你从这部纪录片中得到了哪些启示？

2. 阅读与思考

阅读史林东、王天才合著的《融资战略》，思考如下问题并与同学交流：

（1）融资的目的是什么？

（2）怎样与投资人达成共识？

（3）怎样选择适合自己的融资方式？

3. 案例学习与思考

搜索并体验创业众筹平台，思考相关问题并与同学交流：

（1）众筹平台的主要作用是什么？

（2）众筹平台是如何运营的？

（3）你是否认同众筹平台的经营方式？

实践训练

现实环境中，融资渠道纷繁复杂。如果企业融资前，没有充分考虑，并做好准备，结果很可能是不仅未能找到最合适的投资者，而且交易结构和条款对融资企业很不利，从而为企业今后的发展带来隐患。融资意味着需要成本，同时具有不确定性。如果只是抱着试试看的态度去融资，十之八九是不会成功的。所以，认真研究分析、制订融资策略并做好充分准备，会使得创业融资过程事半功倍。

请以小组为单位完成如下任务：

（1）选择自己团队感兴趣的创业项目，思考企业发展战略和财务战略，明确企业的财务需求，测算创业所需要的资金量。

（2）结合本章所学内容和案例，思考适合且可行的融资策略，制订融资方案。该融资方案是否符合企业发展战略和发展阶段？

（3）为确保融资的成效，在开展融资工作之前，需做好哪些方面的准备？

第八章

创业计划书的撰写与展示

 学习目标

★ 知识习得

掌握创业计划书的作用、结构和撰写要求。

★ 情意形成

形成科学的创业观念和理性的创业态度。

★ 能力提升

能够有针对性地撰写和展示自己的创业计划书。

★ 价值引领

培养科学的认识论和发展观，理解没有调查就没有发言权。

思政小课堂

案例导入

让投资人了解你的创业项目

小华毕业于某名牌大学，经过多年的业余研究，他在室内环境污染治理方面取得了一项重要突破，市场前景非常可观。于是小华便辞去原来的工作，准备自己创业。但是，由于多年的积蓄都用在了研究上，在七拼八凑注册了一家公司后，他便没钱购买原材料了。无奈之下，小华想到了风险投资，他希望通过引入风险投资走出困境。

为了引入风险投资，小华经过多方联系，与一些风险投资机构和个人投资者进行了会谈。在这些会谈中，虽然小华反复强调他的技术多么先进，应用前景多么好，并拍着胸脯保证投资他的公司回报绝对低不了，但却总是难以令对方相信。而投资人问到的许多数据，如市场需求量具体有多少，一年可以有多大的销售量，投资后年回报率有多高，他也没有办法提供。此外，小华的公司在招聘技术骨干时，也遇到了同样的难题，因为应聘者也无法了解公司，所以对公司的前景也同样缺乏信心。

这时，曾经在小华注册公司时帮助过他的一位做管理咨询的朋友的一句话点醒了他："你的那些技术有几个投资人搞得懂？你连一份像样的创业计划书都没有，投资者凭什么相信你？"于是，在向相关专家请教咨询后，小华又查阅了大量的资料，然后静下心来，从公司的经营宗旨、战略目标出发，对公司的技术、产品、市场销售、资金需求、财务指标、投资收益、投资者的退出机制等方面进行了分析和论证。

当然，在这个过程中，他还得不时做一些市场调查。一个月后，他带着创业计划书初稿，向几位专家请教，在相关专家的指点下，他又对创业计划书进行了修改和完善。凭着这份修改后的创业计划书，不久，小华就与一家风险投资公司达成了投资协

议，有了风险投资的支持，员工招聘问题也迎刃而解。

现在，小华的公司经营得红红火火，年销售利润已达 500 万元。回想往事，小华感慨地说："创业计划书的编制与我搞的环境污染治理材料要求差不多，绝不是随便写一篇文章的事。编制计划书的过程，就是我不断理清自己思路的过程。只有企业家自己思路清楚了，才有可能让投资人、员工相信你。"

（作者根据相关资料改写）

思考题：

（1）小华初期融资受挫的原因是什么？

（2）创业计划书会对创业者融资有哪些帮助？

（3）撰写创业计划书的过程对小华个人有哪些提升？

第一节 创业计划书概述

在现实生活中，创业计划书是创业者创办企业的一份宣传性和说明性文件，它有利于让投资人或政府部门更快、更好地了解企业，进而获得投资或政府支持。当然，也有许多资深创业者从未写过创业计划书，一生都是靠自有资金创业。但这并不能否定创业计划书的作用，因为在当代社会，创业方式已经发生了很大变化，协作、融资已经成了大多数新创企业经常面对的问题，在这种形势下，制订创业计划书的能力，已经成了创业者的基本能力。

一、创业计划书的作用

创业计划书，亦称商业计划书（Business Plan，BP），是全方位描述与创建新企业有关的条件和要素的书面文件，是创业的行动导向和路线图，既为创业者的行动提供指导和规划，也为创业者与外界沟通提供基本依据。

创业计划书需要阐明新企业在未来所要达成的目标，以及如何达成这些目标，包括了对当前形势、预期需求、新企业任务的描述，几乎涵盖了企业经营的各个方面：项目、市场、研发、制造、管理、关键风险、融资和时间表等。

在某些专业领域，创业计划指的是一个企业计划、一个贷款计划或是一个投资计划。但不论名称是什么，都是获得任何经济来源所需要的基本文件。同时，作为一个包括企业长远目标和阶段目标的行动指南，创业计划书应该具有三方面作用。

（一）有助于创业者深入思考

制订一份正式的创业计划书所需的时间、精力和市场调查研究，将迫使创业者审时度势、客观理性地评判新企业。创业计划书所包含的产业分析、市场分析及财务分析，将使创业者更加全面、清醒地检查创业理想与现实之间的差距。

（二）有助于利益相关者理解企业

这里的利益相关者包括：投资者、银行、供应商及内部员工等。创业计划书通过提供翔实的信息，让投资者产生兴趣和信心，关键信息包括创业者团队、市场潜力、经营业绩预测、资金需求及使用、权益回报、风险防范等。

（三）有助于创业团队明确目标

创业者在创业之初，不但要明确自己的创业目标，而且要将它以创业计划书的形式表现出来，这有助于创业者冷静地分析和识别创业机会，明确自己的创业理想，规划自己的创业蓝图，从而使自己和创业团队对创业目标更加明确。

二、创业计划书的结构

创业计划书按阅读对象进行划分，可以分为给自己看的计划、给投资人看的计划、给合伙人看的计划、给团队成员看的计划和给合作企业看的计划等。在真实的商业世界中，创业计划书的体例和篇幅，都会因阅读对象的不同而有较大的差异。但是，给投资人看的计划和国内外的创业大赛计划，从结构上都包括四个部分。

（一）封面

封面是创业计划书的门面，成功的创业计划书往往都有引人入胜的封面。美观大方的封面，会让读者形成良好的第一印象，从而产生继续了解这个创业项目或企业的愿望。在创业大赛和给投资人看的计划书中，通常要求封面反映如下信息：项目或企业名称、理念或愿景、商标、联系方式和编写日期等。

（二）目录

目录紧随封面，列出创业计划书的主要章节、附录和对应页码，目的是便于读者查找计划中的相应内容。目录不仅仅具有指引和提示阅读的作用，还能体现创业者开展创业活动的思路。不同的企业侧重点和特色亮点不一样，这也决定了创业计划书展示的先后顺序并不一样，是经过创业者反复梳理后，有系统、有重点的逻辑呈现。

（三）正文

正文是创业计划书的主干，应该以读者感兴趣的方式，将创业计划重点突出、详略得当、有理有据地呈现给读者。创业计划书正文通常包括：执行摘要、公司介绍、产品/服务介绍、市场分析、竞争对手分析、营销策略、财务状况、创业团队、投融资规划及退出、风险评估与管理等内容。

（四）附录

附录既是对正文的支撑和说明，也是创业者实力和已经取得成绩的展示。创业计划书中涉及的内容，需要具有佐证价值的材料做支撑，这些材料通常不放入正文，而是作为附录列在计划书的最后，做到翔实有序。附录通常包含：企业的营业执照、产品说明、专利证书、各种许可证明、财务报表、业务合同、市场调研数据和相关照片等。

三、创业计划书的评审

不同读者对创业计划书的评审方式和评审标准是不同的，在此，我们主要介绍投资人和创业大赛评委的评审过程和评审标准。

以风险投资为代表的投资人评审创业计划书时，评估的主要是项目或公司的投资价值。他们评审创业计划书的方式，被称为"五分钟阅读"（Five-Minute Reading）。下面六个步骤是风险资本家阅读创业计划书的常规步骤：第一步，判断企业特性和行业；第二步，判断计划的资本结构（负债额或投资需求资产净值）；第三步，阅读最新资产负债表（判断流动性、净值及负债和权益）；第四步，判断企业家才能（往往这是最重要的步骤）；第五步，确定企业特色（找出与众不同之处）；第六步，快速从头到尾阅读整个计划（大致浏览整个计划图、表、例证和其他部分）。

对创业者付出大量时间和精力写出的计划，仅仅用五分钟来阅读，确实让人感到不公平。但是，这正是许多风险资本家真实的阅读情况，因为他们每天都会收到大量的创业计划书，"五分钟阅读"也是一种无奈的选择。当然，由于风险投资人阅读过大量的创业计划书，他们知道如何快速获取有用信息，以及在此基础上进行有效取舍，所以错误和遗漏虽然不可避免，但从总体说正确率还是比较高的。

创业大赛评委评审创业计划书时，与风险资本家的阅读方式基本上是一样的。而且由于没有真金白银投入的压力，往往具有更大的主观性和波动性。有所不同的是大赛评委的评审，要按大赛规定的评分标准来评分，而大赛的评分标准对项目的创新性、团队的专业背景和计划书的完整性赋予了更大的权重。另外，大赛评审书面作品的评委，往往对具有较高科技含量的项目，特别是有专利的项目格外青睐，对项目的社会效益和计划书的规范性、严谨性和美观性更加看重。

据相关资料统计，投资人平均每天都能收到50~100份创业计划书，且只有不到10份被选中。而投资人看计划的时间，正如前文所述，也不过区区3~5分钟时间。那么，什么样的创业计划书能受到投资人的青睐呢？大多数投资人都认为，他们看重的创业计划书，基本上都具有如下特点。

第一，独特性强。优秀的创业计划书首先是一份独一无二的作品，体现着创业者独特的思维方式和价值主张，它是经过创业者反复雕琢后的创意说明，能够让读者快速了解项目的商业逻辑、独特优势和市场前景。

第二，可读性强。创业计划书的阅读对象一般为投资人、大赛评委、政府工作人员等，大部分都没有在相关技术或行业领域有深入研究。因此，要用最简洁、易懂、通俗、准确的语言行文，让读者能读得懂和有兴趣读下去。

第三，目标性强。创业计划书一定要有明确的创业目标，告诉读者你的企业要做什么，要解决什么问题，通过什么路径和用什么方法解决问题，要达到什么样的效果。计划中除了有总目标以外，还应设计阶段性的目标，即"里程碑计划"。

第四，可行性强。创业计划书能否被投资人接受，关键在于计划的可行性。而计划是否可行的关键，在于目标设计是否符合实际，团队、资源、执行力是否匹配，市场预期是否基于客观的调研，商业模式是否经过实际验证等。

第五，预见性强。好的创业计划书一定要有预见性，要能看到得到企业未来发展的态势。创业计划不是对已形成的创业事实进行总结和描述，而是在此基础上对企业未来进行的研判，全面、准确地预见未来商业走势，可以说是创业成功的关键。

形成性训练

扫一扫 练一练　　扫一扫　查看答案

案例分析

创业失败后改写创业计划书引来 400 万元风投

小林研究生毕业后回到重庆，一直寻思着做点什么事情，后来他和一位留学回国的同学几经商议，决定开个鲜榨果汁店，地址就选在渝中区临江门洪崖洞。

"开店前，认为鲜榨果汁模式正好能填充市场的空白。可开业后才发现，小店无法吸引人气。"小林回忆着小店开业初期的日子，为了提升销量，多接几单外卖，他们不断在微信上宣传。通过网络和地推同时进行，小林鲜榨果汁店的订单量开始有所提升，但仍然难抵高昂的装修费和租金等成本。开业第 4 个月，30 万元的创业金便花完了，小店只能关门。

虽然洪崖洞的小店关门了，但小林对这门生意的前景却没有怀疑。"我们总结了经验，微信预售订单开始推广后，销售额明显提升，说明市场还在，前景也不错，只是市场来得晚了点，店面关门主要还是因为租金等成本太高。"小林说。对于缺乏资金的状况，小林想到了找风投。

经过大量调查求证，小林与合伙人写出了一份 50 页的创业计划书。没有风投公司的人脉，他们选择广撒网的方式，先是在网上搜索"中国风投排名""中国天使投资"，获取国内风投公司的联系方式。随后，他们向200多家风投公司投送了创业计划书，最终回信的有21家，约谈的有5家。几个月后，一家基金公司在看过创业计划书后，对他们的项目表现出浓厚的兴趣，前后大约只用了1周时间，就把事情定了下来：总共投资400万元。

在小林看来，之所以短时间就能打动投资人，靠的是他们的创业计划书，这一点也得到了基金投资经理的证实。计划书里，小林与合伙人从项目的财务预期、盈利模式、管理框架、产品本身四个方面，详细分析了果汁店的经营方式。

能写出这份成熟的创业计划书，小林将其原因归结为他和合伙人曾在上海的知名咨询管理公司工作实践的经历。当然，洪崖洞小店的创业经历，也为他们能拿出实际又准确的市场数据提供了支撑。

（作者根据相关资料改写）

思考题：

（1）小林的鲜榨果汁店前期生意受挫的原因是什么？

（2）小林为什么要写创业计划书？

第二节 创业计划书的撰写

创业计划书的撰写是一项系统工程。在撰写计划书之前创业者需要做大量的前期准备，例如，收集信息、研讨方向、核准数据、整理案例等。撰写创业计划书的过程，也是一个梳理创业思路、完善创业布局、磨合创业团队的过程，需要创业团队全体成员共同研讨、反复斟酌、不断完善。

一、前期准备

创业计划书的内容涉及较广，在编写计划书之前必须要做好充分的准备，确定好整个创业计划书的编写目的，全面收集好相关信息，拟定创业计划书的总体框架，对创业计划书的各个部分的编写进行整体规划后再着手撰写。

（一）厘清写作思路

在撰写创业计划书之前，首先需要厘清写作思路。明确创业的切入点是什么？第一步目标和行动是什么？如何组建团队？如何跑通商业模式？如何整合创业资源？如何运营创业项目？在此基础上理出一个相对清晰、明确的写作思路。此外，创业项目所处的阶段不同，计划书也需要突出相应的关键点。例如，创意类的项目需要讲清楚产品的定位和市场前景，商业模式的可行性和独特性，企业的未来发展前景等；实践类项目则要描述清楚企业目前项目的竞争优势、经营现状、发展前景和融资需求等。

（二）了解阅读对象

在撰写计划书之前，还要提前了解阅读对象。一份计划书打遍天下的想法是要不得的，不同的阅读对象的关注重点不同，从而决定了计划书的撰写侧重点也不同，一份优秀的创业计划书应该是"私人订制"的。不同读者对创业计划书的关注重点见表8-1。

表8-1　不同读者对创业计划书的关注重点

阅读人群	关注重点
风险投资人	市场优势、团队、投资回报、风险评估、退出方式
创业伙伴	市场优势、价值主张、公司发展前景、公司章程、合作条件
企业员工	公司前景、员工管理与发展规划、薪酬方案
双创大赛评委	计划书结构、企业愿景、社会价值、市场优势、公司前景

（三）准备相关材料

创业计划书各个环节的阐述，都要基于精准的数据、客观的分析和科学的预测。因此在撰写计划书之前，需要准备大量的相关材料。其中主要包括：第一，市场信息，如目标客户及竞争对手的信息，这部分信息往往需要通过市场调研来获得；第二，运营信息，如项目运营过程中涉及的场地、生产、原材料及设备情况、办公环境、生产流程、技术指标等相关的信息；第三，财务信息，如项目启动的资金需求及来源、日常资金周转信息、销售预测、投资回报等信息；第四，环境信息，如行业环境、相关的政策、法律文件、经济状况等。而信息来源的渠道一般是互联网、各大媒体、行业报告、企业白皮书、研讨会、展销会及各类研究报告等。

二、分模块撰写

一份能够打动投资人的创业计划书，应能以独特的方式清晰展现创业项目的市场需求，以及创业者满足市场需求的能力和创造价值的方式。而要实现这一点，创业计划书首先要有合理的结构、清晰的表达和有力的证明。风险投资界认可的创业计划书的完整提纲，与我国大学生创业大赛推荐的创业计划书模板比较接近。因此，在这里我们将两者结合起来，分模块对创业计划的撰写要点作一个简要的分析。

（一）公司介绍

公司介绍是以"现在时"对公司的基本情况，向读者进行简单、明了的介绍。公司介绍应对公司的基本情况，如公司名称、主营业务、注册时间、注册地点、企业法律形式、创办人、股权结构、公司规模、年收入和年利润等，进行实事求是的介绍。

如果以"将来时"介绍公司，需要事先交代清楚，否则会害得评委反复核实材料。所以请千万记住：投资人和评委是以项目主体的现状为出发点对项目进行评价的。公司的前景不是不能写，但是要说明白那是前景而不是现实。

另外，在公司介绍中，还可以对公司的愿景、使命和价值观等内核层面的信息进行介绍，许多投资人对这方面信息是非常看重的。

（二）产品或服务

产品/服务介绍是创业计划书中最重要的内容，你的创业项目将以何种商业形态落地，他又是如何满足顾客需求的，都要在这个部分讲清楚。这部分内容应包含产品的概念、性能、特点，市场竞争力，产品的研究和开发过程，产品开发的计划和成本分析，投入市场后的前景预测，以及相关专利及品牌设计等。

在创业项目评估时，投资人最关心的问题是企业的产品/服务，及能在多大程度上解决现实生活中的问题，或者企业的产品/服务能否帮助顾客节约开支、增加收入。在产品或服务介绍部分，创业者不要过多地介绍技术和使用专业术语，要尽量使用通俗易懂的语言，并附上产品原型、照片及其应用场景。

如果企业的产品尚在开发阶段，则需要说清楚完成和推出产品都需要哪些资源，如工程设计、工具、供应商、材料、合作者及客户参与等。对产品开发所使用的任何关键技术，都应该被清晰地讲解，而且最好要有规范的图表做辅助。另外，对产品/服务开发的时限，可能遇到的困难和解决办法，以及预设的关键里程碑目标等，也需要有清楚的交代。

（三）市场分析

市场分析也是投资人最看重的内容。当企业开发一种新产品或新服务时，首先要进行市场调查和市场分析。如果企业的市场调查不深入，提供信息的可信度让人怀疑，或者市场分析有偏差，投资人就可能蒙受损失。因此，企业的产品开发一定要建立在客观、深入的市场调查，以及科学、严谨的分析和预测基础之上。

市场分析部分应包括：创业应该解决哪些难题和需求？客户在哪里及如何划分客户？潜在市场的总体规模有多大及将会如何增长？现在的市场环境如何？市场状况、变化趋势及潜力，竞争厂商概览，本企业产品/服务的市场地位，市场细分和特征，目标顾客和目标市场等。

在市场分析中，应该对竞争对手的情况，进行深入细致的分析。具体包括：竞争对手的产品/服务是如何运作的？竞争对手的产品/服务与本企业的产品/服务相比，有哪些相同点和不同点？竞争对手所采用的营销策略是什么？是否存在有利于本企业产品/服务的市场空当？本企业预计的市场占有率是多少？等等。

（四）营销计划

营销是企业经营中最富挑战性的环节，影响营销计划制定的主要因素有：消费者的特点、产品/服务的特性、企业自身的状况、市场环境方面的因素、营销成本和效益因素等。对初创企业来说，由于产品/服务和企业的知名度低，很难进入其他企业已经稳定的市场中去。因此，其营销计划的制定，必须考虑自身情况，不能照搬理论和大企业的做法。

在制定营销计划过程中，特别要注意控制销售成本。虽然初创企业进入市场的难度巨大，需要采取比老企业和老产品更有吸引力的促销措施，但这并不意味着一定要提高销售成本。在过去的几年中，导致新企业死亡的第一大原因，就是靠免费、补贴等烧钱方式砸市场，最终导致资金链断裂而无法维持公司正常运转。

作为创业计划书的重要组成部分，营销计划不但要讲清企业的产品/服务如何满足目标市场的需求，而且要制定一系列可行策略来保证销售目标的实现。这部分通常包含：市场机构和营销渠道的选择；营销队伍和管理；促销计划和广告策略；价格决策与广告实施。

（五）运营管理

初创企业的运营计划应回答以下问题：企业生产所需厂房、设备情况如何？怎样保证新产品在进入规模生产时的稳定性和可靠性？设备的引进和安装情况如何？生产线的设计与产品组装是怎样的？供货者前置期的资源需求量有多少？如何制定生产周期的标准及如何编制生产作业计划？物料需求计划及其保证措施是什么？等等。

因此，初创企业的运营计划，至少应包括：产品制造和技术设备现状；原材料、工艺、人力等安排；新产品投产计划；技术提升和设备更新的要求；质量控制和质量改进计划。

（六）创业团队

创业团队是投资人最关注的内容之一。这部分要对企业的创始人、联合创始人和团队核心成员的情况，进行比较详细的介绍。介绍的重点是：企业创始人的基本情况、工作经历、教育背景，特别是与新企业业务相关的知识、能力和相关经验；联合创始人和团队核心成员在企业中的职务、责任，以及他们的专业背景、相关经验和个人优势。

企业管理的好坏直接决定了企业经营风险的大小，而高素质的管理人员和良好的组织结构，则是管理好企业的重要保证，所以风险投资人还会特别注重对管理队伍的评估。通常情况下，一个企业必须要有产品设计与开发、市场营销、生产管理和财务管理等方面的专门人才。同时，企业管理人员在知识、能力和性格等方面应该具有互补性。

此外，创业团队还应对公司的结构作简要介绍，具体包括：公司的组织机构图、各部门的功能与责任、各部门的负责人及主要成员、公司的报酬体系、公司的股权结构、公司的董事会成员、各位董事的背景资料，以及组建创业团队必须雇用哪些关键人员？每个职能部门预期会需要多少人？人员的培训计划和薪酬福利如何制定等。

（七）财务计划

初创企业的财务计划，应重点回答以下问题：满足市场和产品开发计划需要多少资金？预期创业在什么时候会具备重组的现金流？如果创业成功了将会具有什么样的成长机遇？预期的初始状态和稳定状态将会有多少财务利润？其他公司在利润和发展上的表现与本次创业有什么相似之处？哪些是关键的财务设想？等等。

要回答上述问题，财务计划通常要包括：经营计划的条件假设；预计的资产负债表；预计的损益表；现金收支分析；资金的来源和使用。对于初创企业，流动资金可谓是生命线。另外，财务计划还应该包括公司的产品开发计划、产品销售计划、融资计划和资本退出计划等。

投融资计划和资本退出计划，要讲述清楚创业者对资本的具体需求和使用规划，并提供可信、极具吸引力的融资方案，要有明确的时间期限和具体的数字来呈现预测的投资回报。而投资者的退出方式，一般有公开上市、股权转让、并购和利润分红四种方式，在这部分也应对资金的退出方式及可行性进行阐述。

（八）风险防控

创业计划中风险防控部分的作用，在于体现创业者不但能正视风险存在，而且已经有了应对风险的准备。其具体内容通常包含项目在本行业、市场、人员、客户、销售及研发环节可能面对的风险，针对这些风险制订了哪些措施来应对，企业可能还存在的附加机会等。能识别并全面分析创业项目可能面对的风险，可以进一步提升创业项目的可信度。

在风险防控部分，可以通过假设的方式，对创业过程中的非系统性风险，即由于企业自身经营不当可能遇到的风险，如创业团队风险、项目风险、技术风险、市场风险和管理风险等，进行充分的分析。例如，假设竞争对手降价，假设专利没有通过，假设销售计划没有完成，假设管理团队解散，等等。

同时也要对源于企业之外的系统性风险，即企业自身无法左右、无法影响的，与宏观政治、经济、社会等方面相联系的风险，进行全面的分析。这里需要强调的是，虽然创业者无法左右系统性风险的发生，但却可以通过采取适当的措施，来防范、规避、转移和化解各种系统性风险，以免它们给企业带来损失。

（九）执行概要

执行概要是整个创业计划的简要介绍，它的作用是简短地概括下文和引起人阅读整个计划的兴趣。通常情形下，投资人会快速浏览执行概要，了解新创企业的概貌后，觉得很有说服力和吸引力，才会继续看下去，否则计划的其他部分就不会进入其"法眼"。

因此，创业计划书不但要通俗易懂地介绍清楚项目诞生的缘由，要解决什么问题，解决方案是什么，你的团队凭什么做这个项目，有什么数据或阶段性成果做支撑，具体的产品和服务呈现形式是什么，用什么样的商业模式和营销策略实现赢利目标等，而且要能以最短的语言，最能吸引和打动读者的方式，突出项目的特色和亮点。

执行概要是整个创业计划的总结和概括，目的是强化关键因素，让读者对整个计划产生兴趣。所以请记住：虽然在创业计划书的完成稿中，执行概要放在最前面，但在写作环节，应在整个创业计划撰写完后再来编写，编写的逻辑是重要的话要在最前面说，而且整个执行概要最好不要超过三个页面。

三、修改完善

任何一份优秀的创业计划书，都不是一蹴而就的，需要经过反复推敲和多次修改完善。腾讯创立初期，马化腾的创业计划书曾修改了 66 遍，这份修改了 66 遍的创业计划书，加上马化腾锲而不舍追求卓越的精神，最后获得了 IDG 和盈科数码共计 220 万美元的投资。创业计划书的修改完善，需要注意以下四个问题。

（一）换位思考

在检查和修改创业计划书的环节，一定要将自己放在读者的角度来进行审视。站在投资人、评委、创业合伙人等的角度上来通读计划书，看看计划书是否能击中读者关注的重点，回答读者的疑问。例如，在创业团队部分是否体现了创始人团队的管理优势及执行能力？在市场分析部分是否准确地分析宏微观环境，企业发展前景是否能得以彰显？在产品服务部分，是否能让读者迅速明白产品是什么，应用场景是什么？在竞争分析部分，对本产品与竞品的对比分析是否具有说服力，是不是客观展示了项目的优势？换个角度进行反复斟酌，会让计划书得到最大限度的完善。

（二）凸显优势

在撰写计划书的时候一定要擅于提炼创业项目的核心优势，除了有翔实、含金量高的内容以外，生动形象的表现形式会让读者更快速地抓取重要信息。通篇都是大段的文字平铺直叙，会让读者感觉疲劳且无法快速了解想知道的信息。因此，要善于对脉络结构进行设计，充分凝练各级标题，重要的信息采取条目、小段落的形式呈现，适当使用对比表格、曲线图、模型图等图示进行强调和支撑，重要的字眼和数据可以在格式上加以强调，以便让读者能够快速关注和了解你想强调的重要信息。

（三）言简意赅

创业计划书的行文特别要讲求言简意赅，应使用最简洁、准确、通俗、易懂的言语。因此创业计划书往往需要多次推敲。同时在表述的时候也要有"用户思维"，读者是创业计划书的用户，应考虑阅读者是否能准确明白创业者想传递的信息。同时，也需要学会使用适当的商业用语，如在表述大家都能做这样的事情时用"行业门槛低"，在描述生产高质量产品艰难的时候，可以用"良品率低"等。

（四）客观可信

创业计划书应该客观实际、严谨可信，切忌主观推测。计划书是创业计划的可行性分析报告，不是个人观点的堆积，而是多用事实说话，除了定性的分析阐述之外一定要有定量的表示和分析，尽可能做到信息有出处、数据有依据。引用的信息和数据要尽可能引用相对权威机构的资料，或通过自己开展调研统计分析后的一手数据。纸上得来终觉浅，绝知此事要躬行。创业计划书最终还是需要在实践验证中做动态调整，如商业模式是否可行，往往需要通过小范围的尝试，客户认同度和市场接纳度往往也需要调研反馈，经过实践验证的创业计划书能大大提升其可信度和可行性。

形成性训练

扫一扫　练一练　　扫一扫　查看答案

案例分析

小文的健康信息服务创业设想

小文是某大学MBA班的学员，偶然在一个专题研讨会上，听到了一位专家的观点："随着中国经济的发展和人们生活水平的提高，人们在医疗卫生领域的支出增长幅度会超过经济增长速度，但是目前我们的医疗卫生支出主要发生在疾病治疗环节，人们对健康还缺乏系统的管理。"小文是一个对市场非常敏锐的人，他也一直在寻找好的创业机会。因此他决定从健康管理领域寻找创业机会。

为了厘清和证实自己的创业想法，小文找到几个同学进行讨论，大家认为，随着人们生活水平和收入水平的提高，会有越来越多的人关注健康、投资健康和管理健康，而我们国家目前的健康服务体系，还不能满足这个需要，所以这是个很好的创业机会，抓住这个机会，可以创办一家健康信息服务有限公司。

通过进一步的讨论，他们确定公司以个人健康管理和医疗健康信息服务等网络服务为主要业务。健康管理主要包括体检数据分析、个人信息管理、会员在线交流及健康信息订阅等内容；医疗信息服务主要包括名医在线坐诊、名院推荐、医疗健康新闻信息更新、个人健康档案等内容。公司确定在大连市高新技术开发区注册，注册资金600万元人民币。

于是，小文找来几个有共同创业意向的同学，组建了创业团队。这些同学分别来自电子信息专业、临床医学专业、市场营销专业和财务管理专业。在组建了创业团队之后,他们对创业的基本思路进行了讨论,并开展了小规模的市场需求调研,确定了公司创业的战略目标和实现方法。

大家认为公司的业务重点,是为社会各阶层群体提供个人体检数据查询、健康信息管理、医疗电子商务等服务。公司的主要目标群体为儿童群体、白领群体、老年群体,其中与网络接触最频繁、关注家人健康程度最高的白领一族,将是公司的目标客户切入点,同时"温馨的、家庭健康管理的电子手册"是公司业务推介的核心平台。

大家对项目的实施都很有信心,认为这个项目的潜在市场巨大。创业团队还初步制定了公司发展的阶段性计划。

起步阶段(1~2年)

起步阶段以体检信息管理和健康信息咨询为两条主线,大力宣传,建立良好的公司信誉,树立公司初期的品牌形象。同时建立自己的数据库,积累无形资产,提升服务质量,稳定拥有一定数量的顾客群。而后树立公司的品牌形象,逐步提高公司信誉度和建立自己的顾客群。采取纵横交错的战略规划,即重点城市"沿海先行"战略,重点行业"集团推广"战略,并辅以政策先导、与体检中心合作、针对目标人群情感推介等方法进行宣传营销。

目标:实现网站点击量突破500万人次,公司的健康服务网在社会上具有一定的认同度和知名度。

成长阶段(3~5年)

在起步阶段的两年中,公司已经拥有了足够固定的顾客群。他们的特点是信赖、支持公司的网站,体检意识和健康意识已经提高到了一定层次。这个时候,公司的健康数据已经积累成一种无形的巨大的财富。公司将以半年为周期对健康数据信息进行分析,并将分析报告推荐到医院、体检中心、保健品公司等需要医疗信息的相关产业。同时,公司会在网站上长时间无偿地提供医疗信息资源的共享,包括日常健康护理、医学常识介绍、每日天气分析和预报、健康小提示、名院优势资源推荐等板块,长期并及时地为公司的目标人群提供积极的服务,以进一步提高会员和目标群体对公司网站的依赖感和忠诚度。

目标:进一步提升知名度和信誉度及服务质量;推出多个领域的服务,进一步提高点击率;随着点击率、关注总人次的稳步提高,逐渐成为健康管理产业最大的信息提供商。

扩张阶段(6~9年)

扩张阶段,在继续扩大网站知名度、吸引更多人群关注的同时,公司将开展电子商务业务。公司的盈利点在与医疗卫生事业相关的商业领域,如保险业、保健品业、医药行业等。公司将根据实际情况选择合适的合作机构签订协议,向消费者推荐安全性好、信誉度高的保险、保健品公司,同时也收取一定的广告中介费;公司还接受部分杂志和医疗机构的申请,担任网上宣传和资料订阅的中介,向客户推荐质量较高、信誉有保障的医疗信息。

目标：公司将以大连市为中心，辐射状的进行业务拓展，将健康管理的理念推广到全国。利用市场知名度和信誉度，实现领域内容多元化，拓展市场空间，扩大市场使用率，以高科技参与国际竞争，适时地进入国际市场。

公司在追求规模扩展的同时，也注重核心技术的提升，以及内在资源的优化配置；同时注重大量信息资源的整合处理，使有价值的信息资源成为公司中期发展的一个宝贵的盈利点。因此，公司将在适时优化组织结构，调动市场部以扩大用户群体的同时，与更多关注群体健康信息的企业（如保健品公司、保险公司）展开信息领域的转让、合作。公司高层领导还将警惕长期高速增长有可能给公司组织造成的脆弱环节和隐藏的危机，对成长进行有效管理，促使公司更加灵活、更为安全、更为有效地发展壮大。

当小文拿着创业团队的项目设想和阶段发展方案去找MBA创业课程的主讲教师薛教授讨论时，薛教授建议他们先进行详细的市场调研并撰写一份创业计划书。在和薛教授讨论后，创业团队开始着手讨论如何制订一份有价值的创业计划书。

（作者根据相关资料改写）

思考题：

（1）小文为撰写创业计划书做了哪些准备？

（2）一份完整的创业计划书应该包含哪些内容？

（3）如何检验创意的市场潜力？

（4）如何分析和判断创业可能会遇到的困难和问题？

第三节 创业计划展示

投资人在选择投资标的时，除了考虑创业项目本身的优劣外，还要考虑创业者的能力和个人魅力，而创业计划展示正是创业者展示其能力的难得机会。进行创业计划展示的一个重要指导思想，就是不仅要向你的观众传达信息，而且要感染和鼓舞他们。要做到这一点，创业者在进行创业计划展示时，不但要注意展示的条理性和逻辑性，而且要通过精心的准备和必要的技巧，让展示具有吸引力和感染力。

一、展示场景分析

创业计划展示之前，要对展示的对象和场景进行深入的了解和分析。因为只有了解了推介对象是谁和观众是谁，展示场景有什么特点，他们关注的重点和感兴趣的内容是什么等因素，才能在展示时做到"应时对景、投其所好"。

（一）项目路演

项目路演是最常见的创业计划展示方式。路演通常是在较大的空间，由创业者向投资人和观众介绍自己的创业项目和团队。在这种情况下，推介对象往往会有多个投资人，一般会有路演时间限制，创业者要借助展示材料，在规定的时间内完成自己的创业计划展示。项目路演通常由项目负责人主讲，项目负责人是整个创业项目的主导者，如果连路演展示都无法胜任，会让投资人质疑其是否具有足够的能力带领团队完成项目。

（二）沟通商讨

这里的沟通商讨指的是小范围面对面地近距离介绍和讨论，如项目得到了投资人的初步认可，希望面对面交流项目有关的细节。这种商讨就需要创业者做好充足的准备，除了对投资人做充分的了解外，还需要制订详细的沟通商讨计划，如谈判的时间地点，参与的人员，谈判需要达到的预期目标，哪些问题需要坚持，哪些问题可以通过商讨达成一致等。这种沟通不但需要提前做好充分的知识储备，还需要充分展示出创业者的风度和素质，在遇到尖锐或谈不妥的问题时，切忌冲动和执着，要给双方更多的时间去考虑和协商。

（三）推广宣传

创业计划的推介有时候需要做推广和宣传，包含静态宣传和动态宣传。动态宣传一般情况下是需要做路演展示，静态宣传则更多的是通过书面的PPT让更多的人了解创业项目。这种情况，静态资料的制作就显得尤为重要了，如何在没有创业者讲述的情况下让对方对创业项目感兴趣。通常我们还要制作一份重点突出、叙述清晰、图文并茂、美观整洁的简版创业计划书，更方便传播和阅读，形式可以多样，如小视频、PPT、画册、宣传海报等。

二、路演PPT设计

在创业计划的推介环节，一般需要通过PPT等方式来呈现创业计划。投资人都是第一次现场观摩了解项目内容，通过这种视觉化的呈现辅助创业者演讲有利于让投资人更清晰了然创业项目。在"讲清楚"的基础上，制作一份有逻辑、有重点、简洁易懂、吸引眼球的PPT需要注意三个方面。

（一）整体规划

制作PPT之前要根据路演要求及推介对象关注的重点进行内容的整体规划，需要总共介绍哪几个部分，每个部分花多少篇幅可以介绍清楚，把每个部分需要展现的信息点罗列出来，然后考虑这些信息点通过什么样的形式呈现会更加明了。比如可以先列一个内容梳理表。此外，尽可能加强成果展示，比如呈现企业的产品或产品模型，也是十分直观有力的支撑。

（二）内容凝练

做好整体规划后，接下来就要确定每个部分、页面的内容了，如市场痛点一共有六条信息，是否需要删减整合，选最"痛"的三点来陈述？每一个痛点能否用最精简的语言来高度概括？能用表格或图示说明清楚问题的就尽量避免大段的文字解释。此时需要逐页进行信息筛选和内容凝练。

（三）美化设计

制作PPT时要选择一个跟自己项目相匹配的样式，从整体设计能渗透项目的文化精神，如果企业有Logo和价值愿景也可以设计在PPT的底版中。在具体设计中要遵循简洁美观、清晰易读、重点突出的原则，使用尽可能少的文字、大字号、简单字体及高对比度的背景。

三、路演展示演练

正式路演一般包括5~10分钟的结合PPT和视频的项目宣讲，以及宣讲人和投资人与观众的互动问答，通过宣讲让听众明白你的产品/服务，了解你的商业模式，认识你的创业团队，看到你的项目潜力，目标就是为了获得投资人等听众的认可。在正式路演之前，需要做好充足准备和反复演练，做到胸有成竹。

（一）准备讲稿

在路演展示之前一定要准备讲稿，讲稿是路演的基石，在准备中要注意如下问题：第一，明确路演时间。根据自身的正常语速，估算出讲稿的大概字数（以5分钟路演为例，如果演讲人一般语速为250字每分钟，那么就需要准备1250字左右的讲稿）。第二，理顺讲稿逻辑。因为时间有限不可能将创业计划的所有内容都讲解出来，需要有选择的准备讲稿。但无论如何都必须讲清楚——我们是谁？我们做什么？为什么我们能做？我们怎么做的？我们做得怎么样？这些重点问题都需要在讲稿中写清楚。第三，讲稿和PPT必须"合二为一"。讲稿的文字和PPT的展示必须一一对应，具有高度的一致性。此外，路演少不了听众的提问，提前准备好问题库也是十分必要的。

（二）反复演练

创业项目的路演，虽是演示但并不等同于一般的演讲。很多人在路演之前最担心的就是自己的普通话不标准，但对于创业项目路演而言，播音腔、标准普通话这些都不是获胜的必备选项。创业路演最重要的就是"把事说清楚"，但这并不容易，我们仍然需要一定的演讲技巧。首先，语速和语调，路演展示过程中，我们的语速应该尽量保持在一个"舒适"的角度，既不能慌慌张张赶时间，也不能慢慢吞吞说不完。而语调虽然不用像朗诵诗词一样抑扬顿挫，但在重点内容上适当提高语调就是起着强调的作用，路演过程中可以适当小范围内变化语调，比如讲到项目的未来发展时可以适当提高语调，展现出对未来充满信心，在讲解财务等数据时，要语调沉稳，给人一种靠得住的感受。其次，懂得讲"人话"，演讲过程中千万不要张口闭口全是专业术语，要知道投资人和评委也许并不在你所熟悉的行业，他们对于专业术语不一定听得懂，这就会影响信息的准确传达。演讲过程中要更多使用口语表达语言，但不要使用过多的语气词，也可以适当选用一些通俗易懂的比方来说明问题（比如，要想说明某款产品的精度高，可以打比方"我们产品的精度就如同在头发丝上刻字"）。最后，关注听众的反映，路演过程是一个讲与听的双向互动的过程，演讲者不要只在台上自我陶醉，要时刻关注听众的反映，适当灵活地调整自己的展演方式，比如，你观察到某位听众表现出了倦怠和困意时，你就要思考是否自己的演讲过于平铺直叙让人提不起精神，这时演讲者可以适当变化语速语调来吸引听众的关注。

（三）路演清单

进行创业计划展示一定要有备而战，不但要对展示的内容、方式和应该注意的问题有所准备，而且要事先推测对方可能会提出一些什么问题，以及如何回答这些问题。为了做到这一点，可以准备一份路演清单，清单的撰写和相关准备要由集体完成，每次展示后也要进行集体讨论，以便及时总结经验教训。准备路演清单还要注意以下 5 个问题。

1. 重视第一印象

大多数投资人都认为，创业者给他们的第一印象，对自己的投资决策有非常重要的影响。如果第一印象不好，投资人对后面的讲解很可能会失去兴趣，即使勉强听下去，也会自觉或不自觉地带着挑剔的态度。那么，怎样才能让对方形成良好的第一印象呢？得体的穿着、礼貌的言行、诚恳的态度是最基本的要求。

2. 不要自说自话

创业者在进行创业计划展示时，一定要注意听众的感受，不要自说自话，要创造机会让到场的投资者也参与发言或演示，实现相互之间的交流和互动。创业计划展示应保持条理清晰的风格，突出市场前景，刺激投资者的兴奋点。为此，在展示开始时，就应声明在展示过程中允许提问。

3. 少用技术术语

创业者在进行创业计划展示时，一定要知道投资人关注的是你的产品，而不是技术。与技术有关的问题，可以准备一份专门介绍的活页，在需要的时候可以适时插入。技术类图表的出发点，应该是为支持市场与产品定位服务的，如果没有特殊要求，不必画蛇添足地多做解释。

4. 切忌过分自夸

许多创业者认为创业展示的机会难得，应该在有限的时间内，尽可能通过自己的表达打动投资人。基于这种考虑，创业者往往会特别健谈，甚至会不由自主地夸大自己的项目优势。殊不知这样的做法往往适得其反，因为"过分的自夸只会让人感觉你是一个梦想家或是一个眼高手低的人"。

5. 客观看待风险

创业不可能没有风险，创业计划中涉及的关键风险是投资人最敏感、最关注的部分。因此，在创业计划中一定要对可能出现的风险给以高度重视，要尽量通过深入调查和科学分析，对可能出现的风险有充分的预判，对风险的描述不要使用大概、可能和粗略估计等表达方式，同时要把如何应对和管理这些风险阐述清楚。

形成性训练

扫一扫 练一练   扫一扫 查看答案

案例分析

只有一页纸的创业计划

提起创业计划书，许多有过融资经历的创业者都大有感慨，认为要想打动投资者，不但要有好的项目和团队，而且要有内容周详、制作精美和极具说服力的创业计划书。但是，凡事都有例外，在一次投资洽谈会上，创业者李某却凭着一份只有一页纸的创业计划书，吸引了在场所有投资人的眼球。在看了李某的创业计划书后，多名投资人在会后都主动与李某交流，并纷纷表示对该项目很有兴趣。

李某创业计划书内容：

产品名称

"发酵罐气流能量回收"

产品关键词

专利产品 国内空白 年节电 100 亿度 政府强力推广

公司简介

我公司成立于 2005 年 8 月，从事节能节电业务，拥有自己的技术与知识产权，包括电机节电器技术，发酵罐排放气流压差发电的多项专利。

项目简介

发酵罐排放气流压差发电与能量回收：发酵罐是药厂与化工企业普遍使用的生产工具，用量非常大，如华北制药、石药、哈药这样的企业，每家企业使用的大型（150吨以上）发酵罐均在 200 台以上。因生产需要，发酵罐前端需要压气机给罐内压气，压气机功率一般在 2000 千瓦~10000 千瓦，必须 24 小时运转，每年电费在 900 万~4000 万元，如果要满足发酵罐生产，就需要多台压气机工作。所以，压气机耗电通常是这些企业很大的一项费用支出。经发酵罐排放的气流仍含有大量的压力能浪费在减压阀上。如安装我公司研制的"发酵罐排放气流压差发电与能量回收"装置，可以回收压气机耗费电能的1/3左右。

同行简介

目前该技术国际统称TRT，应用于钢厂的高炉煤气压力能量回收。主要的供货商有日本的川崎重工、三井造船，德国的GHH，国内的陕西鼓风机厂，年销售额达到20亿元以上。

进展简介

本项目关键技术成熟并已经掌握，我公司已经与某制药集团达成购买试装与推广协议，项目完成时，预计可以在该集团完成5000万元以上的销售。

优势简介

1. 我公司已申请该项目的多项专利。

2. 市场中先行一步，属市场空白阶段。

3. 符合国家产业政策。

4. 各地方政府有节能奖励：如"三电办"有1/3的投资补贴，制药集团可获得约1600万元政府补贴。

5. 可以申请联合国CDM（清洁生产）资金（每减排1吨二氧化碳可以申请10美元国际资金，连续支付5年）。制药集团可每年节能6000万度，减排二氧化碳6万吨，可获得国际资金支持300万美元。

用户利益

1. 减少电力费用支出。以某制药集团为例，如全部安装该装置，一年可以节约电费3000万~36000万元。收回投资周期少于2年。

2. 很少维护，无须增加人员，寿命在30年以上，可以为用户创造15倍以上的价值。

3. 降低原有噪音20分贝以上，符合环保要求。

4. 其他政府奖励。

目标用户与市场前景

本项目目前主要针对国内药厂、化工厂。从和某集团达成的初步协议看，集团内需求量约100套，而全国存在同样状况的有多家药厂，再加上许多化工企业也采用了相同或类似的生产工艺，均为我公司的目标市场，总市场预计在100亿元以上。

（作者根据相关资料改写）

思考题：

（1）你认为一页纸的创业计划书具有哪些优势？

（2）你认为创业计划书的主要作用有哪些？

（3）你对准备创业计划书有哪些新的想法？

本章小结

　　本章梳理了创业计划书的作用、结构及一份优秀创业计划书的要素，对创业计划书撰写的前期准备、文本撰写及修改完善环节进行了分析，在此基础上对创业计划的展示进行了讲述，分别从场景分析、呈现设计及模拟演练几个方面给予了建议。本章的基本观点是：制订创业计划是创业过程中必不可少的一个环节，是帮助创业者厘清创业思路、验证创业可行性、对创业实践给予纲领性指导的"罗盘"。同时，更是创业者吸引投资、推广宣传、项目交流、寻找拍档的重要文件。

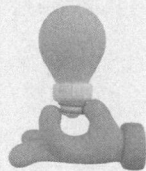

学习与思考

　　1. 观看与思考

　　搜索并观看你感兴趣的 5 个中国"互联网＋"大学生创新创业大赛历届国赛金奖路演视频，思考并讨论如下问题：

　　（1）他们是如何讲述自己的创业故事的？

　　（2）你印象最深刻的 3 个信息点是什么？

　　（3）他们分别是如何呈现项目的商业模式的？

　　（4）如果你是投资人，打动你的 3 个关键点是什么？

　　2. 阅读与思考

　　阅读品森林和申山宏合著的《创业从一份商业计划书开始》、布鲁斯·R. 巴林杰（Bruce R. Barringer）所著的《创业计划书：从创意到方案》，思考如下问题并与同学交流：

　　（1）创业计划书有什么作用？

　　（2）创业计划书应该提供哪些信息？

　　（3）创业计划书应该如何呈现所要提供的信息？

　　（4）如果将商业创意转化成可行的创业方案？

　　3. 案例学习与思考

　　在网上搜索并阅读真实的或是参加创业竞赛的创业计划书，思考如下问题并与同学交流：

　　（1）从封面中你读到的信息是什么？

　　（2）这些计划书是按照什么样的逻辑顺序呈现商业计划的？

　　（3）这些计划书是如何阐述市场前景的，用了什么字眼，优势是如何分析的？

　　（4）在介绍团队时你的感受是什么？

（5）如果你是投资人，你是否愿意投这个公司？

实践训练

请结合本章所学内容，以项目负责人的身份做一份创业计划书，然后回答如下问题：

（1）在上这门课之前，你觉得在真实的创业中做创业计划书是否有用，不去参赛、不去路演、不去融资你还会做一份自己企业的创业计划书吗？

（2）在上这门课之前你觉得写计划书是一件很棘手的事情吗？结合此次写创业计划书的经历，谈一下你是如何顺利完成的呢？

（3）在此之前你是否对自己的创业项目进行如下思考：这个项目是否具有市场，你如何去了解的这个市场？你的项目优势具体体现在哪里，优势有多少？你的项目有没有固定的赚钱模式，你是否总结归纳过这个模式？

（4）如果给你一次项目路演或交流的机会，你会如何展示你的项目？

第九章

新企业的创建与管理

学习目标

★ 知识习得

掌握新企业的创建过程，理解新企业的组织形式和社会责任。

★ 情意形成

形成积极的生活态度和坚忍不拔的意志品质。

★ 能力提升

能够科学地规划和管理自己的企业。

★ 价值引领

理解"不忘初心，牢记使命"。

思政小课堂

案例导入

Zirtual：一个好的创意为什么会失败

假如你是一个平时工作繁忙，行程安排紧凑的大忙人，想象一下，如果能有个助理帮忙处理各种琐事，那你就能省出更多时间去做更有价值的事情。Zirtual就是一个为中小企业管理人员提供付费的在线私人助理服务的平台，而这个助理并不是常见的坐班或贴身助理，而是通过远程在线的方式为老板服务。老板们可以通过Zirtual平台、Email、电话直接向助理安排任务，而助理们能够处理诸如制订行程、预订食宿及各种各样的调查工作。互联网的发展已经开始改变劳动力的配置，Zirtual把原先只能全职雇佣的助理工作变成了可以灵活选用的短期雇佣，甚至是按任务件数的"雇佣"。这样一个全新的创意自然是得到了投资人的青睐，2013 年，Zirtual获得了来自 Tony Hsieh、VegasTechFund 和 Mayfield Fund 共计 200 万美元的 A 轮融资。

然而，后续的发展却并不如想象中的那么顺利。首先是用户体验并不好，一位 Zirtual 的用户在接受媒体采访时这样描述了自己的经历：当她体验完一次在线助理服务后，她的在线助理突然"撂挑子"不干了，于是她需要自行修改授权给在线助理使用的密码，另外为了确保安全，她又更换了一个用于支付的新信用卡，最后还得挨个向自己的用户发邮件，告知他们之前联系的在线助理已经不能联系了。这样一番复杂的操作下来，这名用户表示自己以后再也不想使用创业公司的服务了，因为这些服务流程看起来非常不专业。

到了 2015 年 8 月中旬，Zirtual解体，问题到底出现在哪儿呢？原来，不只是服务没有让用户感到满意，最关键的是管理层试图将数百名合同工转为全职雇员，昏招一出，彻底崩盘也就在所难免。对此，Zirtual的创始人玛伦·凯特·多诺万反思，失败的原因是公司烧钱太快，导致现金短缺无法维持运营。

实际上，对于创业公司烧钱太快的问题，在硅谷讨论的并不多，因为在经济和融资环境好的时候，融资是非常简单的事。许多初创企业的创始人把钱拿到手后，并没有好好地进行规划，只是一味地做自己想做的事情，例如扩大生产、积累用户等。Zirtual的经历绝非个案，一家初创企业如果缺少资金使用计划，在运营手段和管理方式上缺乏沉淀，一旦遇上风险，很可能会令公司陷入万劫不复之地。

（作者根据相关资料改写）

思考题：

（1）Zirtual在创业过程中犯了哪些错误？

（2）Zirtual失败最主要的原因是什么？如果是你，你会怎么做？

（3）初创企业的经营管理应注意什么？

第一节 新企业的创建

创业者组建了创业团队，通过市场调研和分析找到了创业机会，制订了创业计划，获得了创业启动资金，协调好了内外部关系之后，就可以开始成立新企业了。从某种意义上说，成立新企业是创业过程中最关键的环节，因为与创业过程的其他环节相比，成功创建新企业更能突出体现创业的成果。但是，作为创业者还必须清楚，当你走到这一阶段，创业的真实故事，才刚刚开始。

一、新企业的法律形式

成立新企业只能选择法律规定的企业组织形式，不能随心所欲地塑造企业形态。选择合适的企业法律形式是一个复杂问题，如果创业者最初选择的法律形式不再适合企业的发展，也可以在企业经营过程中择时变更企业的法律形式。大学生以个人或团队的方式创业，可供选择的企业法律形式主要有个人独资企业、合伙企业和公司制企业三种形式。

（一）个人独资企业

个人独资企业是指依照《中华人民共和国个人独资企业法》，在中国境内设立，由一个自然人投资，财产为投资人个人所有，投资人以其个人财产对企业债务承担无限责任的经营实体。个人独资企业的设立条件为以下5点。

（1）投资人为一个自然人，且只能是中国公民。

（2）有合法的企业名称。个人独资企业不能使用"有限""有限责任"或"公司"字样。个人独资企业的名称可以是厂、店、部、中心、工作室等。

（3）有投资人申报的出资。设立个人独资企业，投资人可以用货币出资，也可以用实物、土地使用权、知识产权或其他财产权利出资。以家庭共同财产作为个人出资的，投资人应当在填写登记申请书时予以说明。

（4）有固定的生产经营场所和必要的生产经营条件。

（5）有必要的从业人员。

（二）合伙企业

合伙企业是指依照《中华人民共和国合伙企业法》在中国境内设立的，由各合伙人订立合伙协议、共同出资、共同经营、共享收益、共担风险，并对合伙企业债务承担无限连带责任的营利性组织。普通合伙企业的设立条件为以下5点。

（1）有2个以上的合伙人，并且都是依法承担无限责任者。人数上限没有限定。合伙人只能是自然人，不能是法人。

（2）有书面合伙协议。合伙协议应当载明的事项有：合伙企业的名称和主要经营场所的地址；合伙目的及合伙企业的经营范围；合伙人的姓名及其住所；合伙人出资的方式、数额和缴付出资的期限；合伙企业的解散与清算；违约责任等。

（3）有各合伙人实际缴付的出资。可以是货币、实物、土地使用权、知识产权或其他财产权利出资，甚至可以用劳务出资。对出资的评估作价可以由合伙人协商确定，无须验资。

（4）有合伙企业名称。合伙企业在其名称中不得使用"有限"或"有限责任"字样。

（5）有经营场所和从事合伙经营的必要条件。

（三）公司制企业

1. 有限责任公司

有限责任公司是指股东以其出资额为限对公司承担责任，公司以其全部资产对公司的债务承担责任的经济组织。有限责任公司的设立条件有6个方面。

（1）由50个以下股东出资设立，股东可以是自然人，也可以是法人。设立有限责任公司，最多不能超过50个股东，最少为1个，只有1个股东的情形下为一人有限责任公司。

（2）注册资本为在公司登记机关的全体股东认缴的出资额。法律、行政法规及国务院决定对有限责任公司注册资本实缴，注册资本最低限额另有规定的从其规定。

（3）股东的出资方式有：货币、实物、知识产权、土地使用权。无出资期限的限制。

（4）股东共同制定公司章程。

（5）有公司名称，建立符合有限责任公司要求的组织机构。有限责任公司的组织机构包括股东会、董事会、监事会、法定代表人和经理。股东大会作出决议；董事会是执行公司股东大会决议的执行机构；监事会是公司的监督机构，依法对董事、经理和公司的活动实行监督；经理是由董事会聘任，主持公司的日常生产经营管理工作，组织实施董事会决议；法定代表人是公司意志的具体体现人，在法律层面上，其行为等同于公司行为，一般由董事长、执行董事长或总经理担任，在法律层面对公司的所有行为、结果负责。

（6）有公司住所。

2. 股份有限公司

股份有限公司是指公司资本为股份所组成的公司，股东以其认购的股份为限对公司承担责任的企业法人。《中华人民共和国公司法》规定，设立股份有限公司，应当有2人以上200以下为发起人。注意，所有股份公司均须是负担有限责任的有限公司。股份有限公司的设立条件为以下6点。

（1）股份有限公司应有2人以上200人以下的发起人，发起人可以是自然人，也可以是法人，但发起人中须有过半数的人在中国境内有住所。国有企业改建为股份有限公司的，发起人可以少于5人，但应当采取募集设立方式。

（2）我国股份有限公司的资本最低限额不得低于500万元人民币。发起人可以用货币出资，也可以用实物、工业产权、非专利技术、土地使用权作价出资。

（3）股份发行、筹办事项应符合法律规定。股份有限公司的资本划分为股份，每一股的金额相等。公司的股份采限股票的形式。股份的发行实行公开、公平、公正的原则，且必须同股同权、同股同利。同次发行的股份、每股的发行条件、发行价格应当相同。

（4）发起人制定公司章程，并经创立大会通过。

（5）有公司名称，建立符合公司要求的组织机构。股份有限公司的组织机构包括股东会、董事会、监事会和经理。

（6）有固定的生产经营场所和必要的生产经营条件。

个人独资企业、合伙企业、公司制企业，是我国最常见的三种企业组织形式。对于创业者而言，选择合适的企业法律形式十分重要。为此，创业者在正式注册登记企业之前，需审慎地思考自身目前可获得的资源、团队的组成情况、企业未来的发展规划等信息，从效益性、稳定性、合法性等层面出发，明确企业的法律形式。

二、新企业创办程序

新企业的创办流程程序根据不同的企业形式执行不同的程序。下面详细说明个人独资企业、合伙企业和有限责任公司三种企业的创办程序。

（一）个人独资企业

1. 申请

（1）申请人或者委托的代理人可以直接到经营场所所在地登记机关登记。

（2）登记机关委托其下属工商所办理个体工商户登记的，到经营场所所在地工商所登记。

（3）申请人或者其委托的代理人可以通过邮寄、传真、电子数据交换、电子邮件等方式向经营场所所在地登记机关提交申请。通过传真、电子数据交换、电子邮件等方式提交申请的，应当提供申请人或者其代理人的联络方式及通信地址。对登记机关予以受理的申请，申请人应当自收到受理通知书之日起5日内，提交与传真、电子数据交换、电子邮件内容一致的申请材料原件。

2.受理

（1）对于申请材料齐全、符合法定形式的，登记机关应当受理。申请材料不齐全或者不符合法定形式，登记机关应当当场告知申请人需要补正的全部内容，申请人按照要求提交全部补正申请材料的，登记机关应当受理。申请材料存在可以当场更正的错误的，登记机关应当允许申请人当场更正。

（2）登记机关受理登记申请，除当场予以登记的外，应当发给申请人受理通知书。对于不符合受理条件的登记申请，登记机关不予受理，并发给申请人不予受理通知书。申请事项依法不属于个体工商户登记范畴的，登记机关应当即时决定不予受理，并向申请人说明理由。

3.审查和决定

登记机关对决定予以受理的登记申请，根据下列情况分别做出是否准予登记的决定。

（1）申请人提交的申请材料齐全、符合法定形式的，登记机关应当当场予以登记，并发给申请人准予登记通知书。根据法定条件和程序，需要对申请材料的实质性内容进行核实的，登记机关应当指派两名以上工作人员进行核查，并填写申请材料核查情况报告书。登记机关应当自受理登记申请之日起15日内做出是否准予登记的决定。

（2）对于以邮寄、传真、电子数据交换、电子邮件等方式提出申请并经登记机关受理的，登记机关应当自受理登记申请之日起15日内做出是否准予登记的决定。

（3）登记机关做出准予登记决定的，应当发给申请人准予个体工商户登记通知书，并在10日内发给申请人营业执照。不予登记的，应当发给申请人个体工商户登记驳回通知书。

4. 需准备的材料

（1）经营者签署的个体工商户注册登记申请书。

（2）委托代理人办理的，还应当提交经营者签署的"委托代理人证明"及委托代理人身份证明。

（3）经营者身份证明。

（4）经营场所证明。

（5）"个体工商户名称预先核准通知书"（设立申请前已经办理名称预先核准的须提交）。

（6）申请登记的经营范围中有法律、行政法规和国务院决定规定必须在登记前报经批准的项目，应当提交有关许可证书或者批准文件。

（7）申请登记为家庭经营的，以主持经营者作为经营者登记，由全体参加经营家庭成员在"个体工商户开业登记申请书"经营者签名栏中签字予以确认。提交居民户口簿或者结婚证复印件作为家庭成员亲属关系证明，同时提交其他参加经营家庭成员的身份证复印件。

（8）国家市场监督管理总局规定提交的其他文件。

（二）合伙企业

1. 申请

设立合伙企业，应当由全体合伙人指定的代表或者共同委托的代理人向企业登记机关申请设立登记。

2. 受理、审查和决定

申请人提交的登记申请材料齐全、符合法定形式，企业登记机关能够当场登记的，应予当场登记，发给合伙企业营业执照。除前款规定情形外，企业登记机关应当自受理申请之日起20日内，做出是否登记的决定。予以登记的，发给合伙企业营业执照；不予登记的，应当给予书面答复，并说明理由。

3. 需要准备的材料

（1）全体合伙人签署的"合伙企业登记（备案）申请书"。

（2）全体合伙人的主体资格证明或者自然人的身份证明。

（3）全体合伙人指定代表或者共同委托代理人的委托书。

（4）全体合伙人签署的合伙协议。

（5）全体合伙人签署的对各合伙人缴付出资的确认书。

（6）主要经营场所证明。

（7）"名称预先核准通知书"（设立申请前已经办理名称预先核准的须提交）。

（8）全体合伙人签署的委托执行事务合伙人的委托书；执行事务合伙人是法人或其他组织的，还应当提交其委派代表的委托书和身份证明复印件（核对原件）。

（9）以非货币形式出资的，提交全体合伙人签署的协商作价确认书或者经全体合伙人委托的法定评估机构出具的评估作价证明。

（10）法律、行政法规或者国务院规定设立合伙企业须经批准的，或者从事法律、行政法规或者国务院决定规定在登记前须经批准的经营项目，须提交有关批准文件。

（11）法律、行政法规规定设立特殊的普通合伙企业需要提交合伙人的职业资格证明的，提交相应证明。

（12）国家市场监督管理总局规定提交的其他文件。

（三）有限责任公司

1. 申请

设立有限责任公司，应当由全体股东指定的代表或者共同委托的代理人向公司登记机关申请设立登记。

2. 受理

公司登记机关根据下列情况分别做出是否受理的决定。

（1）申请文件、材料齐全，符合法定形式的，或者申请人按照公司登记机关的要求提交全部补正申请文件、材料的，决定予以受理。

（2）申请文件、材料齐全，符合法定形式，但公司登记机关认为申请文件、材料需要核实的，决定予以受理，同时书面告知申请人需要核实的事项、理由以及时间。

（3）申请文件、材料存在可以当场更正的错误的，允许申请人当场予以更正，由申请人在更正处签名或者盖章，注明更正日期；经确认申请文件、材料齐全，符合法定形式的，决定予以受理。

（4）申请文件、材料不齐全或者不符合法定形式的，当场或者在 5 日内一次告知申请人需要补正的全部内容；当场告知时，将申请文件、材料退回申请人；属于 5 日内告知的，收取申请文件、材料并出具收到申请文件、材料的凭据，逾期不告知的，自收到申请文件、材料之日起即为受理。

（5）不属于公司登记范畴或者不属于本机关登记管辖范围的事项，即时决定不予受理，并告知申请人向有关行政机关申请。公司登记机关对通过信函、电报、电传、传真、电子数据交换和电子邮件等方式提出申请的，自收到申请文件、材料之日起 5 日内作出是否受理的决定。

3. 审查和决定

公司登记机关对决定予以受理的登记申请，分别根据情况在规定的期限内做出是否准予登记的决定。

（1）对申请人到公司登记机关提出的申请予以受理的，当场作出准予登记的决定。

（2）对申请人通过信函方式提交的申请予以受理的，自受理之日起 15 日内作出准予登记的决定。

（3）通过电报、电传、传真、电子数据交换和电子邮件等方式提交申请的，申请人应当自收到"受理通知书"之日起 15 日内，提交与电报、电传、传真、电子数据交换和电子邮件等内容一致并符合法定形式的申请文件、材料原件；申请人到公司登记机关提交申请文件、材料原件的，当场做出准予登记的决定；申请人通过信函方式提交申请文件、材料原件的，自受理之日起 15 日内做出准予登记的决定。

（4）公司登记机关自发出"受理通知书"之日起 60 日内，未收到申请文件、材料原件，或者申请文件、材料原件与公司登记机关所受理的申请文件、材料不一致的，做出不予登记的决定。公司登记机关需要对申请文件、材料核实的，自受理之日起 15 日内作出是否准予登记的决定。

4. 发照

公司登记机关做出准予公司设立登记决定的，出具"准予设立登记通知书"，告知申请人自决定之日起 10 日内，领取营业执照。公司登记机关作出不予登记决定的，出具"登记驳回通知书"，说明不予登记的理由，并告知申请人享有依法申请行政复议或者提起行政诉讼的权利。

5. 需准备的材料

（1）公司法定代表人签署的设立登记申请书。

（2）全体股东指定代表或者共同委托代理人的证明。

（3）公司章程。

（4）股东的主体资格证明或者自然人身份证明。

（5）载明公司董事、监事、经理的姓名、住所的文件以及有关委派、选举或者聘用的证明。

（6）公司法定代表人任职文件和身份证明。

（7）企业名称预先核准通知书。

（8）公司住所证明。

（9）国家市场监督管理总局规定要求提交的其他文件。

（10）法律、行政法规或者国务院决定规定设立有限责任公司必须报经批准的，还应当提交批准文件。

三、新企业的组织架构

在现实生活中，创业者创办新企业必须要选择企业的组织架构，为了帮助创业者更好地选择组织架构，这里将对常见的组织架构做一简要的分析。

（一）直线制结构

直线制结构是一种最早也是最简单的组织形式，特点是企业各级行政单位从上到下实行垂直领导，下属部门只接受一个上级的指令，各级主管负责人对所属单位的一切问题负责。直线制结构的优点是结构简单，责任分明，命令统一；缺点是要求行政负责人通晓多种知识和技能，亲自处理各种业务。

直线制结构是一种简单、高效的组织结构，大多数企业在初创时期，都采用这种组织结构。但是，当企业发展到一定规模，其业务量和任务的复杂度都达到一定水平后，把所有管理职能都集中到最高主管一人身上，显然是难以胜任的。因此，直线制只适用于规模较小，生产技术比较简单的企业，对生产技术和经营管理比较复杂的企业并不适用。

（二）职能制结构

职能制结构是各级行政单位除主管负责人外，还相应地设立一些职能机构。如在厂长下面设立生产、销售、研发等职能机构和人员，协助厂长从事职能管理工作。这种结构要求行政主管把相应的管理职责和权力交给相关的职能机构，各职能机构有权在自己业务范围内向下级行政单位发号施令。

职能制结构的优点是能适应现代企业生产技术比较复杂，管理工作比较精细的特点，能充分发挥职能机构的专业管理作用，减轻直线领导人的工作负担。其缺点是形成了多头领导，当行政领导和职能机构的命令发生矛盾时下级会无所适从；同时由于各职能部门都有各自的职责，容易出现本位主义和"有功大家抢，有过大家推"的现象。

（三）直线—职能制结构

直线—职能制结构也叫直线参谋制结构，是在对直线制和职能制取长补短的基础上建立起来的，目前我国大多数企业都采用这种组织结构。这种组织结构形式是把企业管理机构和人员分为两类，一类是直线领导机构和人员，按命令统一原则对各级组织行使指挥权；另一类是职能机构和人员，按专业化原则从事组织的各项职能管理工作。

在直线—职能制结构中，职能机构和人员是直线指挥人员的参谋，不能直接对下级部门发号施令，只能进行业务指导。这种结构的优点是既保证了企业管理体系的集中统一，又可以充分发挥各专业管理机构的作用。其缺点是职能部门的许多工作要直接向上层领导报告请示才能处理，容易出现领导工作负担重和办事效率低等问题。

（四）扁平式结构

扁平式结构是一种具有高度柔性的、扁平的、能持续发展的组织结构，是通过培养弥漫于整个组织的学习气氛，以及团队和学习型组织建设，所形成的一种能够认识环境、适应环境、进而能够能动地作用于环境的有效组织。扁平式结构减少了管理层级，使个人或部门在一定程度上有了相对自由的空间，能有效地解决企业内部沟通的问题。

扁平式结构是一种能充分发挥个人潜能的组织结构，现在流行的许多组织形式，比如稻盛和夫的阿米巴模式，韩都依舍的小组模式，罗辑思维的项目团队模式，从本质上说都是扁平式结构。这种结构的突出特点是传递市场压力，实现内部竞争，达成全员参与的经营。这种模式的适用条件是自上而下的目标管理，自下而上的业务驱动。

形成性训练

扫一扫　练一练　　扫一扫　查看答案

罗辑思维的组织创新

2017 年 11 月 8 日，罗辑思维入选"时代影响力·中国商业案例"TOP 30。2020 年 8 月，罗辑思维以 70 亿元位列"苏州高新区·2020 胡润全球独角兽榜"第 351 位。至此，罗辑思维不仅成了炙手可热的创业型公司的成功典范，而且成为这个时代谈论"内容创业"绕不过去的一个标杆。

横空出世

2012 年 12 月 21 日，一个名为《罗辑思维》的知识型视频脱口秀节目，在优酷、喜马拉雅等平台隆重开播，主讲人罗振宇的独特的风格，给观众留下了非常深刻的印象。与此同时，同名微信公众号还在每天清晨 6 点 30 分，"自虐"般准时地推送罗振宇本人 60 秒语音的生活感悟，启发听众对生活的感知和思考。

《罗辑思维》双管齐下的闪亮登场，迅速引起了社会各界的广泛关注，一时间收听、收看和讨论《罗辑思维》，成了"爱学习"的年轻人的时尚之举。而有关《罗辑思维》创办人的各种信息，也成了人们街谈巷议的话题。《罗辑思维》以"知识分享"为中心，然后根据指定主题，比如"权力之下无真相""民意真的可信吗""迷茫时代的明白人"等，寻找破题依据，提出解决方案。在这个选题、破题、证题的过程中，为观众奉上一味知识的营养鸡汤。

转型升级

2015 年 12 月，罗辑思维开始向"知识运营商"方向转型。罗辑思维旗下的 App"得到"上线，标志着罗振宇从流量思维开始转向专注产品思维。此后，罗振宇把自己的内容完全放置于"得到"平台，而他本人也渐渐蜕变成平台上一个普通的产品生产者。

对此，罗辑思维 CEO 李天田表示："得到 App 才是我们真正想做的事，罗辑思维只是它的一个 MVP。不超过一年，罗辑思维的内容只是得到 App 上的其中之一。"这使罗辑思维终于摆脱了对于罗振宇个人 IP 的过度依赖，开始向真正的平台型公司转型。

在得到 App 上，"李翔商业内参"上线当天订阅总份数达 1 万，总额达 200 万元。20 天后，营收突破千万。而李笑来的"通往财富自由之路"共有 12.6 万份订阅，总营收超过 2500 万元。

组织创新

为了适应公司的业务发展，罗辑思维在组织建设上，进行了大胆的创新。在罗辑思维员工不但不用坐班、不用打卡，而且无部门、无层级、无 KPI。那么，在这样一个五无公司，员工是如何实现高效协作的呢？罗辑思维的解决方法是：项目制。

罗振宇曾明确表示："罗辑思维是一个以项目为载体的去中心化组织，这种组织架构没有上下级之分，除了技术团队和财务外，全部是纵向编队的战斗小组。一个小组的基本配置是三个人，他们既要懂商品，也要懂创意和内容，还要懂服务；而公司则从利润中，直接与小组进行分红，形成内部创业机制。"

李天田也曾说过："我们的员工是每个人都有个基本岗位，保证可以拿到基本工资，用这种方式把一些常规工作比如行政、前台、人力、编辑等岗位扛起来。但是主要收入来自项目分红，只要有小组愿意接受，连财务都可以进项目组。"

罗辑思维项目制的运转方式是五步法。即：

（1）立项。即确定项目的Leader，有竞争则采取PK制度，人人皆有机会成为一个项目的Leader。

（2）找人。带着奖励制度在全公司找人，决定了Leaders以后，要决定好分配机制，最大化地发挥项目制的作用。

（3）执行。三位长老，罗胖、脱不花、吴声有一票否决权。有人员进出的机制，项目成员是可变动的。为项目发展中需要增加的人员预留资金池。

（4）结算。项目结束后立即结算。

（5）复盘。项目结束后，不光内部复盘，还将复盘的结果对外发布。

在上述行动准则中，建设性沟通是关键所在。而所谓建设性的沟通，即是关心沟通对象的动机，也关心对象的目标，巨大的沟通障碍往往在于，我们仅仅关注外在的目标，而忽略内在的动机。

跨越沟通障碍的方法是：遇到沟通障碍时，不在价值观层面做讨论。永远把解决问题当作唯一目标。建立多元化的沟通机制，事情摊在牌面上来讲。

（作者根据相关资料改写）

思考题：

（1）罗辑思维作为一个新企业采用了什么样的组织形式？

（2）罗辑思维的转型对组织建设有什么要求？

（3）罗辑思维的项目制有哪些独特之处？

第二节 新企业的管理

新创企业的数量很多，但能够实现成长的企业并不多，其中实现快速成长的企业则更少，其原因在于新企业的成长会遇到各种限制和障碍，会面临各种发展陷阱和挑战。在影响新企业成长的诸多因素中，运营管理是其中最为重要的内部因素。有研究表明，在大多数初创企业中，创业者都像无头苍蝇一样，东撞一下，西撞一下，大量时间都用于"救火"。要避免这种情况发生，需要创业者在制订计划阶段，就对企业的运营进行系统思考，并在对相关企业进行深入研究的基础上，找到自己的学习样板。

一、新企业管理的特殊性

如果把从新企业的孕育到创立看作是从 0 到 1 的过程，那么新企业管理就是从 1 到 10 的过程，这是一个以生存和发展为核心的管理过程。与成熟的企业不同，新企业的管理有其自身的特殊性，其突出表现在以下三点。

（一）新企业具有高成长性和高风险性

新企业区别于成熟企业的重要特点之一就在于：成熟企业已经进入常规发展阶段，不再具有高成长性；而新创企业则处于超常规发展阶段，极具成长潜力。新企业通常经营机制灵活，同时在产品、技术或业务的某些方面具有一定的独特性和领先性，对区域市场和细分行业的竞争能够保持良好的适应和应对，因而成长性较好。但与高成长性相对应的是，新企业的成长具有很大的不确定性和高风险性。由于技术环境的变化、商业模式的变革、竞争对手的打压、内部管理的瓶颈等，新企业的业绩波动也高于成熟企业，呈现出"易变""不稳定""高死亡率""充满风险"等特点。即新企业的成长呈现出非线性的特征，可能爆发式增长，也可能突然衰退，甚至是彻底失败。

（二）新企业具有灵活性和创新性

活力是创新之源，是企业快速发展的核心动力。与大企业相比，新企业的突出优势就在于高层管理者更贴近客户，更容易感受到市场发生的变化，能够比大企业做出更迅速的反应，能够用小企业的反应速度来抗击大企业的规模经济。如果新企业机制灵活，那么就会以目标为导向，淡化分工，强化协作，老板与员工形成一体，这时公司的反应速度很快，非常灵活，充满活力。与此同时，新企业管理通常也需要有较强的创新性。因为新企业会面临许多新问题，这些问题很多是管理者以前没有遇到过的，在书本和前人的经验中也找不到答案，只有敢于创新、善于创新，才能有效地解决这些问题。

（三）新企业要以生存为第一要务

新企业在创立初期的首要任务是在市场竞争中生存下来，让消费者认识和接受自己的产品或服务。在这个阶段，生存是第一位的，一切围绕生存而运作，应避免一切危及生存的做法。要尽快找到客户，把自己产品/服务卖出去，掘到第一桶金，只有这样新企业才能在市场中找到立足点，才有生存的基础。"别再跟我谈对新产品的构想，告诉我你能推销出去多少现有的产品"是这一时期的典型独白。重要的不是在于想什么，而在于做什么，一切以结果为导向。企业里的大多数人，包括创业者在内，都要出去销售产品，这就是所谓的"行动起来"。在这一阶段，企业是机会导向的，有机会就做出反应，而不是有计划、有组织、定位明确地开发利用自己所创造的机会。

二、新企业营销管理

营销大师菲利普·科特勒（Philip Kotler）认为，市场营销是个人和集体通过创造产品和价值，并同别人自由交换产品和价值，来获得其所需所欲之物的一种社会和管理过程。对既无名气又无客户的创业者来说，营销是最重要和最有挑战性的工作，需要创业者调动一切可以调动的力量，以尽可能低的成本让自己的产品成功进入市场。为此，创业者至少应该做好以下三方面工作。

（一）产品定价

根据经典的营销管理4P理论，新企业要想进入市场并在竞争中战胜对手，需要制订富有竞争力的产品（Product）、价格（Price）、渠道（Place）和促销（Promotion）。而在4P中，产品战略和价格策略，无疑是渠道和促销的基础，需要在创业计划制定阶段，就要于充分调研的基础上，形成总体框架和具体措施。一般而言，新企业的产品都比较单一，对其销售有决定性影响的是如何定价。而在产品定价方面，可供创业者选择的策略和方法主要有4种。

1. 成本加成定价

成本加成定价即将每种产品成本加上一个合理的利润额作为该种产品的价格。其基本逻辑是：先确定产品销售量，然后计算出产品的单位成本和利润目标，由此确定产品的价格。这种定价方法的优点是简单明了、计算方便，缺点是只关注企业自身价值链，忽略了市场环境和竞争因素的影响。

2. 客户导向定价

客户导向定价也称价值导向定价，指根据产品的价值及市场需求来制定产品的价格。单纯以成本为基础的定价法具有一定的局限性，以价值为基础的客户导向定价，能在一定程度上弥补不足。但是需要指出，客户导向定价并不是简单地寻求客户满意，而在于通过获取更高产品价值，来实现更高的获利。

3. 竞争导向定价

竞争导向定价认为，定价只是用以实现销售目标的手段，应该根据竞争状况确定产品价格。竞争意味着提高市场占有率，而提高市场占有率通常会带来更多利润。但是，如果失去理性地扎进竞争的牢笼，容易陷入为完成市场份额目标而牺牲获利的泥沼，从而颠倒市场份额与利润之间的主次关系。

4. 渗透定价

渗透定价的策略是，在产品进入市场初期，将价格定在较低水平，尽可能吸引更多的消费者。这种以牺牲短期利益来获得较高销售量及市场占有率的做法，多为获得高额投资的互联网企业所采用。从实际效果看，这种做法确实有许多成功的案例，但带来的问题也是非常明显的，即容易加速非头部企业的破产速度。

（二）渠道管理

对大多数初创企业来说，通过与渠道合作进行市场拓展，几乎是打开市场的必然选择。有道是"渠道为王"，在今天这个买方市场时代，拥有大量销售终端资源的渠道商，堪称所有生产者必拜的大佛。因此，了解销售渠道和有效管理渠道，可以说是创业者必须具备的一项基本能力。当然，重视渠道并不意味着盲目依赖渠道，在渠道选择与管理过程中，需要考虑不同渠道的销售贡献度、价格贡献度和品牌贡献度，同时还要特别注意互联网、大数据和区块链等技术对渠道和销售的影响。

1. 多渠道销售

多渠道销售是指生产者通过多种渠道，将相同的产品销售给不同的市场和相同的市场的策略。生产者采取复杂渠道策略，通过多条渠道推销某种产品，比通过某单一渠道推销更能实现市场渗透。同时，在市场商品供过于求、竞争较为激烈的情况下，采用多渠道策略还能起到规避风险和避免渠道商漫天要价的情况。

2. 关系营销

关系营销是指生产商不限于即时交易，与长期供应商建立顾客关系的营销策略。当顾客关系管理计划被执行时，组织就必须同时注重顾客和产品管理。同时，公司必须明白，虽然关系营销很重要，但并不是在任何情况下都会有效的。因此，公司必须评估哪一个部门与哪一种特定顾客采用关系营销最有利。

3. 接触点营销

接触点营销是通过在同客户接触的"关键时刻"积极开展营销活动，从而快速提升客户满意度以促进销售的营销策略。例如，如家各单店营业额提升的切入点，就是把品牌接触点的相关细节做到极致，做到让消费者一眼即知，一用即明，使消费者在潜移默化的入住过程中成为如家的忠实粉丝。

（三）营销策划

市场营销既是一种职能，又是组织为了自身及利益相关者的利益而创造、沟通、传播和传递客户价值，为顾客、客户、合作伙伴及整个社会带来经济价值的活动、过程和体系。市场营销要想取得理想的效果，不仅需要科学的规划、设计和管理，而且需要能够吸引关注和给人以愉快体验的创造性策划。下述诞生于互联网时代的营销策略，也值得创业者学习和借鉴：

1. 整合营销

整合营销（Integrated Marketing Communications）是指将一个企业的各种传播方式加以综合集成，其中包括一般的广告、与客户的直接沟通、促销、公关等，对分散的传播信息进行无缝接合，从而使得企业及其产品和服务的总体传播效果达到明确、连续、一致和提升。

2. 数据库营销

数据库营销（Database Marketing）是利用数据库中的数据资源，以概率思维为基础进行方案设计的营销策略。以特定的方式在网络上或是实体收集消费者的消费行为资讯、厂商的销售资讯，并将这些资讯以固定格式累积在数据库当中，在适当的行销时机，以此数据库进行统计分析和方案设计的行销行为。

3. 网络营销

网络营销（Internet Marketing）是企业整体营销战略的一个组成部分，是为实现企业总体经营目标所进行的，以互联网为基本手段营造网上经营环境的各种活动。网络营销的职能包括网站推广、网络品牌、信息发布、在线调研、顾客关系、顾客服务、销售渠道、销售促进。

4. 直接营销

直接营销（Direct Marketing）是在没有中间经销商的情况下，利用消费者直接通路来接触及传送货品和服务给客户，是利用一种或多种媒体，理论上可到达任何目标对象所在区域，包括地区上的及定位上的区隔，且是一种可以衡量回应或交易结果的行销模式。其最大特色为"直接与消费者沟通或不经过分销商而进行的销售活动"。

三、新企业财务管理

财务管理是企业管理的重要组成部分，是根据财经法规制度，按照财务管理的原则，组织企业财务活动，处理财务关系的一项经济管理工作。简单地说，财务管理是组织企业财务活动，处理财务关系的工作，是在一定的整体目标下，关于资产的购置，资本的融通和经营中现金流量，以及利润分配的管理。对大多数初创企业而言，财务管理主要是由财务人员或财务代理公司实施的，创业者的主要任务是与财务管理人员共同制定财务规划，以及运用各种财务工具进行财务管理。

（一）财务规划

财务规划是创业规划的重要组成部分，包含三项活动：设立目标；设立有形指标；衡量并调整目标和指标。在财务规划流程中，关键是要建立整合的财务报表及其与运营规划的链接。财务规划与预测的典型工作流程，通常从建立财务目标开始，财务目标通常与近期和长期目标相关，且常常与有形的硬指标相联系。然后使用整合的财务报表，对财务目标建立模型，以及在此基础上形成可供公司上下执行的财务指标。财务规划的基础是财务预算，是集中反映未来一定期间现金收支、经营成果和财务状况的预算。财务预算的主要方式有：固定预算、弹性预算、增量预算、零基预算、定期预算、滚动预算。

1. 固定预算与弹性预算

固定预算又称静态预算，是把企业预算期的业务量固定在某一预计水平上，以此为基础来确定其他项目预计数的预算方法。弹性预算是按实际业务进展编制的预算，所有的成本按其性态分为变动成本和固定成本两大部分。固定预算与弹性预算的主要区别是：固定预算是针对某一特定业务量编制的，弹性预算是针对一系列可能达到的预计业务量水平编制的。

2. 增量预算和零基预算

增量预算是指在基期成本费用水平的基础上，结合预算期业务量水平及有关降低成本的措施，通过调整有关成本费用项目而编制预算的方法。零基预算是指在编制预算时，对于所有的预算支出以零为基础，不考虑其以往情况如何，从实际需要与可能出发，研究分析各项预算费用开支是否必要合理，然后通过综合平衡确定预算费用。增量预算与零基预算的区别是增量预算较易编制，但不能很好地控制不必要发生的费用；零基预算能对环境变化做出较快反应，但耗时巨大，并且需要全员参与。

3. 定期预算和滚动预算

定期预算是以会计年度为单位编制的各类预算。滚动预算又称永续预算，其主要特点是不将预算期与会计年度挂钩，而是始终保持十二个月，每过一个月就根据新的情况进行调整和修订后几个月的预算，并在原预算基础上增补下一个月预算，从而逐期向后滚动，连续不断地以预算形式规划未来经营活动。定期预算与滚动预算的区别是定期预算以会计年度为单位定期编制，滚动预算不与会计年度挂钩，连续不断向后滚动，始终保持十二个月。

（二）财务报表

财务报表是反映企业或预算单位一定时期资金、利润状况的会计报表。我国财务报表的种类、格式、编报要求，均由统一的会计制度作出规定，要求企业定期编报。财务报表是财务报告的主要部分，包括资产负债表、损益表、现金流量表或财务状况变动表、附表和附注。财务报表应按期报送所有者、债权人、当地财税机关和开户银行等有关部门。现行的主要财务报表有 3 张，即资产负债表、利润表、现金流量表。

1. 资产负债表

资产负债表是反映企业资产、负债和所有者权益三方面内容的财务状况报表，并满足"资产=负债+所有者权益"平衡式。我国企业资产负债表采用账户式结构，分为左右两方，左方为资产，右方为负债和所有者权益。资产负债表各项目均需填列"年初余额"和"期末余额"两栏。其中"年初余额"栏内各项数字，应根据上年末资产负债表的"期末余额"栏内所列数字填列。

2. 利润表

利润表也称损益表，反映企业在一定会计期间经营成果的报表。本期企业收入、费用和应该记入当期利润的利得和损失的金额和结构情况。我国企业的利润表采用多步式格式，主要编制步骤和内容如下：以营业收入为基础，减去营业成本、营业税金及附加、销售费用、管理费用、财务费用、资产减值损失，加上公允价值变动收益和投资收益，计算出营业利润；以营业利润为基础，加上营业外收入，减去营业外支出，计算出利润总额；以利润总额为基础，减去所得税费用，计算出净利润。

3. 现金流量表

现金流量表是反映企业在一定会计期间现金和现金等价物流入和流出的报表。我国企业现金流量表采用报告式结构，分类反映经营活动产生的现金流量、投资活动产生的现金流量和筹资活动产生的现金流量，最后汇总反映企业某一期间现金及现金等价物的净增加额。现金流量表可以反映企业现金流量的来龙去脉，主要包括经营活动、投资活动及筹资活动三大部分。

除上述三大报表外，还有所有者权益变动表和财务报表附注。所有者权益变动表反映本期企业所有者权益总量和结构的增减变动情况，特别是要反映直接记入所有者权益的利得和损失。财务报表附注一般包括如下项目：企业的基本情况、财务报表编制基础、重要会计政策和会计估计，以及差错更正的说明和重要报表项目的说明等。

（三）财务分析

财务分析是以会计核算和报表资料为依据，采用一系列专门的分析技术和方法，对企业的过去和现在有关筹资活动、投资活动、经营活动、分配活动的盈利能力、营运能力、偿债能力和发展能力状况等进行分析与评价的经济管理活动。

1. 盈利能力分析

盈利能力是指企业获取利润的能力，也称为企业的资金或资本增值能力，通常表现为一定时期内，企业收益数额的多少及其水平的高低。企业盈利能力的衡量指标主要有营业利润率、成本费用利润率、盈余现金保障倍数、总资产报酬率、净资产收益率和资本收益率。

2. 营运能力分析

营运能力指的是企业的经营运行能力，即企业运用各项资产以赚取利润的能力。营运能力分析包括流动资产周转情况分析、固定资产周转情况分析和总资产周转情况分析。这些分析揭示了企业资金运营周转的情况，反映了企业对经济资源管理、运用的效率高低。企业营运能力的衡量指标主要有存货周转率、应收账款周转率、营业周期、流动资产周转率和总资产周转率等。

3. 偿债能力分析

偿债能力是指企业偿还到期债务（包含本金及利息）的能力。能否及时偿还到期债务，是反映企业财务状况好坏的重要标志。通过对偿债能力的分析，可以考察企业持续经营的能力和风险，有助于对企业未来收益进行预测。企业偿债能力包括短期偿债能力和长期偿债能力两个方面。企业长期偿债能力的衡量指标主要有长期借款、应付债券、长期应付款、专业应付款、预计负债等。

4. 发展能力分析

发展能力也称企业的成长能力，是企业通过自身的生产经营活动，不断扩大积累而形成的发展潜能。企业能否健康发展取决于多种因素，包括外部经营环境，企业内在素质及资源条件等。企业发展能力的衡量指标主要有营业收入增长率、资本保值增值率、资本积累率、总资产增长率、营业利润增长率、技术投入比率、营业收入三年平均增长率和资本三年平均增长率。

形成性训练

扫一扫 练一练　扫一扫 查看答案

案例分析

李子柒的营销策略与事业转型

自 2016 年末短视频《自制兰州拉面》发布之后，李子柒在美拍上的单支视频播放量基本都稳定在 500 万以上。而到了次年 4 月，一支名为《秋千》的短视频，又为其带来近 1000 万的播放量。"李子柒"账号单个视频全网播放量 1300 万次以上，微博话题阅读量过亿。2021 年 2 月，李子柒以 1410 万的 YouTube 订阅量刷新了自己创下的"YouTube 中文频道最多订阅量"的吉尼斯世界纪录。2022 年 6 月，李子柒荣获 2021"中国非遗年度人物"称号。

李子柒是何方神圣？她凭什么能获得亿万人的关注？这还要从她的成长经历说起。

成长经历

李子柒，本名李佳佳，1990 年出生于四川省绵阳市。幼年时期，李子柒父母离异。1996 年，父亲早逝，爷爷奶奶心疼不被继母善待的李子柒，便接她回了家。

李子柒读小学 5 年级的时候爷爷去世，开始由奶奶独自抚养她，生活也变得举步维艰。

2004 年，李子柒为了谋生，开始在城市中漂泊。期间她在公园的椅子上露宿过，也曾连续吃了两个月的馒头。李子柒在做服务员的时候，一个月的工资只有 300 元人民币。有了相对稳定的工作后，李子柒开始向人拜师学习音乐，并找到了在酒吧打碟的工作。

2012年，因为奶奶生病需要人照顾，她便回到了家乡。回家了，收入来源没有了，生活还得继续，靠种地显然养活不了自己，何况还要考虑奶奶生病住院等一系列的开销。为了生计，李子柒开了淘宝店，试着做点儿小生意。

营销策略

在开淘宝店之初，李子柒的生意仅仅是勉强维持生存。为了生意更好，李子柒接受了弟弟的建议，开始拍一些无厘头的短视频，发布在网络上引流。

摸索一段时间后，李子柒决定拍一些自己真正拿手的事，比如做饭。后来，她便将自己短视频的主题转为以美食为主。这期间，她开始钻研拍摄和剪辑技术，一条短视频往往要拍上好几天；同时也注意选择更有影响力的平台来发布自己的作品。

此时各类平台上的生活短视频已经很多，但和其他"美食博主"不一样的是，李子柒将农村生活搬上网络，拍摄时间跨度拉得非常大。因为精美的构图和悠闲的生活呈现，李子柒拍出来的视频更像是一部田园纪录片，受到了无数人的追捧。

2015年4月，短视频《樱桃酒》被某短视频平台CEO点赞，并推到首页热门。受《樱桃酒》成功的鼓励，李子柒开始筹拍《兰州牛肉面》。为了拍摄这个短视频，她不但特意去兰州拜师学习，而且在拍摄和剪辑上也精雕细琢。苍天不负苦心人，11月该视频发布后，全网播放量达5000万，点赞60万。

事业转型

2016年是短视频创业的风口，已经在网络上有了人气的李子柒，也顺势而为专攻田园古风短视频制作，实现了自己的事业转型。

当时各类短视频遍地开花，在拼段子、拼搞笑的大市场环境下，李子柒是一匹不走寻常路的黑马。她不是网红脸，也不露大长腿，完全是靠对"古风美食"的挖掘，以及对田园风光和中国传统文化的诗意展现，在激烈的短视频竞争中脱颖而出，打造了一个"古风"形象，成了"2017第一网红"。

2017年，李子柒正式组建了自己团队，并于6月16日获得新浪微博超级红人节十大美食红人奖。2018年她的原创短视频在海外运营3个月后，获得YouTube银牌奖。2019年8月，李子柒又获得超级红人节最具人气博主奖、年度最具商业价值红人奖。

这期间，她曾用了一年多的时间还原了"文房四宝"在古代的制作过程，也用古法制作过手工酱油，甚至以一己之力在院子里用木头和竹子搭了一座茅草棚和秋千架。从造面包窑、做竹子家具、做衣服，到烤全羊、酿酒……总之，没有李子柒做不出来的东西。但是，在李子柒大火的背后，其实是她对美的感受以及对美的独特表达。

但是在真实世界中，李子柒远没有视频中那般光鲜亮丽。为了拍摄出满意的视频，她常常要忙到凌晨3点，而休息2个小时后，5点钟她又要开始新一天的工作。因为长期熬夜剪视频，李子柒患上了眼肌痉挛，发病时眼皮不停抽搐，睁不开眼睛。

从对视频制作一窍不通的小白，到靠拍摄短视频为生的超级网红。李子柒一路走来，可谓充满困难和坎坷。不懂的东西，一点一点去学。不会的东西，一遍一遍去试。

拍视频的时候，一遍一遍去拍，直到拍出自己想要的结果。这，才是她成功的真正原因。

（作者根据相关资料改写）

思考题：

（1）李子柒的创业为什么是从开淘宝店开始的？

（2）李子柒的淘宝店促销策略是否有用？

（3）你是否认同李子柒的事业转型？

第三节 新企业的成长

当企业度过了以生存为主要特征的初创期后，就进入了以快速成长为主要特征的发展期，也叫成长期。对于进入发展期的企业，其成长性质并不相同，有的企业成长较快，有的企业成长较慢，甚至不少企业遇挫夭折。

一、企业的生命周期

所谓企业生命周期是指企业发展与成长的动态轨迹，即从一个创业想法到企业真正创立，再不断发展至成熟，最后走向衰退的整个过程。如图 9-1 所示，企业生命周期曲线将企业的生命周期形象地划分为两个阶段，分别是呈上升趋势的企业成长阶段（孕育期、婴儿期、学步期、青春期、盛年期），以及呈下降趋势的企业衰退阶段（稳定期、贵族期、官僚期）。

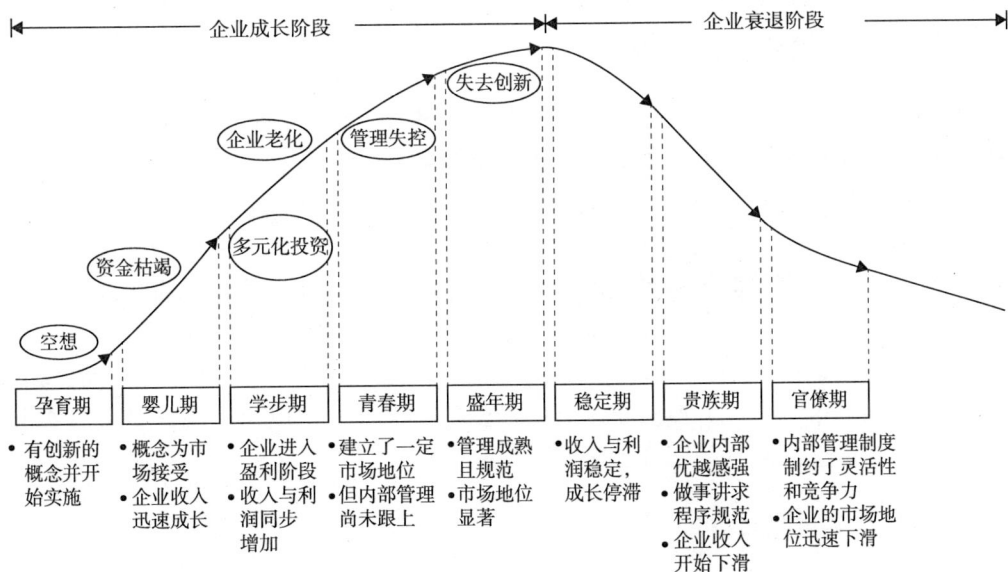

图 9-1 企业生命周期曲线

根据企业生命周期理论，企业注册成立后，一般都遵循创立初期、发展期、成熟期、衰退期四个阶段的顺序发展。人们通常把处于创立初期和发展期的企业界定为新企业。在这两个阶段，新企业能否生存和健康成长至关重要，这既关系到创业的成败，又关系到企业今后能否持续发展。创业者必须清晰地了解：新企业管理有怎样的特殊性？是哪些因素在驱动新企业的成长？新企业的成长又面临哪些挑战？创业者该为新企业成长做哪些准备？如何进行新企业成长管理？

二、新企业成长面临的挑战

随着产品/服务逐步被市场认可，销售收入不断增加，企业规模不断扩张，成功穿越初创期"死亡陷阱"的新企业会表现出强烈的成长冲动。但真实的情况是新创企业的数量很多，能够实现成长的企业并不多，其中实现快速成长的企业则更少，原因在于新企业的成长会遇到各种限制和障碍，会面临各种发展陷阱和挑战。

（一）内部管理复杂性的增强

新企业的快速成长体现为市场的快速扩张、顾客数量的规模化增加、职工人数的大幅增长等，也会吸引各种组织（包括竞争对手、潜在投资人、管制机构、新闻媒体等）的注意力，同时也需要获取更多的资源以支撑其成长，这就使得企业内部的管理工作会在短时期内快速增加。尽管创业者开始在组织内部设立职能部门和管理组织，制订各种必要的规章制度和流程，试图强化职责分工和协调配合，逐步进行管理授权和分权，然而由于企业规模的急剧扩张、创业团队管理技能不足、缺少有管理经验的员工、部门分工不够科学合理等原因，企业内部管理往往显得杂乱无序，问题常常容易演变为危机，创业者需要花费大量的时间用于"救火"。部门间的协调配合和"救火式"的管理方式融合在一起，增加了企业整体管理的复杂性。

（二）外部环境不确定性的增加

企业的快速成长吸引了众多竞争对手的涌入，改变了行业的竞争状况，让新企业的市场环境变得更加不确定。行业内的大企业开始注意新企业所在的细分市场，凭借资金、技术、品牌和成熟的销售网络等优势，向成长中的中小企业发起挑战或进行打压。行业内众多"跟风"创业的小企业则"搭便车"，对产品既不进行创新，也不进行广告投入，只是一味地模仿，利用低成本、低价格和地域性优势抢占市场。众多竞争对手的加入，使得消费者有了更多的选择，竞争变得越来越激烈，一度的"蓝海"逐渐变为"红海"，产品价格可能迅速下降。这就迫使新企业不得不加大产品创新力度，调整市场战略，进行地域市场扩张，进入新的细分市场，或开始尝试多元化经营等，但这些情况无一例外地增加了企业活动所面临的不确定性，使其经营环境变得更加复杂。

（三）创业团队管理能力的不足

创业者和管理者的素质和能力是有差异的，而且思维方式也不同。创业者是以机会为导向的，对资源约束考虑较少，而管理者更多是资源驱动的，会基于所掌控的资源约束去追求机会；创业者的责任是创建企业，而管理者的责任是维持和壮大企业；创业者要引进新产品/服务，管理者要协调生产产品/服务。随着新企业的成长，创业者要从事的管理工作越来越多，面临的管理压力也越来越大，这就要求其具备越来越高的管理技能，逐步从"创业者"向"创业管理者"转变，但并不是所有的创业者都能顺利地实现这种角色的转变。从企业成长和企业家成长之间的互动关系看，企业家管理是企业持续成长的必要条件，管理能力不足则是企业成长的最大障碍，这也叫"彭罗斯效应"。对于新企业而言，企业家管理一部分要用于现有业务的运作和优化，另一部分要用于扩张性活动，如开发新产品、新市场等。如果管理能力的增长跟不上企业规模扩张的步伐，就会出现管理危机。

（四）市场容量的限制

市场是企业得以生存和发展的土壤。一旦企业实现了初期的快速成长，很快就会有其他的企业跟进，竞争就会变得越来越激烈。而且先进入的企业成长速度越快，跟进的企业就越多，新企业就会在更短的时间内面临更激烈的竞争，信息发达和市场开放使这种规律更加明显。一方面，在市场容量有限的前提下，众多竞争对手的加入，会阻碍新创企业的成长；另一方面，新企业是在行业内的细分市场开始创业和经营，随着企业规模的扩大，创业初期的区域市场容量将无法支撑企业快速发展的需要，创业者必须寻求扩张。扩张的路径主要有两条：地域扩张和产业延伸。但地域扩张往往受到各地文化、法律和市场环境的影响；产业延伸则会面临资源不足、管理分散等多元化经营的相关障碍。如果创业者不能很好地解决这些问题，市场容量的局限性就会变得明显，最终像一堵墙一样阻碍企业继续扩张和成长。

（五）人力资源和资金的约束

新企业的成长还面临极大的资源约束，尤其是人力资源和财务资源的缺口。伴随着业务快速发展，新企业迫切需要吸引大批人才的加入，虽然新创企业良好的创业氛围和广阔的发展前景也能打动一部分人，企业也有充分的用人自主权，但总体而言，由于新企业发展的不确定和高风险性、能够提供的薪酬难有竞争力、管理不够规范、办公环境较差、企业的社会声望不高等原因，多数新企业对优秀人才的吸引力不足，导致较大的人力资源缺口。同样，为了支撑企业的快速成长，新企业有了新的需要，如不断增加固定资产投资，招聘更多员工，加大研发投入，建立销售网络和强化营销推广等，这样就要有更多的资金投入，同时日常管理运营费用也大幅增加，但在创立初期和成长期，多数新企业的自由现金流入不足，而且不够稳定，无法满足企业快速成长的需要，可能导致出现较大的资金缺口。

（六）持续创新和战略规划能力的不足

创新是推动企业成长的主要动力。企业创立之后，创业者关注的核心问题是销售和生存，将大量的精力和资源都投入到市场拓展和外部融资上，新企业初期创新的推动力会随着创业者投入资源的减弱而减弱。与此同时，知识产权保护不力，竞争对手模仿行为的增多，也可能让新企业创新激励下降和减弱。因此，在缺乏资金、技术、人力资源和组织保证的情况下，如何保持新企业持续创新的动力、能力和活力至关重要。同样，由于创业的机会导向性和新企业的生存压力，多数创业者更加注重策略行动而非战略思考，甚至许多人认为新企业和中小企业没有战略也不需要战略。但事实上，缺乏战略是制约企业成长的关键因素。战略的缺乏往往导致新创企业随波逐流，小富即安，对未来的发展方向不知所措，核心竞争力无法有效塑造，甚至被大企业或同行挤在角落里苦苦挣扎，发展遇到了瓶颈却无法有效突破。因此，创业管理团队能否拥有出色的战略规划能力，直接决定了新企业能否快速成长，以及能否持续成长。

三、新企业成长管理

企业成长是一个动态的过程，是通过创新、变革和强化管理等手段整合资源并促使资源增值进而追求持续发展的过程。创业管理者除了需要为成长做好准备外，还需要结合新企业的管理特性，遵循企业成长规律，抓住成长管理的重点。

（一）确立企业的愿景、使命和核心价值观

企业愿景、使命和核心价值观是引领企业发展的灵魂，虽然无形，却渗透在企业发展的方方面面。企业愿景又称企业宗旨，是指企业长期发展的方向、目标、目的和自我设定的社会责任与义务等，描述了企业在未来社会里会是什么样子；企业使命是指企业在社会经济发展中所应担当的角色和责任，是指企业的根本性质和存在的理由；企业核心价值观是指在企业在生产经营活动过程中逐渐形成的，由组织成员共同遵守和分享的同一价值观念、价值判断和行为准则。

多数快速成长的企业都有比较固定的价值观体系，用以支持企业的健康发展。例如：新东方的核心价值观是"诚信负责、真情关爱、好学精进、志高行远"。

对于新企业而言，其企业价值观一般是创业团队，尤其是创业领导人自身价值取向的体现，这种价值取向直接而又深远地影响着企业成长和发展。有共同愿景、明确使命和核心价值观的企业，在成长过程中如果遇到挫折，创业团队能够团结一致，患难与共，求新求变。相反，没有愿景、使命和核心价值观的企业，遭受挫折打击就会涣散、消沉，直至分崩离析。因此，在新企业成长过程中，创业者必须适时地提出一套能够凝聚人心的愿景、使命和核心价值观体系，从而在成长中凝心聚力，形成强大的组织力量。

（二）管理好支撑企业持续成长的人力资源

人才是支撑企业成长的关键要素，是企业的核心资产。从根本上说，企业的成长是基于人力资源的成长，企业的发展是基于人力资源的发展，快速成长企业的一个共同特点，就是有强有力的人力资源管理。在某种意义上，技术可以模仿，商业模式可以模仿，唯有人才队伍无法模仿。因此，企业持续竞争力的根源是良好的人力资源管理机制。快速成长

的新企业必须通过建立"招聘、培育、使用、挽留"在内的人力资源管理体系来打造一支优秀的人才队伍。其具体措施主要有以下4点。

1. 提供有竞争力的薪资待遇

成长企业要吸引优秀人才的加盟，所提供的薪酬待遇在人力资源市场上一定要有竞争力，同时在企业内部要有相对的公平性。包括提供较好的工资收入和跟绩效挂钩的奖金，以及医疗保险、养老保险、工伤保险、失业保险、生育保险、住房公积金等，为员工解除后顾之忧。

2. 提供广阔的成长空间

员工的成长机会和成长空间包括：晋升空间；学习与培训机会；持续的工作指导和工作支持；工作内容丰富化；管理技能的发展和提升等。对于不同的员工，其关注和需要的成长机会是有差异的，要因人而异。

3. 实施经营成果分享计划

新企业的薪酬水平，很难比得上大企业。更为不利的是，新企业有运营失败、被兼并和被收购的风险，稳定性和安定感较差。事实上，新企业的员工总是承担着公司的一部分经营风险，一旦企业倒闭，他们的生活也就没有了保障，所以应当使员工充分参与并分享企业的成功。一些优秀的新企业实施的利润分享计划就是这样，即通过员工持股、股票期权、虚拟股份制等方式让员工参与经营成果分享。

4. 营造良好的工作环境

良好的工作环境不仅包括提供开展工作所需的必备资源（如办公空间、办公设备等），更重要的是营造良好的人文环境，如和谐的同事关系、顺畅的沟通渠道与沟通氛围、积极向上的企业文化等。

（三）注重资源整合和资源管理

由于新创企业的人力、财力、物力资源相对匮乏，仅仅通过自身的滚动发展往往速度缓慢，所以借助别人（包括合作伙伴、金融机构、政府部门、社会团体，甚至竞争对手）的力量来发展壮大自己，便显得更加重要，这也是快速成长企业特别擅长的策略。快速成长企业常采用的外部成长策略包括：建立战略联盟；成立合资公司；兼并和收购；引入创业投资；IPO上市融资等。

新企业的成长是靠资源积累实现的，但是，如果积累的资源没有被企业有效利用，而是被企业中的个人（不管是创业者、高层管理人员，还是一般员工）占有，必将威胁企业的成长。这些未被有效利用的资源不仅包括一般的财务资源、人力资源、客户资源、固定资产和办公设备资源。例如，常见的衍生型创业，有很大部分是在母体公司不情愿也不支持的情况下出现的，给母体公司的发展带来很大的伤害。对于母体公司来说，离职创业的员工大多在企业中担任重要的研发、市场或管理工作，掌握关键的技术诀窍，拥有较高的人力资本，因此他们更容易发现和识别创业机会。这部分员工的离开不仅会造成企业技术资源、客户资源的外流，往往还带走整个人力资源团队，给原企业带来极大的损失。

在企业成长的过程中，当创造和整合的资源越来越多时，创业管理团队的关注重点就需要从创造、整合资源，转向管理好已经创造出来的资源，从注重"资源的开创"到注重"资源的有效开发利用"，并通过现有的资源创造出最大的价值增值。例如，IPO虽然可以为企业募集大量的资金，迅速壮大企业的规模，可以提高企业的知名度，增强市场影响力，可以获得持续的融资能力，可以通过增发股份等方式获取扩张资本，但是，如果企业不能很好地利用所获得的资源，不能为投资者创造价值，最终还是会走向失败。

（四）注重用成长和创新解决成长过程中的问题

每个企业在成长过程中都会遇到各种各样的问题和障碍，有的企业在障碍面前止步不前，甚至一蹶不振；有的企业则将阻碍变成动力，适时变革、积极应对，实现了新的成长。优秀企业和平庸企业的重要区别之一，就在于对待阻碍所采取的对策存在巨大差异。平庸的企业通常采取的是被动应对，用"救火式"的方法来应对发生的各种问题，结果是问题的暂时解决；优秀的企业则积极主动地推动变革和创新，用成长的方式解决成长过程中所遇到的问题。

用成长的方式解决成长过程中出现的问题，本质是推动并领导变革。从快速成长企业的经验看，往往在以下几个方面表现突出：一是注重在成长阶段主动变革。主动变革意味着创业管理团队掌握变革的主动性和主导权，所承受的变革成本也较低，所面临的变革阻力也较小；二是善于把握变革的切入点。企业变革不能一下子全面推开，需要科学地把握切入点，由点到面，层层深入，这不仅可以在短期内取得较好的效果，也能够增强对变革的控制性；三是善于通过系统的建设和制度的完善来巩固变革的成果。

持续的创新与变革是新企业成长的强大驱动力，也是企业快速成长的基本生存方式。但如果不注意管理，创业精神会随着时间的推移而慢慢减弱，乃至消亡。许多新创企业之所以无法快速成长，甚至无法生存发展，根本原因就在于创业者创业精神退化，不思进取、小富即安，从而使自己的企业变为"老小树企业"——企业的业务和规模原地踏步，就像是贫瘠荒坡上一棵树，任时间推移，怎么也长不大，最后慢慢变老，直至朽死。因此，对于追求成长的新企业而言，创业管理团队务必要通过创业精神的保持和发扬，源源不断地给新企业的成长注入创新与变革的基因，不断地迎接挑战。

形成性训练

扫一扫　练一练　　扫一扫　查看答案

陈志列的非经典管理

1998 年，深圳研祥集团董事局主席陈志列带着自己研发的产品去德国汉诺威参加行业最大的国际展，为了固定产品，他去超市买榔头。德国当地的销售员问他："先生，您要质量好的，还是要质量一般的？""当然要最好的。"销售员说："你要是要最好的，就买我们国产的，进口货的质量一般都不太好。"

陈志列回忆说："这句话非常深地刺激了我，我就从德国带回了这把榔头，十几年来这把榔头让研祥的上上下下明白了两个道理：第一，只有做最好的产品才能让中国制造在任何时候都能一锤定音。第二，只有做最新的产品，才能让中国制造得到全世界的人尊敬！"

自创品牌

1993 年，刚过而立之年的陈志列白手起家，创立了一个不到 10 人的小公司。据陈志列回忆，"当时深以为自己很有技术、很牛，就给公司起了'研祥'这个名字，意思是'研究的发祥地'。"然而，创业并不是光凭热情和技术就能成功的。为了企业能生存下去，他决定还是要先从代理做起，于是研祥成为一家知名台企的代理商。直到1998 年，"榔头故事"让他下定决心，必须开始研发、制造 PC 总线系列工控机产品，着手于自创品牌。

非经典管理

经过这十多年的历练，陈志列已经逐渐形成了自己的管理风格，这就是非经典管理。

何谓非经典管理？据知情人士介绍，所谓的经典管理理论是从泰勒提出科学管理理论开始才逐渐形成的，但中国是发展中国家，与西方发达国家的文明背景不同，于是学界提出了非经典管理，当时这个非经典管理理论体系还不完善，一些权威想在中国找一些有自己独到文化的企业来做个案分析，研祥有幸被第一个选中。实际上，这个非经典管理多年来在研祥的发展壮大中起到了非常重要的作用。

"一张纸、一支笔、写清楚、给专人"，这句管理格言是在研祥发展到有几十个人的时候就提出的。当时为了提升沟通效率，避免扯皮，陈志列自编了这个顺口溜，同时配之以"说就是撒谎"的解释。

这个格言到了 2001 年升级为"用电脑、用网络、写清楚、E 专人"。虽然格言有了变化，但都传达了同样的信息：要崇尚简洁有效的信息传递方式，过去用纸笔，现在更多地用电脑通过网络将 4W1H（What Where When Who How）写清楚，并电邮发送到相关人员。研祥相信"口说无凭""口无遮拦"，只有"写清楚"，才能理清头绪，只有"给专人"，才能有效地解决问题，并强调"知情者即决策者"，提倡解决问题要"给专人"，意即不分部门、不管级别，谁是操作者、谁最知情，谁就应该是解决问题的参与者。

有人说，"企业文化即是老板文化"，我们还可以从陈志列其他典型而独特的话语中全面地体会"非经典管理"，如：

"研祥什么都不是，研祥就是赚钱的公司"；

"一定要见面（开会）才能谈工作，是极大的浪费！"（"写"已经成为研祥的工作习惯）；

"说事，不要讲故事！"（谈工作要开门见山，不要先过多地叙述原因、过程，最好直接说出结果，如果需要讨论，再补充过程不迟）；

"要么左转，要么右转，就是不要刹车"（不怕出错，就怕工作停滞，有可能错，但还可以调整，但等则是绝对的错）。

或许，正是这种"独特"、有些"另类"的"非经典"管理，才使研祥形成了一种"创新"的氛围、"创新"的习惯。作为中国最大的特种计算机研发、制造、销售型企业，研祥已拥有3个国家级创新平台，主导编写本行业全部31项中国国家标准，1000多项授权专利和超过1300项非专利核心技术全部拥有自主知识产权。

（作者根据相关资料改写）

思考题：

（1）研祥是一家什么样的企业？

（2）陈志列为什么要在自己的企业推行非经典管理？

（3）陈志列非经典管理的主要特点是什么？

（4）陈志列非经典管理有哪些创新之处？

本章小结

本章主要学习了新企业创建中的法律形式选择、注册登记流程和组织架构设计，新企业管理的特殊性和新企业的营销管理、财务管理，以及企业的生命周期和新企业的成长管理。基本覆盖新企业从成立到正常运作全过程的管理需要。其中，重点需要掌握的是不同组织形式之间的区别及各自的成立条件，市场营销中涉及定价、渠道、促销等方面的策略，初创企业启动资金测算及三大财务报表的填写，新企业可能存在的风险及相应的应对措施。本章的基本观点是：创业管理是创业实施环节的重中之重，即使有了好的创意，构建了可行的商业模式，如果在创业管理中出现差错，很可能让初创企业的发展举步维艰，甚至半途夭折。因此，创业管理团队应当持续自我增值，强化自身的管理能力和管理水平，引领公司朝着好的方向不断前进。

学习与思考

1. 观看与思考

搜索并观看《初创公司致命伤？——全球十大创业家陈五福谈初创企业困难处理》的视频，思考如下问题并与同学交流：

（1）初创企业通常会遇到哪些困难或问题？

（2）产品品质问题的核心是什么？如何解决？

（3）好的财务应当履行哪些职责？

2. 阅读与思考

阅读文章《新创企业的十大管理陷阱》，思考如下问题并与同学交流：

（1）新创企业的发展为什么不能走捷径？

（2）为什么不能给对整体运营贡献很少的家庭成员提供高薪待遇？

（3）为什么说节约法律费用是一种目光短浅的做法？

3. 案例学习与思考

登录"世界创业实验室"网站，并体验网站中的内容。"世界创业实验室"是"世界经理人"网站旗下的一个"创业互动"板块。"世界经理人"网站是世界经理人集团旗下专为企业家和经理人而设的商人门户，目前用户数量在全球同类网站中排名第一。世界经理人集团于1999年成立于美国纽约，由1999年的诺贝尔经济学奖得主罗伯特·蒙代尔（Robert A. Mundell）教授担任主席。世界经理人集团是全球领先的战略咨询、管理培训、人力派遣、商业媒介机构。"世界创业实验室"包含了"如何创业""大学生创业""创业计划""创业计划书""创业项目""创业故事""特许经营项目库""初设商海"八个主题，资讯丰富、链接方便，是准创业者们了解创业知识、模拟创业实践的一个实用平台。请登录"世界创业实验室"网站，在充分体验的基础上，回答下面的问题。

（1）通过浏览本网站，你感觉自己最喜欢哪个主题？你对创业真正了解多少？

（2）通过对本网站各个主题的体验，你的收获是什么？

（3）依据"初涉商海"的6个项目，模拟一次微创业，然后写下自己的体会。

实践训练

企业选址是创业者需要面对的一个难题，对于一些缺乏经验的创业者，对选址工作几乎不知从何入手。其实，创业者不妨将选址的各个方面划分成不同的因素，然后一一加以评定，这样选址工作自然会变得有条不紊。选址时应该注意的因素可划分为交通因素、商圈因素和物业因素，请同学们结合团队的创业项目，在对这些因素进行认真分析的基础上，为自己的新企业选址。

参考文献

[1] 朱燕空，祁明德，罗美娟. 创业学什么：人生方向设计、思维与方法论 [M]. 北京：国家行政学院出版社，2018.

[2] 刘志阳. 创业管理 [M]. 北京：高等教育出版社，2020.

[3] 朱燕空. 创业思考与行动 [M]. 北京：机械工业出版社，2021.

[4] 税琳琳，郭垭霓. 设计思维行动手册 [M]. 北京：人民邮电出版社，2021.

[5] 瑞德. 卓有成效的创业（原书第 2 版）[M]. 北京：机械工业出版社，2020.

[6] 王中强，陈工孟. 创新思维与创业教育 [M]. 北京：清华大学出版社，2017.

[7] 邓立治. 商业计划书原理、演示与案例 [M]. 2 版. 北京：机械工业出版社，2018.

[8] 克里斯坦森. 创新者的窘境 [M]. 胡建桥，译. 北京：中信出版社，2014.

[9] 奥斯特瓦德，皮尼厄. 商业模式新生代 [M]. 黄涛，郁婧，译. 北京：机械工业出版社，2016.

[10] 林咏慈. 商业模式设计时代 [M]. 北京：机械工业出版社，2018.

[11] 劳莘，周杰. 重塑商业新生态：商业模式创新设计实战方法论 [M]. 北京：人民邮电出版社，2016.

[12] 麦克尔罗伊. 原型设计：打造成功产品的实用方法及实践 [M]. 吴桐，唐婉莹，译. 北京：机械工业出版社，2019.

[13] 勾俊伟，刘勇. 新媒体营销概论 [M]. 2 版. 北京：人民邮电出版社，2019.

[14] 吴隽，邓白君，王丽娜. 从 0 到 1 一起学创业 [M]. 天津：南开大学出版社，2019.

[15] 莱斯. 精益创业：新创企业的成长思维 [M]. 吴彤，译. 北京：中信出版社，2012.

[16] 李利威. 一本书看透股权架构 [M]. 北京：机械工业出版社，2019.

[17] 约翰逊. 伟大创意的诞生 [M]. 盛杨燕，译. 杭州：浙江人民出版社，2014.

[18] 鲁百年. 创新设计思维：创新落地实战工具和方法论 [M]. 2 版. 北京：清华大学出版社，2018.

[19] 勒威克，林克，利弗. 设计思维手册：斯坦福创新方法论 [M]. 高馨颖，译. 北京：机械工业出版社，2019.

[20] 李肖鸣. 创新创业实训 [M]. 北京：清华大学出版社，2018.

附录

推荐书籍

［1］ 罗滕伯格.人人都要有创业者精神［M］.刘薇，译.北京：中信出版社，2019.

［2］ 徐焰.解放军为什么能赢：写给新一代人看的军史［M］.广州：广东经济出版社，2012.

［3］ 吴甘霖.方法总比问题多［M］.北京：机械工业出版，2013.

［4］ 张凌燕.设计思维：右脑时代必备的创新思考力［M］.北京：人民邮电出版社，2015.

［5］ 李善友.颠覆式创新：移动互联网时代的生存法则［M］.北京：机械工业出版社，2015.

［6］ 奥斯特瓦德，皮尼厄.商业模式新生代［M］.北京：机械工业出版社，2016.

［7］ 徐怀玉.股权的力量：企业股权激励设计精讲［M］.北京：机械工业出版社，2018.

［8］ 芬奇.如何撰写商业计划书［M］.5版.北京：中信出版社，2017.

［9］ 霍洛维茨.创业维艰：如何完成比难更难的事［M］.北京：中信出版社，2015.